Educar meninos **FORTES**
numa sociedade líquida

Conheça
nossos clubes

Conheça
nosso site

@editoraquadrante
@editoraquadrante
@quadranteeditora
Quadrante

Meg Meeker

Educar meninos **FORTES**

numa sociedade líquida
7 SEGREDOS PARA EDUCAR FILHOS SAUDÁVEIS

Tradução de Gabriel Campos Medeiros

Título original
Boys Should Be Boys: 7 Secrets to Raising Healthy Sons

Publicado em acordo com a Regnery Publishing.

Capa
Gabriela Haeitmann

Dados Internacionais de Catalogação na Publicação (CIP)

Meeker, Meg
Educar meninos fortes numa sociedade líquida / Meg Meeker; tradução de Gabriel Campos Medeiros. — 1. ed. — São Paulo, SP: Quadrante Editora, 2023.

ISBN: 978-85-7465-483-6

1. Jesus Cristo - Biografia I. Título.

CDD- 649.133

Índices para catálogo sistemático:
1. Pais e meninos: Educação: Vida familiar 649.133

Todos os direitos reservados a
QUADRANTE EDITORA
Rua Bernardo da Veiga, 47 - Tel.: 3873-2270
CEP 01252-020 - Sao Paulo - SP
www.quadrante.com.br / atendimento@quadrante.com.br

Sumário

Os sete segredos para educar meninos
saudáveis 11

A infância sob ameaça 15
    Nossos meninos em risco 17
    Como mudar essa situação? 23
    Em primeiro lugar, o principal 24

Resistindo à pressão dos pares 31
    99% de amor, 1% de disciplina 33
    Não permita que o seu filho seja o depósito
    de lixo alheio 36
    O inimigo não é você 38

Fortalezas e carros de corrida 41
    Abóboras na varanda 42
    A ciência da vida ao ar livre 45
    Um cabo, uma mochila e um cano de PVC 46

O esquilo-vermelho 53
O que a natureza ensina 58
Assumir riscos... 59

Eletrônicos 65
O que os meninos andam vendo? 71
A mídia e seu impacto na mente do menino.................72
Violência 73
Meninos e o sexo na mídia 76
Os meninos e a pornografia... 81
Os meninos e o sexo: um grande problema 83
Você é o que você vê 84
Relacionamentos virtuais... 85

A testosterona como motor 91
O adolescente mal-humorado 95
Maturidade cognitiva 99

Encorajamento, domínio e competição 103
O papel da mãe no encorajamento.................................. 107
O encorajamento vindo do pai 109
A importância do esporte 112
A importância de vencer... 112
Competição: o domínio do corpo 113
O domínio das emoções... 114
O domínio das energias 115
Jogos e adolescência 119

Mães de meninos 121
Uma beleza terrível 123
A nutrição feminina da natureza masculina.................. 125
Uma face do amor 126
Olhos de águia 130
Guardiã da dignidade 137

    Administradora da graça 140
    Conectora emocional 141
    Quando o amor erra o alvo 143
    Conflito materno: emaranhamento 150
    Estranhamento 153
    Superdependência: o filhinho da mamãe 154
    Indisponibilidade 155

A diferença que um pai faz 165
    O que um pai proporciona a um filho 168
    A bênção 169
    Amor de pai 179
    Tempo 180
    Afeto 181
    Amar é dar suporte e permanecer junto 182
    Autocontrole 184

Da infância para a idade adulta: um salto fundamental 187
    A transição 188
    Trocar "o responsável é você" por "sou eu o responsável" 189
    Fazer o que é certo 193
    Homens seguem em frente 200

Um fator chamado Deus 207
    No que creem os meninos 210
    Crer em Deus faz bem aos meninos 212
    Para os meninos, o que é a fé? 214
    Por que os meninos precisam de Deus 219

Como vamos ensiná-los a viver? 231
    Integridade 234
    Coragem 236

Humildade 237
Mansidão 242
Bondade 248

Dez dicas para ser bem-sucedido na educação do seu filho 257

1) Saiba que você transforma o mundo do seu filho ... 258
2) Eduque seu filho de dentro para fora 260
3) Ajude a desabrochar a masculinidade do seu filho 262
4) Ajude seu filho a encontrar um propósito, algo que desperte paixão nele 264
5) Ensine seu filho a servir 266
6) Trabalhe a autoestima do seu filho 269
7) Persevere 273
8) Seja o herói do seu filho 274
9) Esteja sempre atento ao seu filho 277
10) Dê ao seu filho o melhor que há em você 280

Agradecimentos 285

*Para T —
com imenso orgulho
do homem que você está se tornando.*

INTRODUÇÃO

Os sete segredos para educar meninos saudáveis

Concebi este livro como uma espécie de "O livro perigoso para os pais". Campeão de vendas, *O livro perigoso para garotos*, de Conn e Hal Iggulden, é uma obra repleta de informações e projetos que os meninos adoram, mas que muitos de nós tentam impedi-los de realizar. Construir uma casa na árvore? Perigoso demais. Os garotos podem acabar caindo e quebrando os braços. Insetos, aranhas? Eca, nem pensar! E ainda querem ensinar meu filho a caçar, a fazer um arco e flecha, a encenar as grandes batalhas da História? Vocês ficaram loucos?

Acontece que, na verdade, é desse tipo de coisa que os meninos gostam, e não há mal nenhum nisso. Como pediatra, já vi muito garoto quebrar o braço, ser picado por aranha, ralar o joelho brincando de soldado no meio do mato. Tudo isso faz parte do crescimento dele. Muitos de nós, pais, ficamos obcecados com essas diversões saudáveis que meninos ativos gostam de ter em vez de reconhecermos o que *realmente* pode ser perigoso para eles — como a música *pop*, a televisão e os videogames, distrações que anestesiam sua sensibilidade, os isolam da interação humana real, bloqueiam o seu processo de amadurecimento, os impedem de gastar energia em exercícios proveitosos ao ar livre, os afastam dos pais e diminuem a expectativa de vida.

Neste livro pretendo desfazer os equívocos, as informações falsas e conjecturas enganosas que muitos pais costumam nutrir. Trata-se de um livro de conselhos práticos baseado na minha experiência clínica, em dados científicos relevantes e num bom senso que, infelizmente, logo perdemos ao ler um monte de livros politicamente corretos sobre "paternidade". Meu compromisso aqui não é com o politicamente correto, mas com a verdade, com aquilo que será melhor para os nossos meninos. Pude constatar na prática que, quando se trata de educar, a verdade e o politicamente correto estão em lados opostos. Creio que seja a hora de darmos prioridade aos nossos filhos.

Neste livro, você aprenderá a educar meninos saudáveis e felizes — meninos honestos, corajosos, humildes, pacíficos (no sentido de saberem renunciar voluntariamente ao controle e ao poder) e gentis. Há alguns segredos para a boa educação de filhos homens, e registro aqui os sete mais importantes. Ao longo dos capítulos seguintes, analisarei o que significam e mostrarei de que maneira aplicá-los, mas adianto-os aqui:

- Saiba encorajar seu filho. Um grande erro consiste em mimá-lo em excesso, correndo o risco de estragá-lo. Mas outro erro, também, é ser tão rígido a ponto de perder a comunicação com ele e destruir sua autoestima. Veremos como encontrar esse equilíbrio.
- Entenda a necessidade do seu filho. Adivinhe só: ele não precisa de mais um jogo de computador, mas de *você*. Vamos ver como você pode aproveitar, ao máximo, o tempo com seu filho.
- Reconheça que meninos foram feitos para ambientes externos. Eles adoram ficar ao ar livre. Um garoto saudável precisa dessa experiência de aventura, bem como do choque de realidade que a vida lá fora lhe dá.

- Lembre-se de que meninos precisam de regras. Eles têm, instintivamente, um código de ética próprio. Se você não estabelecer regras, eles se sentirão perdidos.
- Reconheça que virtude não é coisa de menina. Meninos se comportarão como meninos — mas aqueles que bebem, usam drogas e fazem sexo fora do casamento, infelizmente, são adolescentes socializados de forma anormal por uma sociedade tóxica. Atualmente, exercendo a pediatria, tenho de lidar com uma epidemia de problemas graves, físicos e psicológicos, que envolvem até mesmo risco de vida — problemas que, quarenta anos atrás, eram menos preocupantes. Um garoto saudável busca incorporar virtudes como integridade e autocontrole; e, de fato, são virtudes como essas que possibilitam a transição do menino para a idade adulta. Essas são virtudes *necessárias*, e seu filho precisa da sua ajuda para adquiri-las. Vou lhe mostrar como fazer isso.
- Aprenda a ensinar a seu filho as grandes questões da vida. Muitos pais evitam fazer isso ou por se sentirem desconfortáveis; ou porque pretendem ignorar essas questões, considerando-as sem importância — em alguns casos, até mesmo perniciosas; ou porque não querem "impor" seus pontos de vista a seus filhos. Porém, seja qual for a visão pessoal de cada pai, o filho quer e precisa saber a razão de estar aqui; ele precisa saber qual é o propósito da sua vida e por que ele é importante. Meninos que não têm uma compreensão bem fundamentada dessas grandes questões estão mais vulneráveis ao desvio, podendo assumir comportamentos autodestrutivos.
- Lembre-se sempre: a pessoa mais importante na vida de seu filho é você.

Ser pai ou mãe muitas vezes pode parecer uma tarefa desafiadora. Mas estou aqui para lhe garantir que quase todo pai tem o básico para educar filhos saudáveis. Você tem intuição, você tem coração... e você tem, sim, a responsabilidade de mudar a vida do seu filho para melhor. Este livro lhe mostrará como.

CAPÍTULO 1

A infância sob ameaca

Todos sabemos como a infância deveria ser. Trazemos conosco as icônicas imagens de Huckleberry Finn, de meninos trocando figurinhas e carregando estilingues nos bolsos de trás, de casas na árvore e avisos dizendo que "meninas não entram". Se temos filhos meninos, sabemos muito bem o que é um menino protetor e prestativo, com instinto de líder, pronto para se tornar um herói e derrotar os vilões. Meninos não precisam de nenhum incentivo para arrancar galhos e usá-los como espadas.

Como mãe e pediatra, vi essa infância mítica ganhar vida tanto em casa quanto na prática clínica. Por muito tempo, tentamos nos enganar em nome de uma pretensa igualdade entre meninos e meninas, acreditando que precisamos incentivar as meninas a serem mais agressivas e competitivas, mais focadas em matemática e ciências, e os meninos a serem mais moderados, menos agitados, mais submissos, cooperativos e calmos. É claro que, como mulher e médica, encorajo as meninas a melhorarem suas notas em ciências, mas o *erro* — que se pode verificar em muitos indicadores sociais — está na engenharia social que tenta transformar nossos filhos em algo que eles nunca foram feitos para ser. Meu livro anterior, *Pais fortes, filhas fortes*, discute os desafios que nossas filhas enfrentam. Os desafios enfrentados pelos meninos de hoje são ainda maiores, porque acabamos por fazer pouco das necessidades deles, bem como de seus atributos.

Meninos e meninas vêm a este mundo com aptidões distintas. É nosso dever deixar que os meninos sejam meninos. Precisamos reconhecer o valor da infância e entender de que maneira os pais podem ajudar a orientar seus filhos pequenos — sim, aqueles que botam sapos nos bolsos, têm o cabelo todo desgrenhado e são reincidentes em quebrar janelas jogando bola —, a fim de que se tornem homens maduros e seguros, homens que ponderam.

Meninos fazem coisas que meninas e mulheres nunca fariam — tampouco pensariam em fazer —, mas que têm valor próprio. Eu, que tenho mais de vinte anos de prática médica, aprendi com Seth, de oito anos, algo bem útil: como construir uma armadilha para ursos.

— Primeiro, dra. Meeker, você cava um buraco bem grande. Tem de ser grande o suficiente para uma pessoa caber nele — falou, abrindo os braços para me mostrar o quão enorme o buraco precisava ser. — Aí você enche o buraco com alguns gravetos bem afiados; e, no final, cobre isso tudo com mais gravetos e galhos.

A essa altura, os bracinhos dele se moviam com fúria, quebrando galhos imaginários e espalhando gravetos.

— Timmy e eu colocamos muitas folhas e galhos em cima, viu? Assim, os ursos não vão saber que aquilo é uma armadilha.

Seth estava todo entusiasmado e orgulhoso ao me contar aquele passo a passo. Eu então lhe perguntei se alguma vez já tinha visto um urso.

— Algumas vezes, só — disse ele. — Umas oito ou dez, talvez — completou.

A mãe dele já revirava os olhos enquanto Seth acrescentava que só avistava ursos à noite: os ursos precisavam dormir bastante durante o dia, hora em que os meninos aprontavam as armadilhas; além disso, no quintal da casa de Seth havia apenas algumas árvores, e os ursos geralmente habitam as grandes florestas.

Meninos do terceiro ano do ensino fundamental gostam de construir armadilhas para capturar ursos e transformar sofás em pistas de pouso de porta-aviões. Meninos do quarto ano explodem garrafas PET de dois litros com desentupidor e papel alumínio, e também atiram nas lâmpadas com pistolas de chumbinho. Meninos do quinto ano fazem experimentos com foguetes e correm de bicicleta até colidir ou cair, extenuados, mas sempre rindo com os amigos. E por quê? Porque meninos irrequietos e saudáveis gostam de testar os limites das suas forças físicas e mentais, pois sentem-se bem fazendo isso. Meninos adoram lutar e jogar bola. Gostam do desafio de inventar o que fazer: explodir, consertar, descobrir como as coisas funcionam; e gostam de se tornar especialistas em qualquer coisa, desde armadilhas para ursos até estatísticas de futebol.

Nossos meninos em risco

Atualmente, toda essa infância, tão espontânea e saudável, está sob ataque. A infância vem sendo ameaçada, e não só por instituições de ensino que desvalorizam a virilidade e a meninez, nem só por mudanças sociais flagrantes — como o divórcio generalizado e o surgimento de famílias monoparentais, que privam os meninos da presença crucial de um responsável masculino —, mas também por uma cultura popular sórdida, tão degradante para os meninos quanto perigosa para as meninas.

Como pais, sabemos que a infância vem mudando, e para pior. Queremos que nossos meninos sejam como Seth — construindo fortalezas nas árvores e armadilhas para ursos, e não atirando em alienígenas no videogame. Nós nos lembramos de quando os meninos costumavam pescar trutas, sentados debaixo de uma árvore, sonhando acordados com o futuro; agora, tememos que eles se afastem de nós, com seus celulares e fones de ouvido, muitas vezes vendo pornografia na internet. O menino que crescesse nos anos 1960 e 1970, e até mesmo na maior parte dos anos 1980, não corria o risco de ligar a televisão e se deparar com algo impróprio, pois os canais televisivos ainda tinham alguma noção de moralidade; hoje em dia, porém, ficamos irados ao vê-los bombardeados com as imagens licenciosas e os diálogos indecentes da televisão, que só refletem os valores baixíssimos e repugnantes da atualidade, frutos de um imaginário coletivo empobrecido. Mesmo quando nossos meninos assistem a uma simples partida de futebol, sentimos o estômago revirar, porque os comerciais são sobre Viagra, disfunção erétil e, certamente, mulheres mais velhas, todas elas sensuais. Por fora, fingimos que não vimos, mas por dentro ficamos atônitos. Durante a última década, psicólogos escreveram sobre os problemas emocionais que nossos meninos enfrentam. Educadores fizeram soar o alarme: meninos do ensino fundamental e médio estão com um desempenho bem inferior ao das meninas. A pontuação deles nos exames de acesso às universidades, nos Estados Unidos, tem sido muito baixa, e constata-se que menos meninos têm se formado no ensino médio e na faculdade. Em relação à minha profissão, têm diminuído, por parte dos jovens, as solicitações de ingresso nas escolas de medicina.

A Academia Americana de Pediatria alerta aos pediatras acerca da importância do diagnóstico precoce do autismo, que está em ascensão entre os meninos; depois, temos ainda o Transtorno de Déficit de Atenção com Hiperatividade (TDAH), que, na última década, também disparou entre eles e que, comparativamente, não tem afetado tanto as meninas. Em meus mais de vinte anos de atividade clínica, confesso que nunca vi, como nos últimos cinco anos, tantos meninos lutando contra problemas de aprendizado, hiperatividade, tédio e depressão.

Ao mesmo tempo, sociólogos produzem diversos estudos sobre as implicações sociais da "igualdade de gênero", das famílias monoparentais (geralmente encabeçadas por mulheres), das taxas de divórcio (surpreendentemente altas), do número cada vez maior de pais ausentes, da violência das facções criminosas, bem como dos enormes riscos a que estão sujeitos os jovens do sexo masculino, especialmente afro-americanos, que crescem sem a presença do pai.

Acontece que somos insensíveis às estatísticas e só nos preocupamos com o *nosso* filho, certos de que ele não está entre elas. Será que um filho nosso abandonará o ensino médio, começará a beber ou a usar drogas? Ou pensará seriamente em se suicidar ainda este ano (uma chocante estatística revela que quase um em cada dez meninos comete suicídio)? Ou então, Deus nos livre, acabará ouvindo tiros enquanto cruza o corredor da escola — tiros vindos de dentro de uma sala de aula? E os acidentes de carro? Sabemos que qualquer adolescente (ainda que seja um bom menino) pode agir de forma imprudente ao volante, e sabemos que os acidentes de carro são a principal causa de morte entre adolescentes. Basta um grupinho de amigos mal orientados e algumas cervejas.

Não sou psicóloga, professora ou cientista social. Sou uma pediatra e uma mãe que escutou e observou milhares de meninos. Já me sentei com pais de meninos que cometeram suicídio e vi outros deixarem o mundo das drogas e da violência para seguirem profissões bem-sucedidas, levando vidas maravilhosas. Tenho estimado e acolhido, ao longo dos anos, uma multidão de meninos em bons e maus momentos, e por isso me vejo como defensora deles.

Nossos meninos estão em apuros? E, se estão, correm mais perigo do que meninos de gerações passadas? Sim, com certeza. Porém, ao contrário de alguns psicólogos, sociólogos e educadores, creio que os problemas que mais afetam nossos meninos se originam de três fontes principais: falta de relacionamento próximo com homens (principalmente pais); falta de educação religiosa; e exposição ferrenha a uma mídia asquerosa, que os assedia dizendo que os segredos para uma vida bem vivida são sexo, sexo e um pouco mais de sexo — ah, mas não sem muito dinheiro e fama.

Educadores e cientistas políticos culpam o sistema educacional e pretendem corrigi-lo. Sociólogos culpam as drogas, o álcool e a pobreza, exigindo leis mais duras, maior bem-estar e mais oportunidades de emprego. Muitos psicólogos argumentam que reprimimos as emoções masculinas e que, portanto, precisamos ser mais sensíveis aos nossos meninos, ensinando-lhes que expressem a raiva e outras emoções de forma construtiva.

É claro que todos esses pontos são válidos. No entanto, deixam escapar algo muito importante dessa equação: o próprio menino, o menino integral, a soma inteira entre o seu ser e a sua vida. Na maioria das vezes, lidamos apenas com aspectos da vida dos meninos: se eles têm problemas de concentração, prescrevemos remédios; se têm problemas de aprendizado, contratamos um tutor para orientá-los; se não é habilidoso nos esportes, arranjamos um professor particular. Atendemos tão meticulosamente às particularidades dos meninos que acabamos deixando de lado quem eles de fato são.

Devemos estar dispostos a perceber que a grande necessidade dos meninos não se resume a mais educação, mais prescrições médicas, mais dinheiro, mais atividades. Eles precisam de nós. De mim e de você. Precisam de pais dispostos a averiguar de perto o que eles andam pensando e fazendo, de pais que os acolham e os observem com a visão experiente de uma águia.

O mundo em que nossos filhos vivem hoje não é o mesmo mundo em que nós vivíamos quando éramos jovens. Nossos meninos muitas vezes já não podem andar de bicicleta até o sol se pôr sem se preocupar em ser sequestrados. Para eles, o mundo tem se tornado triste. A boa notícia é que podemos trazê-los de volta para uma realidade melhor: podemos lhes restituir um pouco da alegria da infância e aliviar suas pressões — mesmo aquelas que achamos benéficas para eles, como tirar boas notas para ingressar numa universidade de ponta —, dando-lhes a liberdade de serem meninos e de simplesmente se divertirem em partidas amistosas de basquete na quadra do bairro, de encontrarem uma área segura no bosque onde possam caminhar e refletir e de terem uma biblioteca em casa, onde clássicos de aventura estejam sempre à sua espera.

Seus meninos precisam de um refúgio, pois o mundo lá fora será duro com eles. Segue-se um panorama geral do atual estado da infância nos Estados Unidos:

EDUCAÇÃO

- 21% dos meninos do primeiro ao quinto ano são identificados como portadores de "transtornos" de aprendizagem (incluindo tanto problemas de fala quanto problemas emocionais).[1]
- O TDAH é diagnosticado sete vezes mais em meninos do que em meninas (8% a 10% das crianças em idade escolar são diagnosticadas com TDAH).[2]
- 65% dos meninos concluem o ensino médio, enquanto o índice é de 72% entre as meninas.[3]
- Menos da metade (46%) dos meninos negros e metade (52%) dos meninos hispânicos se formaram no ensino médio.[4]
- 56% dos estudantes universitários são mulheres e 44%, homens.[5]
- 58% dos estudantes de pós-graduação são mulheres.[6]

DEPRESSÃO

- 12% dos meninos cogitaram seriamente o suicídio.[7]

ÁLCOOL

- 11% dos meninos admitem beber e dirigir.[8]

---

1 "Trends In Education Equity of Girls and Women: 2004", Education Statistics Quarterly: vol. 6, Edição 4, 2004, 3.
2 "Attention Deficit Hyperactivity Disorder", http//www.cdc.gov/ncbddd/ adhd/dadabepi.htm.
3 Tamar Lewin, "Boys Are No Match for Girls In Completing High School", New York Times, 19 de abril de 2006.
4 Sterling Lloyd, "Gender Gap In Graduation", Education Week, 6 de julho de 2007, http//www.edweek.org/rc/articles/2007/07/05/sow0705.h26.html.
5 "Trends In Education Equity of Girls and Women: 2004", The Education Statistics Quarterly: vol. 6, Edição 4, 2004, 9.
6 Ibid., 10.
7 Morbidity Mortality Weekly review, Surveillance Summaries Junho de 2006/55(SS05); 1-108 "Youth Risk Behavior Surveillance", 2005, 12.
8 Ibid., 7.

- 27% dos meninos admitem beber além da conta (mais de cinco doses seguidas).[9]
- 29% dos meninos consumiram álcool antes dos treze anos.[10]

TABACO

- 31% dos meninos fumam tabaco.[11]
- 18% dos meninos fumaram antes dos treze anos.[12]

ARMAS

- 29% dos meninos admitem andar portando algum armamento (arma de fogo, faca ou bastão).[13]
- 10% já levaram uma arma para a escola.[14]
- 43% dos meninos participaram de alguma briga recentemente.[15]

ATIVIDADE SEXUAL

- 42% dos meninos brancos, 57% dos meninos hispânicos e 74% dos meninos negros se tornaram sexualmente ativos antes de concluírem o ensino médio.[16]
- 8% dos meninos admitem ter tido relações sexuais antes dos treze anos.[17]
- 16,5% deles tiveram relações sexuais com mais de quatro parceiras.[18]

---

9 Ibid., 18.
10 Ibid., 23.
11 Ibid.,17.
12 Ibid., 22
13 Ibid., 8.
14 Ibid., 10.
15 Ibid., 8.
16 Ibid., 25.
17 Ibid., 26.
18 Ibid.

SAÚDE FÍSICA

- 16% dos meninos norte-americanos estão acima do peso.[19]
- 40% dos meninos não frequentam aulas de educação física regularmente na escola.[20]

Deparar-se com números assim é perturbador; e, como esses, há muitos outros. Ao longo da minha carreira, vi médicos deixarem de se preocupar com dois tipos principais de doenças sexualmente transmissíveis, apenas, para começarem se preocupar com mais de trinta; agora as encontramos em escala epidêmica nos pacientes, e cada vez mais nos pacientes mais jovens. Exemplo: um em cada cinco americanos (o número sobe quase que para a metade em relação aos afro-americanos) com mais de 12 anos tem resultado positivo para herpes de tipo 2;[21] nove em cada dez homens portadores de herpes genital não sabem que sofrem da doença; e os custos de tal epidemia são contados não só no meu consultório, nem só na depressão (que aflige 20% dos alunos do ensino médio),[22] mas nos estragos que vêm causando no caráter dos nossos jovens, estragos estes que lhes acarretam toda sorte de novas patologias.

Como mudar essa situação?

A vida de qualquer menino se estrutura a partir de três pilares: seu relacionamento com os pais, seu relacionamento com Deus e seu relacionamento com os irmãos e os melhores amigos.

Se estes três relacionamentos estão fortalecidos, qualquer garoto poderá triunfar em seus desafios escolares e esportivos, em meio a uma sociedade tóxica e à nociva pressão dos colegas. Portanto, por ora, pare de pensar em seu filho em

---

19 Ibid., 34.
20 Ibid., 32.
21 Fleming, D. "Herpes Simplex Virus Type 2 In the United States, 1976 to 1994", *The New England Journal of Medicine*, 1997;337:1105-1111.
22 Bonin, Liza. "Depression In Adolescents: Epidemiology, Clinical manifestations and diagnosis." UpToDate Online 15.3, http//www.utdol.com/utd/content/topic.do?topicKey=adol_med/3630&linkTitle=EPIDEMIOLOGY&source=preview&selectedTitle=4~40anchor=2#2.

termos de desempenho acadêmico e esportivo; pense nele como uma pessoa completa que, assim como nós, tem necessidades profundas que precisam ser supridas — e caso os pais não as identifiquem, seu caráter e suas decisões serão postos em xeque, e possivelmente moldados por outra pessoa. Os pais são as figuras mais importantes na vida de um filho. Você nunca deve se sentir impotente em relação ao seu filho, pois para ele ninguém é mais importante do que você.

Seu filho precisa passar mais tempo com você: tempo para conversar e tempo para brincar. Ele precisa passar menos tempo na internet e mais tempo ao ar livre. Seu filho precisa saber que a vida dele não é um acidente, e que Deus existe. Ele precisa — e *quer* — se beneficiar da sua sabedoria, da sua experiência de vida, da sua maturidade. Vejamos, agora, as áreas pelas quais você poderá começar.

Em primeiro lugar, o principal

Meninos precisam ter um relacionamento sólido com seus pais. Ponto final. Todo menino, sem exceção, *quer* ter uma relação melhor com a mãe e o pai, pois sua saúde física e emocional, sua própria sobrevivência, depende de seus genitores.

Meninos passam muito pouco tempo com seus pais e sofrem com isso — todos sabemos. Certa pesquisa mostrou que 21% dos filhos disseram precisar passar mais tempo com seus pais. Porém, quando estes pais foram consultados, apenas 8% assumiram precisar passar mais tempo com os filhos.[23] Estamos tão ocupados em manter nossa rotina, nossa vida cotidiana, que deixamos de prestar atenção às reais necessidades dos nossos meninos, que consistem simplesmente numa entrega maior do nosso tempo, da nossa atenção.

Em nosso afã de compensar o tempo perdido, a fim de ajudar nossos meninos, damos a eles toda sorte de coisas... erradas. A verdade é que eles não precisam de *coisas* — precisam de

---

23 National Fatherhood Initiative. Father Facts 5. Comp. Jamin Warren. 5ª ed. National Fatherhood Initiative, 2007, 114.

nós, de que estejamos por perto, nem que seja só para ficarem à nossa volta, observando o modo como levamos a vida, como falamos, ouvimos, ajudamos o próximo e tomamos decisões. Todo filho é aprendiz de seu pai — não da profissão dele, mas do modo como ele vive, pensa, age.

Meninos necessitam ver pais que ajam como homens para que possam imitar tal comportamento. Meninos precisam ver homens que trabalham, homens que estabelecem padrões, pois, se não lhes mostrarmos padrões segundo os quais possam viver, eles irão procurá-los em qualquer outro lugar: no TikTok, no YouTube, nos piores colegas de escola. O pai deve ser modelo de homem para seu filho, alguém em quem ele possa se pautar. É isso o que um filho quer de seu pai: admirá-lo e ser como ele. Muita pressão é posta sobre os pais, mas é justamente isso que a paternidade é. A boa notícia é que tudo o que um pai realmente precisa fazer é estar disponível para seus filhos, passando tempo com eles, permitindo que o observem e aprendam consigo.

Jason tinha dez anos de idade e veio fazer seu *checkup* anual. Sou tão convicta do papel que um relacionamento saudável entre pai e filho deve ocupar na vida da criança a fim de prover seu completo bem-estar que iniciei a consulta perguntando sobre a relação de Jason com o pai.

— Como é o seu pai? — perguntei, enquanto averiguava o ouvido do meu pequeno paciente.

— Ele é legal — respondeu sucintamente, como só os meninos de dez anos conseguem fazer.

— O que você gosta de fazer quando está junto dele?

— Nada de mais. Qualquer coisa, sei lá. Só que meu pai arrumou um emprego novo e está bem, bem ocupado...

A voz de Jason ia diminuindo conforme acabava de pronunciar a frase.

— Lamento — respondi. — Aposto que se adaptar à realidade do novo trabalho do seu pai esteja sendo difícil. Você deve sentir muita falta dele.

— Ah, não, ele não foi embora. O bom é isso. Agora ele fica mais em casa, mas está sempre ocupado com o trabalho, passa o tempo todo no computador. Eu odeio isso. Minha mãe também. Ela reclama muito. Mas ela não devia ficar reclamando, não é? Ele está apenas fazendo o que deve ser feito.

Em seguida, com sua maravilhosa sabedoria de menino, Jason disse algo bastante extraordinário:

— Acontece, dra. Meeker, que papai e eu costumávamos fazer muitas tarefas ao ar livre quando ele estava em casa, como cortar madeira. Ele não tem mais muito tempo para isso, mas tudo bem. Pelo menos ainda posso ficar com ele. Quando ele vai para a sala trabalhar no computador, eu vou também. E faço o meu dever de casa ali, ou então leio enquanto ele está lá, porque eu gosto de estar no mesmo ambiente que o meu pai.

Temos aqui um menino de dez anos capaz de compreender que o trabalho do pai exige muito dele e um pai capaz de compreender que deixar seu filho sentado a seu lado enquanto trabalha é uma das melhores coisas que ele poderia fazer pelo menino. Ou seja, o que Jason precisava do pai, ele conseguiu — teve a sua presença, trabalhou ao lado dele, e os dois se tornaram, de certa forma, uma equipe.

Posso garantir que as noites que Jason passou fazendo lição de casa ao lado do pai fizeram dele um aluno melhor. O tempo que compartilharam teria sido mais significativo, mais enriquecedor, se o pai tivesse deixado o trabalho um pouco de lado, ajudando Jason a fazer a lição de casa ou treinando basquete com ele na garagem? Talvez. Mas seu pai não tinha muita escolha. Arremessar a bola na cesta certamente teria sido mais divertido; o que importa, contudo, é que Jason teve a *presença* do pai.

Quando os filhos chegam à adolescência, muitos pais se sentem intimidados com a ideia de passar tempo com eles ou têm expectativas pouco realistas sobre o que esse tempo exige. Como resultado, muitas vezes evitam completamente seus filhos, pensando que estes não precisam mais passar tempo com o pai e com a mãe. Não faça isso. Seu filho adolescente precisa mais de você agora do que quando tinha seis anos — ele só não quer que você saiba disso.

É importante, também, que você não aja como quem já se prepara para um iminente fracasso, encarando o tempo que passa com seu filho como um "tempo educativo", no qual só ficará alertando o garoto sobre amizades e preferências pessoais. Esse é um comportamento que, quase sempre, não leva a nada a não ser frustrações. Igualmente vão é esperar que o tempo passado com seu filho seja sempre divertido e leve. Pais divorciados, na intenção de criar memórias positivas em seus filhos, normalmente caem nessa armadilha: esforçam-se demais para isso e quando, inevitavelmente, algo de errado acontece ou surge algum conflito, a vida parece estar desmoronando. Mas não está. Relacionamentos mais fortes são forjados em momentos dolorosos, não só em momentos alegres, e quem é pai deve estar disposto a perseverar e permanecer junto ao filho no meio das batalhas, decidindo enfrentá-las a fim de dar a volta por cima, avançar e alcançar um novo contentamento.

A chave é bem simples: disponha-se a passar mais tempo com seus filhos, quer seja um tempo de diversão e riso, quer seja de silêncio, ou mesmo de tensão e discussão. Todo esse tempo é importante. Nada substitui uma vida vivida ao lado do pai e da mãe — *nada*. E não se iluda achando que você pode ser substituído, porque não pode.

Seu filho não quer que você compre coisas para ele, nem que o leve a partidas de futebol, tampouco que trabalhe horas a mais para comprar uma casa melhor (embora ele possa tentar convencê-lo a fazer cada uma dessas coisas). Seu filho precisa ver você sorrir quando você se orgulha, ver como você resolve os problemas e como lida com a tensão e a frustração; e o mais importante: ele precisa saber que você estará ao lado dele quando ele precisar de você. Enquanto souber disso, ele vai se sentir seguro e firme em seu mundo interior. Dê a ele essa segurança, e ele se sentirá livre para dar o seu melhor na escola, prestar atenção nas aulas de piano e aproveitar tudo o que há de bom na infância.

Seu filho também vai querer que você lhe ensine sobre Deus, e você deve fazê-lo. Eis um fato incontestável: crianças e adolescentes com uma forte fé religiosa vão melhor na escola, correm menos risco de adquirir comportamentos nocivos e são mais propensos a serem felizes e equilibrados. Vale a pena reiterar aqui que as pesquisas têm mostrado claramente que a religião:

- Ajuda as crianças a ficarem longe das drogas.[24]
- Ajuda a manter as crianças longe da prática sexual.[25]
- Ajuda a evitar que as crianças fumem.[26]
- Dá orientação moral às crianças.[27]
- Dá a elas uma autoestima significativamente maior, bem como atitudes mais firmes.[28]
- Contribui para o seu amadurecimento à medida que passam da infância à adolescência.[29]
- Auxilia as crianças a estabelecerem limites e evitarem problemas.[30]
- Ajuda os adolescentes a manterem uma boa perspectiva em relação à vida.[31]
- Ajuda-os a se sentirem bem e felizes.[32]
- Ajuda-os a vivenciar menos sintomas depressivos.[33]

---

24 Smith, Christian e Faris, Robert. "Religion and American Adolescent Delinquency, Risk Behaviors and Constructive Social Activities." *National Studies of Youth and Religion*, 2002, 20.

25 Hardy, Sam A. e Raffaelli. "Adolescent Religiosity and Sexuality: An Investigation of Reciprocal Influences", *Journal of Adolescence* 26 (2003), 731.

26 Smith, Christian, e Denton, Melinda Lundquist. *Soul Searching: The Religious and Spiritual Lives of American Teenagers*. Nova York: Oxford University Press, 2005, 222.

27 Ibid., 241.

28 Ibid., 152.

29 Ibid., 153.

30 Ibid., 151.

31 Ibid., 152.

32 Ibid., 153.

33 Cotton, Sian; Larkin, Elizabeth; Hoopes, Andrea; Cromer, Barbara A., e Rosenthal, Susan L. "The Impact of Adolescent Spirituality on Depressive Symptoms and Health Risk Behaviors." *Journal of Adolescent Health*, 36.6 (2005): 529e.

- Ajuda a maioria dos adolescentes a superar seus problemas e dificuldades.[34]
- Ajuda as crianças a se sentirem melhor com seus corpos e com sua aparência.[35]
- Ajuda a aumentar conhecimentos já apreendidos, referentes a habilidades de liderança, estratégias de enfrentamento e cabedal cultural.[36]

Alguns pais não se sentem à vontade quando o assunto é religião, mas a crença e a prática religiosas são uma das melhores proteções que você, pai, pode oferecer aos seus filhos. Deus é importante para os meninos do mesmo modo como é importante para o resto das pessoas, pois, sendo Ele uma autoridade suprema a Quem podemos recorrer, fornece-lhes um porto seguro, um senso de propósito, uma maneira de se colocar na ordem do universo. Assim, a fé em Deus aumenta a confiança, sendo uma poderosa proteção contra a depressão e fonte provedora da instrução moral. Ter arcabouço moral é extremamente importante para os meninos. Como discutiremos em capítulos posteriores, eles têm, intuitivamente, um código moral. Já aos três anos de idade, sabem o que é certo e errado; ter um código moral bem traçado e cumprido desde cedo faz com que os meninos se sintam mais seguros de si.

Passar tempo com seu filho e educá-lo nas coisas de Deus são dois passos cruciais para colocar tudo o que importa em primeiro lugar. Mas há um passo a mais. Seu trabalho como pai também envolve manter um lar estável com o mínimo de rivalidades entre irmãos. É evidente que todo menino briga com os irmãos. A rivalidade normal entre irmãos faz parte do processo de amadurecimento e pode fortalecer o caráter de um menino. Mas se isso o ajuda ou o prejudica depende, em grande parte, de como os pais lidam com essa rivalidade. Uma

---

34 Smith, Christian e Denton, Melinda Lundquist. *Soul Searching: The Religious and Spiritual Lives of American Teenagers*. Nova York: Oxford University Press, 2005, 151.
35 Ibid., 225.
36 Ibid., 243-245.

coisa é a mãe ou o pai saberem reconhecer e lidar com isso como uma simples competição, como algo natural, sendo ela inofensiva; outra é alimentarem uma competição ou ignorarem quando um filho é a todo momento intimidado pelo irmão ou repreendido pela irmã — nesse caso, as consequências podem ser devastadoras. Um filho não deveria ter de competir por um lugar no coração do pai; o apego dele não deve ser condicional e volúvel. Se isso acontecer, ele não vai gostar da escola, os momentos de diversão serão prejudicados e sua personalidade se tornará mais frágil e fragmentada.

Meninos devem aprender a nutrir relacionamentos saudáveis no seio familiar. Essa experiência definirá as regras básicas para seus relacionamentos futuros. Meninos que se sentem rejeitados por seus irmãos, avós e pais esperarão rejeição dos outros. Porém, se crescerem num lar onde haja confiança e respeito mútuos, onde se sintam integrados e acolhidos, então vão se tornar jovens seguros e confiantes.

Mais importante do que ter sucesso no trabalho é ter sucesso em casa. A vida, não há dúvida, é uma constante busca por equilíbrio entre prioridades que concorrem entre si; contudo, mães e pais que querem filhos fortes e saudáveis devem sempre colocar a família em primeiro lugar.

Ao longo da vida de um menino, da pré-escola ao ensino médio, as atitudes mais importantes são: manter um relacionamento saudável com ambos os pais, ter fé em Deus e fazer parte de uma família sólida. Esta é a fórmula para darmos aos nossos filhos a melhor infância e a melhor preparação para se tornem bons homens. São esses os alicerces dos quais tudo o mais depende.

CAPÍTULO 2

Resistindo à pressão dos pares

Nós, pais, geralmente colocamos a culpa do comportamento dos nossos filhos na pressão que os colegas exercem sobre eles. "Se o Joãozinho não tivesse respondido à professora do jardim de infância com grosseria, o nosso pequeno Juninho não teria feito o mesmo." A partir do momento em que nossos filhos ingressam no ensino fundamental, passamos a nos preocupar com as más influências.

Acontece que, na vida de um menino, existe uma pressão ainda mais determinante do que o comportamento dos colegas. Falo da pressão que nós, como pais, suportamos dos *nossos* próprios colegas, dos *nossos* pares.

Quantos pais, ao ver o filho de um amigo conseguir entrar no time de futebol do colégio, já não cederam à tentação de incentivar o próprio filho a se esforçar mais? Quantas mães já não inscreveram os filhos em mais uma aula de judô, ou de piano, só porque os filhos das amigas são mais ocupados que os delas? Todos já fizemos isso.

Como pais extremamente conscienciosos, com frequência somos tomados por um fluxo de pensamento que nos leva a crer que devíamos fazer mais por nossos filhos. Achamos que devíamos contratar um tutor, que devíamos fazer com que começassem a trabalhar logo cedo, que devíamos... Você mesmo pode completar a frase. Somos especialistas em nos preocupar com o que podemos fazer *a mais* por nossos filhos, mas essa é uma maneira totalmente equivocada de abordar a questão. Importa bem mais que nós, pais, *sejamos* algo para nossos filhos, estando perto deles, e menos que lhes *façamos* algo — menos ainda que lhes *compremos* coisas. O que na verdade devemos fazer, cada vez mais, é não sobrecarregá-los com tantas atividades (assim como diminuir nossa preocupação).

Faça um relatório crítico do que você faz por seu filho e por que o faz. Quantos esportes ele pratica? Ele gosta de praticá-los? Ou essas atividades são na realidade uma maneira de *você* aliviar a *sua* inquietação interior de que seu filho não esteja "entrosado o bastante"?

As áreas mais afetadas pela pressão dos nossos colegas adultos, e as quais, por conseguinte, acabam afetando nossos meninos, são as atividades físicas, acadêmicas e artísticas. Se o filho de Tom, de onze anos, faz exercícios físicos para melhorar no futebol, logo queremos que nosso filho, de dez, também comece a levantar peso, porque nosso filho tem mais resistência. Se o filho de Paul está entre os dez melhores da turma, queremos que o nosso esteja entre os cinco. Se o filho de Jim é um pianista nato, logo marcamos aulas extras para que o nosso o alcance.

Pela minha experiência, todo bom pai, intuitivamente, sabe o que é bom e o que não é bom para seus filhos. O problema é que ignoramos nossa intuição e embarcamos no trem daqueles pais e mães que impulsionam os próprios filhos apenas com o intuito de ofuscar os dos outros. *Desça já desse trem!*

Pense bem em como você vislumbra o caráter do seu filho quando ele estiver com 25 anos, e então se concentre em ajudá-lo a construir esse caráter. Você realmente quer que seu filho seja um jogador de beisebol profissional antes de se tornar um homem íntegro? Ou você prefere inverter a ordem?

Identificados nossos objetivos e motivações, temos meio caminho andado para manter os meninos no rumo certo. A pressão exercida sobre os pais é intensa. E acrescento que, quanto mais abastado é o pai, mais difícil é para ele se furtar de entupir o filho de atividades e bens materiais. Resista à tentação. Lembre-se de que, mais do que qualquer outra coisa, seu filho quer *você*; portanto, é contraproducente sobrecarregá-lo de atividades que o afastem de você.

99% de amor, 1% de disciplina

Pais sempre lamentam que seus filhos não os escutam e que não se comportam. A disciplina que tentam incutir nos filhos entra por um ouvido e sai pelo outro. Há, contudo, um segredo para educar meninos — *e então os meninos farão praticamente qualquer coisa que os pais queiram*. Já aos três anos de idade, todo menino quer se sentir amado, aceito e valorizado. A maneira mais rápida que tem de alcançar esse lugar é ver mamãe e papai felizes com ele. É sempre assim. A tarefa dos pais consiste em saber dessa necessidade e atendê-la. Trata-se de uma tarefa difícil, pois a maioria dos pais acaba ficando exausta. E, quando nossos filhos chegam à adolescência, saindo cada vez mais e ficando em casa cada vez menos, nos sentimos pressionados a expor nossos pontos de vista de forma enfática e apressada.

Resumidamente, submetemos os meninos aos nossos sermões cada vez mais cedo e com mais frequência, mas falhamos em lhes dar ouvidos. Nenhum menino escuta um pai que começa a dar sermão antes mesmo de ouvir o que ele tem a dizer. Nenhum filho quer o conselho de um pai que o interrompe ou critica repetidas vezes. A verdade é que a maioria dos filhos já sabe aonde o pai e a mãe querem chegar quando levantam esse ou aquele assunto. Filhos sabem o que o pai gosta e não gosta, o que o pai quer e espera deles. É por isso que, ao lidar com um adolescente, ouvir é mais importante do que falar.

Talvez alguém já tenha ouvido por aí que cada crítica feita a uma criança deve vir acompanhada de pelo menos o dobro de elogios. Durante a adolescência, é igualmente importante que você tenha ao menos o dobro de tempo positivo com seu filho (ouvindo-o e dando-lhe atenção) em relação ao tempo negativo (corrigindo-o ou apontando-lhe o dedo).

Filhos só ouvem pessoas (pais) pelas quais tenham respeito e admiração, apreço e temor (no bom sentido). Eles rejeitam palavras de adultos que só fazem criticar, zombar, pressionar. Se você é um pai que critica e ridiculariza seu filho compulsivamente, pare já com isso — pelo menos durante um mês. Você irá concluir que está desperdiçando sua energia e puxando seu filho para baixo, prejudicando também a si mesmo. Aliás, a forma como você se comunica com seu filho é, muito provavelmente, reflexo exato da forma como seus pais se comunicavam com você na infância: pais reproduzem não aquilo que *querem*, mas aquilo que *assimilaram* do convívio familiar.

Preocupado com o comportamento de Lincoln, seu filho de quinze anos, Brent o acompanhou até meu consultório. O menino andava discutindo demais com o pai, dando escapadas noturnas de casa, mexendo com drogas... E as notas só caindo.

— O que é que eu faço com *esse garoto*? — questionou Brent.

"Esse garoto". Era assim que o pai chamava o filho.

Deixei Brent falar pelos primeiros dez minutos. Ele precisava desabafar, era nítido.

— Sinceramente, não entendo — disse ele. — Eu dou tudo para esse garoto. Ele faz autoescola, joga hóquei, estuda em colégio particular. E, mesmo assim, não se esforça nem um pouquinho para assumir suas responsabilidades. Fica saindo por aí com um bando de moleques que não prestam e, ainda por cima, mente para mim. Queria só ver se eu ousasse mentir para o meu pai. Nunca fiz isso. Sempre respeitei meu pai.

Então Lincoln começou a falar, um tanto tímido e hesitante. O pai, demonstrando estar frustrado e contrariado, fazia questão de não olhar para o filho.

— Meu pai não entende. Eu sou um bom filho. É ele que não me dá nenhuma chance. Ele nunca acredita em mim...

O pai o interrompeu.

— E por que eu deveria acreditar? Você só sabe mentir!

Fiz Brent parar por ali.

— Agora você me entende? Meu pai me odeia. Fica na minha cola o tempo todo. Nada que faço está certo. Não sou tão inteligente como ele gostaria. Sou goleiro reserva, e ele chegou a brigar com meu treinador para que eu fosse o titular do time. Isso é muito constrangedor!

Lincoln fez uma pausa. Com um gesto, pedi que o pai não interviesse.

— O que você quer do seu pai? — perguntei.

Ele baixou a cabeça e fez uma pausa ainda mais longa.

— Nada. Não quero nada — murmurou.

Brent empalideceu.

— Brent, diga-me uma coisa: como seu pai falava com você? — perguntei.

— Meu pai? Vou lhe dizer: meu pai não era de tolerar desaforo de criança nenhuma como eu aceito desse garoto.

— Não foi isso o que perguntei. Quero saber de que modo seu pai falava com você.

Brent então arregalou os olhos, parecia assustado. Começou a me encarar, ignorando Lincoln. O clima no consultório mudou; de algum modo, tornou-se mais ameno. Lincoln olhou para o pai, curioso para saber que resposta ele daria. De repente, o menino ficou interessado em ouvir o que o pai tinha a dizer:

— Para falar a verdade, ele era muito grosseiro comigo... Muito grosseiro... Só me criticava. Ele queria que eu fosse forte, um cara durão, e sempre fazia questão de exigir isso. Na cabeça dele, apontar minhas falhas me faria melhorar. Não funcionou. E foi *isso*, acho, que me fez parar de tentar... em praticamente tudo.

Surpresa e pesar tomaram conta da face de Lincoln. Enquanto eu e Brent conversávamos, ficou claro para todos nós que Brent agia com seu filho do mesmo modo como seu pai agira com ele. Foi aí que Brent percebeu como sabotava Lincoln e, enfim, se desculpou.

Seria Brent o responsável pela desonestidade de Lincoln, pelo uso de drogas ou pelas notas baixas? Não, não exclusivamente. Mas suas críticas constantes com certeza programavam Lincoln para o fracasso, na medida em que o faziam se sentir um estranho, diminuindo seu interesse em qualquer coisa que o pai dissesse e o deixando vulnerável a buscar outras fontes de afirmação (nas drogas e más companhias). Depois que percebeu o que fazia com o filho, Brent empreendeu duas grandes mudanças: em vez de se deixar levar pela culpa, desafiou a si mesmo, investigando sua própria irritabilidade, bem como suas respostas reativas. Fez questão de ouvir, mais e mais, antes de falar; e, ao falar, soube dar conselhos sábios — os quais ele mesmo gostaria de ter seguido — antes de criticar. Além disso, Brent também se comprometeu a passar mais tempo com Lincoln, evitando sermões, e o filho aceitou a oferta. Foi assim que pai e filho começaram a desfrutar da companhia um do outro, fazendo coisas de que gostavam: acampar, pescar e, vez ou outra, saíam para esquiar. O tempo que passavam juntos não era longo, mas divertido. Cerca de um ano depois da ida ao meu consultório, Lincoln me contou que havia abandonado alguns treinos de hóquei para ter mais tempo para sair com o pai.

A melhor das notícias, porém, foi a de que Lincoln parara de mentir e pusera fim às escapadas noturnas de casa. Lincoln não medira esforços para melhorar.

Tempo, atenção, carinho e aprovação. É disso que todo menino precisa — e em abundância — de seus pais. Posso garantir que, se a maioria das interações entre pais e filhos se concentrasse nessas quatro coisas, a disciplina viria espontaneamente quando exigida. Filhos tentam agradar os pais quando sabem que *podem*, quando têm abertura para isso. Se não encontrarmos um equilíbrio entre amor e disciplina, nossos meninos estarão perdidos.

Não permita que o seu filho seja o depósito de lixo alheio

Meninos adoram se divertir e correr riscos — são verdadeiros caça-prazeres. Estar perto de um menino será sempre diversão garantida, pois acolhem as travessuras e as fortes emoções.

Buscando alimentar essa propensão à diversão, nós, pais, acabamos sendo condescendentes com nossos meninos, e agimos assim porque queremos vê-los felizes. Pergunte a qualquer pai cujo filho tenha entre oito e dezoito anos o que ele espera para o futuro do seu garoto — é bem provável que a resposta seja simplesmente: "Quero que ele seja feliz."

Contudo, a questão é: a felicidade basta? Querer educar um filho para *ser feliz* é mais importante do que educá-lo para ser *bom*?

Com o intuito de ajudar nossos meninos a serem felizes, nós lhes fornecemos brinquedos, roupas, dinheiro e entretenimento. Sem nos darmos conta, acabamos lhes ensinando que é melhor receber do que dar. Esquecemos, porém, que a felicidade que sentimos ao receber coisas é passageira e, pior ainda, alimenta em nós o desejo de ganhar sempre mais: em pouco tempo, meninos cujos tênis de basquete custam cem dólares passam a querer um novo que custe 120. Quanto mais temos, mais queremos, e rapidamente ficamos obcecados em possuir. Já tivemos vários sapatos ao longo da vida, portanto sabemos que sapatos são apenas sapatos. No entanto, quando se trata de nossos filhos, nos deixamos enganar, pensando: "Talvez um jogo de videogame, uma camisa de futebol, um skate o deixem feliz, pelo menos por um tempinho."

Tenha muito, muito cuidado. Não há nada de errado em tentar entreter seus filhos; a questão é *como* eles estão sendo entretidos: um computador, por exemplo, permite que acessem artigos e estudos excelentes, mas também leva pornografia para dentro de seus quartos. E a pornografia representa um perigo seríssimo para a vida dos garotos.

Muitos deles pedem para ter televisão ou computador no quarto. Adolescentes querem espaço, privacidade e oportunidade para tomar decisões a respeito do que assistir. Qual é o problema de um garoto assistir futebol na televisão do quarto? Nenhum, é claro; entretanto, o pai deve ter em mente que naquela tela não passa *só* futebol. Quem consegue assistir a uma hora de televisão — especialmente em se tratando de certos eventos esportivos — sem ter de se deparar com inúmeras doses de pornografia, ainda que de forma leve? Ao ver televisão, um menino corre o risco de ter diante de si: seios à mostra, linguagem obscena e piadas de cunho sexual — tudo isso direcionado a crianças de doze anos. Depois de ver algo desse teor, a visão do garoto fica ligeiramente corrompida. Todo adolescente insistirá em que a televisão não exerce nenhum impacto sobre seu pensamento, mas não sejamos tolos: a televisão é um depósito de lixo em que anunciantes insensíveis e gigolôs da cultura *pop* jogam seus detritos esperando que, no meio de toda essa imundície, seu filho encontre algo que lhe apeteça.

Quando se trata de televisores, computadores e telefones, você precisa ser, para o seu filho, um filtro diligente e meticuloso. E precisa definir regras básicas. Mantenha esses aparelhos fora do quarto dele; eles precisam ser usados de forma comunitária, pela família; assim, a segurança aumenta. Existem muitas influências que realmente são inevitáveis; mas o que entra em sua casa, isso sim você pode controlar.

Lembre-se: assistir e ser constantemente exposto a conversas depreciativas e a comportamentos sexuais vindo praticamente de adolescentes não fará seu filho mais feliz, e tampouco o ajudará a tornar-se bom.

Restringir o acesso, por outro lado, favorece ambos. Limitar o excesso de televisão, jogos, tênis — do que você quiser — de fato o ajudará a ser mais feliz *e melhor*. Para um menino, menos deve ser mais. Ele não precisa de nada além de você.

O inimigo não é você

Ao contrário do que diz certa crença popular, meninos não nascem para, mais cedo ou mais tarde, se rebelarem contra os pais. Em grande parte, esse fenômeno juvenil de "ódio aos pais" foi inventado pela mídia, com a ajuda de alguns psicólogos.

Acontece que um menino não odeia os pais por natureza, tenha ele seis ou dezesseis anos de idade. Certamente, à medida que amadurece, ele desejará mais independência, mas um comportamento desaforado, um espírito de rebelião, não é algo natural nem saudável.

Parte do problema, mais uma vez, vem da cultura *pop*, com suas séries de comédias retratando, via de regra, filhos grosseiros e pais estúpidos, e também de toda uma indústria — incluindo grande parte da música — dedicada a incitar adolescentes contra seus pais. Trata-se de uma cultura na qual valores tradicionais, passados de pai para filho como barreiras de proteção, são ridicularizados.

Como pais, precisamos reconhecer que, nesse sentido, a cultura *pop* é nossa inimiga, pois compete conosco pelos nossos filhos. Assim, cabe a nós derrotá-la. Nunca se esqueça de que, aos olhos do seu filho, você é imenso. Todas as estatísticas que temos afirmam que ninguém é mais importante na vida de um filho, bem como nas decisões que ele venha a tomar sobre bebida, drogas e sexo, do que seu pai. Não abdique de sua autoridade. Não se torne o pai descolado e tolo que você acha que seu filho quer ter, porque ele não quer — e, uma vez que você cruza essa linha, é difícil voltar atrás. Todo filho odeia quando o pai quer posar de engraçadinho, bobão, ou quando tenta agir à semelhança dos colegas adolescentes. Seu filho quer respeitá-lo — e isso significa também admirá-lo.

Talvez, ao ver meninos ou até mesmo crianças pequenas dizerem grosserias aos seus pais — um aluno do terceiro ano do ensino fundamental gritando com o próprio pai, por exemplo —, você já tenha ficado em choque. Diante disso, o que o pai fez? Ele encolheu os ombros? Fingiu ignorar a criança? Uma das duas coisas, muito provavelmente. E, se o fez, é porque nossas perspectivas sobre comportamentos normais de pais e filhos foram ressignificadas. Durante tanto tempo a mídia normalizou comportamentos aberrantes que passamos a achá-los normais, mas não deveríamos. A melhor maneira de impedir isso não é apenas limitar a exposição do seu filho a todo o lixo midiático, mas sempre garantir que ele saiba que você é seu aliado. Músicos, roteiristas e produtores de cinema têm se colocado ao lado dos adolescentes, tentando convencê-los de que os pais são os verdadeiros inimigos e que eles, os gigolôs da cultura *pop*, entendem seu filho melhor do que você — eles estão atentos aos pensamentos e sentimentos do seu filho e produzem conteúdos para que ele os consuma.

Entenda que isso está acontecendo e que é algo antinatural. Entenda também que, ainda que seu filho consuma todas essas coisas, ele mesmo sabe, tanto quanto você, que nada disso é natural. No fundo, seu filho entende que a vida não deveria ser assim. Ele sabe que sua mãe se importa com ele mais do que qualquer outra pessoa no mundo; sabe que seu pai é o retrato do que um homem deve ser, e que ele mesmo deve ser um jovem dotado de caráter e força moral.

É hora de trazer nossos meninos de volta. Eles esperam que defendamos sua masculinidade e os instiguemos a serem garotos saudáveis, prontos para se tornarem homens elevados e virtuosos. Acontece que não são capazes de alcançar a virtude sozinhos. Eles são crianças. Trabalhemos, portanto, em auxílio dos nossos meninos.

CAPÍTULO 3

Fortalezas e carros de corrida

— Meu marido é um homem das cavernas... — desabafou Annie, balançando a cabeça, entre enfurecida e perplexa. — Simplesmente não entendo os homens, nem por que gostam tanto de ficar no meio do mato. Stan, meu marido, tem sempre de arrumar algo para fazer por lá. Ele chega e, depois de dez minutos, sai outra vez, todo sujo de lama. No verão, passa horas a fio no barquinho dele, esperando que um peixe morda a isca. No inverno, caminha pelo mato com suas raquetes de neve durante horas...

Annie teve uma iluminação:

— É isso: água! Ele deve ter alguma ligação antropológica com a água, seja em movimento ou congelada. Adora ficar sobre a água, cercado de água, dentro d'água. Talvez tenha sido uma baleia na vida passada.

A frustração de Annie com as ausências do marido, que vivia metido no lago e na floresta, era agravada pelo fato de ela não conseguir compreender o fascínio dele. Que impulsos o faziam querer sair de casa? Eles tinham um bom casamento, mas não raro ela se via com ciúmes... da neve e da água! Por viver no hemisfério norte, Annie habituara-se ao frio, de modo que todo aquele alvor natalino, que a tantos parece um sonho, não figurava na sua lista de desejos.

Acontece que o chamado da selva ressoa nos ouvidos de muitos homens, e isso, embora meio insólito, costuma ser instrutivo para eles.

Abóboras na varanda

Aos quinze anos, Eli não era tão rebelde quanto... estranho. Tinha acabado de voltar para casa depois de passar seis semanas praticando canoagem com seus parceiros de acampamento. À época, Eli havia decidido que viver dentro de casa era coisa de menininha. Quem precisa de uma cama, de um travesseiro, de um quarto bem aquecido, quando se pode respirar o ar fresco e dormir profundamente sob as estrelas?

Então anunciou à família que, dali em diante, seu quarto ficaria vago e que a partir de então ele dormiria num recanto no pequeno gramado do quintal.

Sua mãe lhe disse que a ideia era ridícula e que seria muito perigoso para ele passar a noite toda sozinho. Eli elaborou um plano B: no segundo andar, o quarto da sua irmã dava para uma varanda, e ele viu naquele espaço um alojamento provisório a céu aberto. Poderia dormir ali, do lado de fora e despercebido, como se estivesse acampando. Melhor ainda: não teria de contar nada à sua mãe — sendo a varanda parte da casa, *tecnicamente* ele dormiria *dentro* de casa.

Quando deu a hora de dormir, Eli pegou um saco de dormir e uma lanterna. Esgueirou-se pelo quarto da irmã depois de ela já ter dormido, abriu cuidadosamente a janela do quarto e atravessou-a, indo parar na varanda. Era preciso pisar com todo o cuidado no assoalho de madeira. Eli imaginava-se andando ao longo de um penhasco, sob o qual corria um riacho cheio de rochas. Ele se sentiu livre. Então, abriu o zíper do saco de dormir, acomodou o corpo e puxou a cordinha com força, fechando-se ali. Estava seguro. Sozinho em seu casulo — ele, as estrelas, os galhos das árvores e o céu negro, cor de carvão. Não podia se sentir melhor.

Na manhã seguinte, quando a mãe abriu a porta do quarto para acordá-lo, deu um grito: a cama e o quarto estavam arrumados demais. Ela logo pensou que o filho tinha fugido. Acordou a filha mais nova, e ambas desceram juntas a escada, chamando por Eli. Talvez ele tivesse dormido no sofá da sala. Não, ele não estava lá embaixo.

A mãe mandou a irmã subir e se arrumar — era hora de ir para a escola —, e estava prestes a chamar a polícia. Quando a irmã entrou no quarto, Eli estava batendo no vidro da janela, pedindo para entrar.

Depois de acalmar sua mãe, de algum modo Eli a convenceu a permitir que ele continuasse dormindo na varanda: ele ficaria são e salvo, assegurando que ninguém o veria por trás do gradeado. Nos dois meses que se seguiram, Eli reivindicou a pequena varanda como sua; assim, já não precisaria mais se esgueirar pelo quarto da irmã, pois ela o acolheria de bom grado. Pensou que a irmã gostava desse arranjo porque, com o irmão dormindo lá, ela se sentiria protegida. Eli seria seu segurança particular.

No final de outubro, a mãe de Eli decorou a área externa com ornamentos de Halloween. O menino adorava o Halloween e empenhou-se em enfeitar a varanda com abóboras: encontrou algumas pequenas e as colocou ao longo do parapeito.

Alguns dias antes do Halloween, Eli rastejou pelo quarto da irmã, atravessou a janela e chegou à varanda, e então se aprontou para dormir. O vento noturno estava cada vez mais frio, a ponto de ele conseguir enxergar a própria respiração; sem demora, o menino se arrastou para o saco de dormir e fechou o zíper, cobrindo todo o rosto. Como já estava habituado ao vento frio da noite, adormeceu sem maiores complicações.

Até que, na escuridão da madrugada, Eli acordou com um barulho esquisito: eram sons de arranhões e grunhidos brandos. Alguém estava ali, perto dele, mas Eli não via ninguém. O menino ainda estava deitado de barriga para cima, dentro do saco de dormir, o coração batendo forte no peito. Eli foi diminuindo o ritmo da respiração, com o intuito de não chamar a atenção do intruso.

Mais uma vez, o menino ouviu um grunhido e batidas leves. Alguém o espreitava. O barulho ia ficando mais alto. Eli queria entrar em casa, mas não se atreveu a abrir o zíper e ficar descoberto. Naquele instante, o plano de morar fora de casa lhe pareceu uma grande tolice. O que é que ele estava pensando? Ali não era o Canadá, onde ele tinha ido acampar — ali era o seu bairro. Brincar de mentirinha era divertido, mas naquele fatídico momento pareceu totalmente impraticável.

Eli ficou o mais quieto que pôde e sentiu algo se mover à sua direita, na altura da cabeça. Com o canto do olho, viu uma mão agarrando o corrimão da varanda: vinha pegá-lo!

Antes de pensar no que fazer, Eli se endireitou no colchonete. Com a cabeça toda coberta, voltou-se para o corrimão e deu de cara com um homem cujas feições eram indistinguíveis na escuridão. Eli gritou, e o intruso, vendo aquela múmia disforme e sem rosto, gritou de volta.

Foram segundos que pareceram horas. Os dois se encararam, um gritando para o outro. O intruso largou a abóbora que aparentemente tentava roubar e caiu da varanda no chão. Eli ouviu um baque e o estalar dos galhos. Desprendeu-se do saco de dormir, pôs a cabeça para fora e foi se locomovendo até o gradeado da varanda, de onde viu uma figura se desvencilhando dos arbustos, abaixo. O ladrão pegou uma bicicleta (na parte de trás da bicicleta havia jornais empacotados) e fugiu.

Quando Eli chegou à escola, contou ao seu melhor amigo a história do ladrão que tentou roubar uma abóbora na varanda da sua casa e disse que, se encontrasse aquele ladrão... " daria uma surra nele!"

Soou o primeiro sinal do turno da manhã, e Eli foi para a aula de matemática. Enquanto os outros alunos entravam, Eli notou algo errado com Pinky Watts. (Ele foi apelidado de Pinky porque, no terceiro ano do ensino fundamental, costumava usar uma camisa rosa de botões.) Eli começou a olhar para o garoto... e então notou que o braço direito de Pinky estava engessado.

Eli não conseguiu se conter: correu para a mesa de Pinky e deixou escapar:

— Quebrou o braço, hein, Pinky? O que aconteceu?

— Caí de bicicleta hoje de manhã vindo para a escola.

Aos ouvidos de Eli, as palavras de Pinky pareciam uma fala pronta, muito bem ensaiada.

— Hum... Sei... — Eli rebateu, querendo provocá-lo e provar que seu interlocutor estava errado, mas algo o deteve.

Eli percebeu que Pinky havia se dado mal, acabara até com o braço quebrado. E se deu conta de que, aos quinze anos, Pinky já havia sido muito humilhado. Ele sabia que Eli tinha conhecimento do acontecido, e seus olhos imploraram para Eli não contar a ninguém. De repente, Eli sentiu pena do outro menino, cuja aparência inspirava piedade. Eli então assegurou a Pinky, com um aceno de cabeça, que aquele segredo ficaria entre os dois.

Durante os anos em que cursou faculdade e pós-graduação, Eli passava os verões nas montanhas do Wyoming como instrutor numa escola de sobrevivência na selva. Na manhã do dia do seu casamento, sua noiva não conseguia encontrá-lo. A cama dele ainda estava feita. Teria ele dado para trás, fugido de medo? A noiva o encontrou do lado de fora, dormindo sob um enorme carvalho. Hoje, Eli costuma dormir dentro de casa, uma casa de quatro quartos que abriga o casal.

O fato de Eli gostar de dormir na varanda pode ter sido inusitado, mas não era prejudicial; pelo contrário, era algo bom: expressava o amor de um menino pela liberdade que se tem ao ar livre, e proporcionou a Eli uma sensação de independência, de resistência em meio às intempéries. Confrontar-se com Pinky lhe ensinou lidar com as pessoas.

A ciência da vida ao ar livre

Alguns estudiosos dizem que o cérebro masculino foi programado para apreciar a vida ao ar livre, a começar pelo fato de que meninos são, visivelmente, mais atraídos pelo movimento do que as meninas — movimento como o de brincadeiras em plena mata.

Psicólogos, por sua vez, atribuem o fascínio masculino pela natureza a um desejo, a um sonho de liberdade: meninos veem o ambiente como uma grande arena, onde podem vagar e sonhar acordados, e quando se tornam homens sentem que ao ar livre podem expressar tranquilamente suas tendências agressivas, tanto por meio de esportes como por meio da caça.

Antropólogos relacionam o fascínio dos meninos pelo ar livre às suas raízes evolutivas, da época em que os homens eram caçadores, provedores da tribo, e os meninos eram seus aprendizes que, demonstrando coragem e habilidades na caça, faziam jus à sua iniciação na prática dos homens adultos.

Independentemente do motivo, a maioria dos meninos ama ficar fora de casa — simples assim. E ama porque viver ao ar livre lhes faz bem. Por experiência própria, o fascínio que um menino sente por cascas de árvores, cobras, sapos e insetos é um desdobramento das suas necessidades fisiológicas e psicológicas, o que é uma maneira científica de dizer que os meninos gostam da natureza porque esta lhes oferece um campo onde eles podem testar-se física e imaginativamente.

Um cabo, uma mochila e um cano de PVC

Foi a mata que uniu Billy, Tyler e Ethan. Suas casas davam para uma pequena floresta. Os meninos adoravam a mata porque podiam ter um pouco de privacidade ali. Ninguém conseguia vê-los em meio aos pinheiros e suas folhagens pontiagudas. A floresta era deles.

Depois da escola, ou nas manhãs de sábado, era lá que os três se reuniam. Às vezes alguns outros meninos, como os amigos Timmy e Mike, juntavam-se a eles, mas os visitantes tinham de concordar em manter a floresta — e tudo o que acontecia dentro dela — em segredo.

Pouco depois de reivindicar a propriedade da floresta, Tyler e Billy fizeram planos para erguer uma fortaleza ali. Atravessaram pedaços de tábuas e ripas de madeira compensada de uma árvore a outra, prendendo-as com metros de cordas. Encontraram um pedaço grande de cano de PVC e decidiram que ele ficaria no centro da fortaleza, posicionado em direção ao solo — serviria como vaso sanitário. Como toque final, Tyler insistiu que prendessem um salmão morto numa das árvores logo abaixo da fortaleza, indicando que aquele espaço era deles e que a presença de estranhos não era tolerada.

Uma vez erguida a fortaleza, o que os garotos fizeram? Deixaram a imaginação correr solta e visualizaram homens camuflados circulando por aquele recanto de mata. Os invasores se ajoelhavam no perímetro, espionando-os com binóculos, enquanto bloqueavam todas as rotas de fuga possíveis para os meninos. O coração dos garotos disparou. Eles precisavam de um plano, e rápido. Billy sugeriu que subissem o mais alto que pudessem nos pinheiros que sustentavam a fortaleza. Dessa forma, quando os inimigos a invadissem, eles poderiam contra-atacar com pedras, galhos e restos de comida; e, caso conseguissem matar um deles, os outros acabariam se assustando e fugindo.

Tyler achou a proposta de Billy uma estupidez. Sua ideia era bem mais inteligente: todos os cinco saltariam de paraquedas para fora da floresta; ficariam no alto, flutuando sem dar um pio. Ora, eles eram paraquedistas habilidosos (ou aspirantes a isso), e contornar o inimigo camuflados seria muito fácil. Acontece, porém, que eles precisavam de mais alguns itens para fazer os paraquedas.

Ethan, Timmy e Mike acharam o plano de Tyler brilhante e concordaram com sua execução. Billy não estava feliz por ser voto vencido, mas decidiu cooperar.

Rápida e silenciosamente, eles passaram um pedaço de cabo da estrutura mais elevada da fortaleza até o tronco de um pinheiro próximo, ancorando-o a cerca de meio metro do chão.

Ethan ficou impaciente. E se o inimigo invadisse a fortaleza antes que eles terminassem o empreendimento? E se ele ou seus amigos fossem feridos ou mortos? O que sua mãe diria? Ela nunca mais o deixaria ir à fortaleza.

Eles ouviram o farfalhar de folhas ao redor, sob as botas de biqueira de aço dos homens que se aproximavam. Tyler avistou um cano de rifle: o inimigo estava mais perto. Os garotos precisavam se movimentar depressa.

Por fim, o cabo foi preso ao solo. Os cinco correram para a fortaleza e planejaram seu próximo movimento. Ethan saltaria de paraquedas primeiro. Ele era o mais jovem e o mais leve, e o garoto mais leve tinha de ir primeiro, só por precaução.

Mas Ethan não queria ser o primeiro. Ele estava apavorado, só não queria que os outros soubessem; e, por isso, argumentou que, como descer de paraquedas através do cabo seria muito divertido, os meninos mais velhos deveriam ir primeiro e ele por último. Isso era ridículo, gritaram os outros. Ethan tinha de ir primeiro, pois era o mais leve.

Os garotos colocaram a mochila de Tyler nas costas de Ethan e começaram a enchê-la da parafernália que havia ali na fortaleza. A mochila seria seu paraquedas improvisado, pesado o bastante: na mochila puseram copos de plástico, um pote de manteiga de amendoim e duas garrafas de Sprite pela metade.

— Escutem — sussurrou Timmy, pensando ouvir vozes.

Os homens camuflados os tinham visto? Ethan começou a chorar quando Mike, Billy e Tyler afirmaram que era possível ver centenas de homens escondidos atrás das árvores, apenas esperando para os pegarem. Ethan estava atônito com a possibilidade de ser pego. Tyler tirou um mosquetão do bolso e o prendeu na parte de cima da mochila de Ethan, mas Ethan balançou os braços, alegando que ainda não estava pronto. Os outros lhe disseram que não havia tempo para pensar: ele precisava ir *já*. Tyler e Billy içaram Ethan para o telhado da fortaleza, enquanto Timmy e Mike os vigiavam. Tyler prendeu o mosquetão no cabo. O fecho de alumínio era tudo o que segurava Ethan suspenso a cinco metros de altura no ar — mas funcionou: Ethan estava devidamente atado, pronto para voar.

Deram-lhe um empurrão. Seu corpo cambaleou para a frente, paralelo ao chão, mas Ethan não se movia simplesmente:

nadava no ar, tentando se impulsionar para frente e tateando o espaço com movimentos alternados de braço.

O inimigo viu Ethan. Os outros quatro meninos puderam confirmar isso. Billy teve uma iluminação: quebrou um galho grosso do pinheiro e arrancou a casca. O interior era verde e brilhante: serviria bem, com toda a certeza; mas, só por garantia, Billy pegou um pote de margarina que tinha sobrado do almoço e espalhou aquela pasta amarela sem miséria ao longo do galho. Depois, passou margarina também no mosquetão.

Instruiu Ethan a agarrar as pontas do galho e depois segurá-lo pela parte de cima. Isso o ajudaria a deslizar para um lugar seguro.

Com uma nova alça no lugar e um grampo untado com margarina, Ethan assentiu: estava pronto. Terminada a contagem regressiva os quatro garotos o empurraram para frente.

E Ethan voou! Com seu corpo esquelético pendurado no cabo, segurou firmemente o galho de pinheiro e foi direto para o chão. De repente, o galho de pinheiro se partiu e a mochila o fez parar. A dois metros de altura, seguro por um pequeno grampo preso a um cabo, Ethan estava pendurado. Ele gritou; e, num frenesi, jogou os pés para trás, tentando mover o corpo — em vão: estava preso... e morrendo de medo. Então olhou para a terra que havia debaixo dele. Na árvore à sua frente, notou o salmão pregado, a marca registrada do grupo, e no rompante de maturidade que brotou naquele momento de tensão Ethan pensou, de imediato, que aquela era a coisa mais estúpida que já tinha visto.

Antes que percebesse, os outros garotos haviam descido a escada da fortaleza e estavam parados debaixo de Ethan, pensando em como fazê-lo descer. Um tentou puxá-lo para baixo pelos pés, mas os outros o interromperam, dizendo que seria muito perigoso. Tyler teve uma ideia diferente e, para executá-la, precisaria de um taco de beisebol ou algo parecido. Procurou pelo chão um galho longo e grosso, encontrou um que servia, agarrou-o e correu de volta para resgatar o amigo. Ethan era um alvo fácil e morreria logo se Tyler não agisse.

49

Tyler gritou para os outros pegarem pedras. Por um momento, eles olharam para Tyler com curiosidade, mas, como paraquedistas obedientes e bem treinados, pegaram pedras pequenas e encheram os bolsos. As pedras maiores eles carregaram nos braços.

Tyler explicou sua ideia: libertar Ethan. Cada um teria uma função. Ele ordenou que sua tropa mirasse na parte de cima da mochila. Aqueles que tinham melhor pontaria podiam mirar no mosquetão. Eles teriam de fazer aquela coisinha se mover. Aplicando força suficiente contra a mochila, Ethan poderia terminar seu salto, eles poderiam soltá-lo e então lhes restaria, finalmente, correr para longe do inimigo que os cercava. Tyler golpeou a mochila com o galho. Os outros jogaram pedras. Ethan gritou. A mira deles não era tão boa quanto pensavam. Billy atirou uma pedra (nada pequena) que atingiu Ethan na altura do rim, e depois veio outra. Pedras atingiram seus punhos, seus joelhos. Ele podia sentir os vergões em erupção em seu corpo e gritou para que parassem.

Com um golpe final, Tyler balançou o galho em direção a Ethan e acertou o mosquetão, que rompeu, fazendo Ethan cair de barriga para o chão. Uma das garrafas de refrigerante que estavam na sua mochila estourou. Através da lona da mochila, Ethan sentiu sua camisa ensopar.

Os meninos tiraram a mochila das costas dele, deixando-a cair para trás; em seguida, agarraram seu amigo ferido e correram, passando pelo inimigo, pelos rifles apontados para eles por entre os arbustos, pelas balas zunindo próximo a suas cabeças. Quando chegaram ao quintal de Billy, caíram na grama. Deitados de costas, respiravam com dificuldade, o peito latejando. Nenhum deles disse nada por pelo menos uns dez minutos.

Eles tinham sido vitoriosos! Ethan quase tinha morrido e Tyler havia torcido o tornozelo durante a fuga, mas estavam todos vivos. Os meninos da Fortaleza do Salmão, os paraquedistas, tinham vencido! Tinham provado sua coragem, tenacidade e habilidade. Eram verdadeiros homens.

Depois de um longo silêncio, Tyler rolou para o lado, querendo encarar os outros quatro:

— E agora — disse ele —, o que vamos fazer?

Atualmente, Tyler é piloto de uma empresa de jatos particulares. Às vezes, leva seus amigos à Península Superior do Michigan para acampar e fazer trilha. Até hoje gosta da selva, mas faz muito tempo que não tenta deslizar por um cabo untado com margarina.

A natureza foi importante para Tyler, assim como é para todos os meninos, porque um menino deve viver a infância não só imaginando, mas também pisando a terra. Ele precisa mexer os pés para atender à necessidade de se maravilhar com as coisas. É por isso que os meninos são tão físicos, tão brutos. A vida, para eles, é um experimento contínuo para ver *o que acontece se...*

Enquanto observamos esses garotos dados a construir fortalezas e saltar de paraquedas, vemos o processo de tessitura de uma infância indispensável, sobretudo porque é a natureza que dá vida a ela, cuja tônica é: o desejo de criar, construir e imaginar; o desejo de viver de acordo com um código de conduta (que enfatize independência, amizade e coragem); o desejo de testar e pôr à prova as próprias habilidades.

É claro que, para cada um dos meninos, a fortaleza representava um desafio diferente. Poderia se tratar de um forte, mas também de um castelo que abrigasse cavaleiros, do convés de um navio ou de um clube no qual oficiais aposentados fumavam charutos. Entretanto, quaisquer que fossem as aventuras que concebessem, uma coisa era certa: o lugar sempre seria deles, e esse senso de propriedade e privacidade é importante para os meninos. O fato de gostarem de se isolar das meninas, ou mesmo dos pais, quando estão brincando não é prejudicial, antissocial ou perigoso. Meninos gostam de estar no comando entre seus colegas; gostam de ser livres para deixar seus pensamentos e brincadeiras correrem soltos, e estar ao ar livre permite que eles façam isso. É ao ar livre — em meio à natureza, afinal — que eles podem brincar de caubóis, talhar pedaços de pau, viver aventuras vagando pela selva e rir de coisas de menino.

Meninos precisam de fortalezas para brincar e de asfalto para jogar bola com os amigos. É assim que aprendem a confiar e a decidir. É brincando em fortalezas e encarando disputas de bola que eles encontram um ambiente saudável para se tornarem homens. De fato, meninos progridem mais quando não são forçados a participar de atividades organizadas — ou a ficar trocando um esporte por outro —, quando eles mesmos organizam, por conta própria, brincadeiras, aventuras e projetos, quando saem com seus amigos. Meninos precisam brincar na areia e na mata, erguendo fortalezas e castelos, para se misturarem com seus colegas e com crianças de diferentes idades, para sentirem como é ser o menor entre eles (como o pobre Ethan) e virem a se tornar um líder (como Tyler).

Como enfatizei, é importante que os pais se façam presentes na vida dos filhos, mas não só: é também importante que não queiramos gerenciar a vida dos nossos filhos nos mínimos detalhes. Quando meninos brincam na árvore, não é necessário que mamãe e papai estejam vigiando tudo o que acontece. Os pais não deviam agir assim; é desnecessário fazê-lo. Quando os adultos supervisionam e definem as regras de cada brincadeira ao ar livre, seus filhos não aprendem a se afirmar segundo as próprias singularidades.

Ao praticar esportes, meninos sempre estão entre outros meninos da mesma idade, mas o que eles mais precisam é praticar com meninos de idade variada — uns mais velhos, outros mais novos... E eles encontram essa variedade quando saem para brincar na vizinhança. Se os pais comandarem o espetáculo, não haverá espaço para menino nenhum ser o maioral, o rei da bola, o dono do jogo; não haverá espaço para nenhum menino tentar um drible ou uma jogada mais ousada. Todos nós, enquanto pais, queremos que nosso filho seja o goleador, o atacante, o destaque, mas não é assim que funciona na vida real. Meninos que começam e permanecem no topo porque o pai está sempre dois passos à frente deles, abrindo caminho e conversando com treinadores (ou sendo ele próprio o treinador), perdem as oportunidades (pois os pais as roubam deles) de aprender a guiar-se por conta própria e, depois de tropeçar aqui e ali, a ter forças para se reerguer e seguir em frente.

Foi naquela fortaleza construída no meio do mato que Tyler aprendeu a assumir o comando e Ethan foi forçado a superar seus medos. Acima de tudo, foi ali que os meninos trabalharam juntos, pois ninguém estava sozinho: eles formavam uma tropa de guerreiros que, se quisessem "sobreviver", tinham de depender uns do outros. Naquela fortaleza, os garotos formaram seu próprio círculo social; divertiram-se e testaram suas capacidades criativas; e, quando a deixaram, sentiram-se melhores em relação a si mesmos, não por uma "autoestima" vazia que pais e professores injetaram neles, mas por uma verdadeira sensação de realização que eles próprios conquistaram.

Quando têm acesso a algumas árvores e a um pouco de madeira, os garotos fazem a vida valer a pena, assim como quando pregam tábuas e machucam as canelas, travam guerras imaginárias e fazem seus amigos voarem por meio de um cabo e um paraquedas improvisado. Não há nada como assistir à brincadeira frenética de um bando de meninos para perceber as radicais diferenças entre os sexos. Desafio alguém a me mostrar um grupo de garotas que saiam vagando pela floresta, todos os sábados, dispostas a travar batalhas e construir fortalezas nas árvores, pregando um peixe morto numa ripa. Impossível. Meninos fazem — e *devem fazer* — isso. Nós, pais, devemos lhes dar essa permissão. Eles são assim, esse ímpeto é parte integrante deles.

O esquilo-vermelho

É na natureza que meninos de todas as idades, inclusive homens adultos, podem ser desafiados; é nela que sua inteligência se aguça, possibilitando-lhes conhecer a si mesmos e compreender a vida. Josh vivenciou isso na pele.

Num trecho de florestas da cidade de Yarmouth, no Maine, durante um dia de outono um tanto mais frio que o habitual, Josh, de sete anos, viu sua vida mudar.

No Maine, o outono inaugura uma época muito importante: a temporada de caça aos cervos. Hordas de caminhonetes cheias de homens de todas as idades chegam ao norte. Os caçadores saem à procura do Grande Cervo, o patriarca da espécie. Josh queria aprender a caçar para poder acompanhar o pai na temporada de cervos. Contudo, foi avisado de que ainda era muito novo para manusear armas, mesmo de chumbinho, e que, no máximo, podia aprender a atirar com arco e flecha. O pai tinha um arco composto e assegurou-lhe que, caso ele conseguisse controlar a tensão da corda, seria capaz de atirar com precisão.

Josh ficou entusiasmado. Aquele seria o melhor outono da vida dele. O pai, porém, não lhe deu permissão para caçar cervos — nem patos, nem faisões, nem nada que vivesse e se movesse. O que ele poderia fazer, então? Praticar tiro com arco no quintal, usando uma estrutura de fardos de palha como alvo.

Nos fins de semana, Josh e o pai saíam para o bosque, no fundo do quintal, e praticavam tiro com arco e flecha. Puxar a corda do arco machucava o braço do menino, que não quis contar nada disso ao pai. Por vezes, a corda, logo depois do disparo, resvalava no antebraço de Josh, fisgando sua pele.

Josh apreciava a disciplina de tiro com arco. O garoto já gostava de atirar na presença dos pais, que podiam observar o seu desempenho. Se pudesse atirar sozinho, então, não haveria limites para o pequeno arqueiro.

O mês de outubro em Yarmouth era encantador — encantador até demais. Um belo dia, depois da aula, Josh quis atravessar a garagem para ir brincar na cama elástica montada no quintal. No caminho, porém, notou o arco composto do pai pendurado no muro da garagem. Por um breve instante, pensou em não tocar naquele arco. Não era certo. O pai estava no trabalho. Só que a mãe estava em casa. E na cozinha. Da janela da cozinha a mãe poderia vê-lo ali no mato. Ele levou esse detalhe em consideração.

Josh pensou, pensou, e saiu correndo com o arco e uma aljava cheia de flechas. Passou pela cama elástica, pelo balanço, e foi parar no bosque de troncos avermelhados e alaranjados.

À medida que corria, seus passos faziam as folhas farfalharem, e por isso Josh tratou logo de desacelerar o ritmo, pois não queria que nenhum cervo ou esquilo o percebesse ali entre as árvores.

O menino então marchou em direção a um grande pinheiro e sentou-se sob ele. Ali, em silêncio, observou os pássaros que voavam sobre a sua cabeça e os esquilos que cavavam tocas para se proteger no inverno.

Sem sua jaqueta, Josh sentia frio; deixara-a em casa de propósito, para não suar, já que sua ideia inicial era pular na cama elástica. O garoto se levantou, esfregou os braços para se aquecer e prosseguiu, embrenhando-se ainda mais na mata. Tirou uma flecha da aljava, apenas para ficar alerta e surpreender o Grande Cervo caso o animal aparecesse. E se Josh o acertasse? O que será que seu pai acharia disso?

Um dia — o menino tinha certeza — ele e seu pai ainda caçariam juntos. Ficariam acampados lá pelo norte e perseguiriam o Grande Cervo por dias — seriam dias difíceis. Nada de comidinha no prato. No máximo um cachorro-quente frio, um sanduíche de feijão cozido, uma batata crua. Porque é isso que um caçador de verdade come quando está caçando. À noite, se chovesse, ele acordaria cedo e acenderia uma fogueira. Só de imaginar, Josh era capaz de sentir o cheiro da fumaça e a umidade no ar. Ele aprenderia a fazer café, jogando pó e água numa panela de latinha colocada sobre as chamas.

Até que, de repente, algo se move à direita de Josh. O menino para e espera. Outro movimento. Ele então gira quarenta e cinco graus bem lentamente, com todo o cuidado. Leva a flecha ao arco, envolvendo a corda com o dedo indicador para fixar a posição.

A uns sete metros de distância, avista um esquilo-vermelho enorme, parado em cima de um tronco tombado, roendo uma noz. O garoto sentiu o coração na boca, e sabia que tinha nas mãos a oportunidade de se tornar um verdadeiro caçador. O que seu pai diria? Certamente ficaria orgulhoso.

Sem hesitar, Josh ergueu o arco e esticou a corda, embora tivesse dificuldade em mantê-la firme. Alinhou a ponta da flecha com o esquilo e, antes que pudesse tomar a decisão consciente de deixá-la voar, viu a corda se soltar e a flecha atingir o alvo.

Josh ficou atordoado. Nunca na vida ele atirara em coisa alguma. Agora lá estava ele, tenso e animado ao mesmo tempo. Ele largou o arco e, para seu espanto, o esquilo começou a se mover. A cena que Josh presenciou foi terrível. O esquilo-vermelho corria com a flecha enfiada na barriga. O garoto se sentiu mal. O que fazer agora? Ele não queria atingir o bicho novamente com outra flecha. E se Josh errasse o segundo disparo? E se *não* errasse?

Ele perseguiu o esquilo pela floresta e o alcançou. Agarrou a haste da flecha, que estava viscosa com o sangue do esquilo, e ficou apavorado. O esquilo ainda lutava pela vida. Sem saber o que fazer, o menino decidiu levar o pobre bichinho para casa e perguntar à mãe como proceder. Então, carregando o esquilo-vermelho de cabeça para baixo, suspenso no ar como um *marshmallow* gigante assado em um espeto, atravessou o jardim, entrou na garagem e, no momento em que abriu a porta dos fundos, começou a chorar. Ao ver a mãe, o choro se intensificou.

— Qual o problema, Joshua?

— Mãe, vem cá. Um esquilo. Eu atirei num esquilo.

Josh levou a mãe até a garagem, e lá ela viu o esquilo traspassado, ainda vivo, deitado no cimento. A mãe estava furiosa, mas não queria fazer Josh se sentir pior. Fez, então, o que fazem as mães quando ficam irritadas: pôs a culpa no pai.

— Isso é culpa do seu pai. Tinha de colocar você nesse negócio de caça! O que a gente faz agora? — gritou ela.

A mãe de Josh odiava caçadas. Tolerava, porque é isso o que faz a maioria das esposas e mães que vivem nessas regiões.

— Ligue para o seu pai. Não, pode deixar. *Eu* vou ligar para o seu pai agora mesmo. Ele precisa resolver esse problema. Alguém tem de matar o pobre do esquilo para ele não sofrer mais, e não sou eu que vou fazer isso — insistiu.

O telefone tocou no escritório do pai de Josh, no Centro Médico do Maine. Como chefe de um grande departamento, geralmente deixava sua secretária atender, mas desta vez ele mesmo o tinha feito.

— Michael, você precisa vir para casa *agora*. Estamos com um problema aqui. Seu filho acabou de atirar num esquilo na floresta e o bicho não morreu. A flecha está presa no corpo do coitado, e alguém precisa fazer alguma coisa *agora*. Ah, e eu já adianto que não encosto um dedo sequer nele.

A resposta de Michael a irritou:

— Uau! Ele acertou o esquilo com arco e flecha? A que distância ele estava?

— Que diferença faz? Chegue logo em casa e resolva isso — concluiu ela.

Enquanto seus pais conversavam, Josh percebeu o que era necessário fazer. A mãe o colocou na linha para falar com o pai, que naquele momento não podia voltar para casa. Michael disse ao filho que, se ele sai para caçar com o arco e flecha do pai, tem de pensar bem nas ações que vai tomar, que nunca pode parar no meio do caminho e deixar o esquilo sofrendo.

Josh levou o esquilo para o quintal e, chorando sem parar, matou o animal com uma pedra e, por fim, o enterrou.

Quando Michael voltou para casa naquela noite, não repreendeu Josh por usar o arco sem a sua presença (coisa que o menino não estava autorizado a fazer); em vez disso, elogiou a precisão do filho. Um esquilo em cima de um tronco a sete metros de distância... Seria difícil até para o pai. Mas Michael elogiou sobretudo a postura que Josh teve ao assumir a responsabilidade pelo esquilo.

— Estou orgulhoso por você ter respeitado o esquilo. Se alguém chega ao ponto de não se compadecer do animal que caçou, é hora de parar — disse o pai.

Josh admirava o pai por sua masculinidade. Ele havia estabelecido um padrão que o filho desejava alcançar, embora aos sete anos Josh ainda não estivesse totalmente pronto. O esquilo-vermelho lhe mostrou isso.

Hoje, formado numa excelente faculdade na Nova Inglaterra (ele escreveu sobre o esquilo-vermelho em seu ensaio de admissão), Josh trabalha numa empresa de investimentos em Boston e é muito bem-sucedido. Seus colaboradores o consideram um homem íntegro e sensível; e essa experiência na floresta, de quando ele era menino, faz parte disso. Meninos aprendem lições sobre si mesmos, sobre a natureza e sobre a vida quando estão no ambiente selvagem. A experiência de Josh com o esquilo-vermelho foi uma das mais importantes de sua vida. Josh ainda ama estar ao ar livre, mas desde então trocou a caça pela pesca com mosca (pescando e soltando, é claro).

O que a natureza ensina

Meninos, assim como homens adultos, tendem a esconder muitas emoções e encerrá-las dentro de si. Em vez de chorar abertamente ou falar sobre seus problemas com irmãos e amigos, como fazem as meninas, geralmente voltam-se para si mesmos; e, por isso, precisam de um lugar para ficar sozinhos e pensar. A natureza oferece esse refúgio.

E oferece também muitas outras lições, ajudando-os a lidar, por exemplo, com sua força física e sua agressividade crescentes, qualidades que para os pais — nesse caso, especialmente para as mães — podem ser inquietantes. Quando vemos meninos lutando no corredor da escola ou jogando uns aos outros contra a parede, vemos a força que emerge deles e sentimos medo; tememos que alguém se machuque e que as coisas saiam do controle. Queremos que parem de lutar e sejam educados; não queremos que o nosso filho, ou o filho de alguém, se machuque, seja física ou emocionalmente.

Mas meninos precisam medir forças, testar e até mesmo impor seu poder. É claro que devem aprender, também, a ter autocontrole, temperança e compaixão pelos semelhantes. Contudo, uma das verdades mais importantes sobre a natureza, é que nela os meninos podem ser caçadores — aprendendo a disciplina e a habilidade do esporte —, mas também tirar lições da feição inevitavelmente trágica da caça. É em meio à natureza que nossos meninos podem aprender, e muito, sobre a implacável realidade das coisas. Árvores e pedregulhos não são movidos por desejos, discussões, reclamações ou anseios; a flecha disparada não volta, não adianta chamar por ela, e é impossível apagá-la apertando um botão; a caça não pode ser iniciada por um comando de computador. Seja a brincadeira de um menino na selva parcialmente imaginária — como a de Tyler e seus paraquedistas —, ou seja tão real quanto atirar de arco e flecha, ela é sempre tridimensional, real e instrutiva de uma maneira que nenhum jogo de computador jamais poderá ser. Meninos precisam sujar as mãos e tentar provocar uma reviravolta na vida, ou ao menos representar essa provocação.

Assumir riscos

A inclinação do adolescente a assumir riscos deixa os pais de cabelos brancos. Eles se assustam, e é justo que seja assim: os adolescentes não completaram ainda sua maturidade cognitiva. Embora alcancem pensamentos mais abstratos do que alunos do sexto ano, não podem pensar como um jovem de vinte e cinco, e essa incapacidade de sopesar riscos e consequências com a devida precisão (ou mesmo de não sopesar nada) os sobrecarrega quando eles têm de assumir riscos. Eles nunca, ou só raramente, acham que dirigir a 150 km/h numa estrada rural pode se transformar em algo sério e nada divertido. Se acaso baterem numa árvore, simplesmente vão se afastar do carro destruído e ir para casa jantar. Adolescentes sempre acham que os outros podem morrer, e nunca eles mesmos.

Muitos vivem presos àquilo que alguns psicólogos chamam de "fábula pessoal", ou seja, ficam aferrados à crença de que podem fazer o que quiserem — adolescentes nutrem uma noção distorcida do poder que têm de mudar a realidade alheia. Essa é uma das razões pelas quais adolescentes sofrem tanto após o divórcio dos pais. Aos quinze anos, um filho acredita que poderia ter impedido o pai de ir embora, que poderia ter revertido a depressão da mãe ou ter salvado um amigo que se afogava. Em suma, esse filho se sente excessivamente responsável por parte considerável da vida, pois crê que tem o poder de mudar o seu destino imediato, bem como o de seus entes queridos e amigos.

Todos esses níveis de imaturidade psicológica — a dificuldade de conectar ações presentes a consequências futuras e a crença na própria invencibilidade, além da fábula pessoal — preparam o terreno para o menino viver aventuras arriscadas.

Ele sente emergir dentro de si uma força, uma potência, e quer dar vazão a isso para se sentir mais homem. Não deseja destruir, dominar, manipular ou prejudicar os outros — quer desfrutar da alegria do seu próprio poder, e um meio bastante sedutor de manifestá-lo é diante do volante, especialmente em um carro de corrida.

Basta olhar para os milhões de jovens, e também homens mais velhos, que se encantam por carros de corrida. São máquinas elegantes, rápidas e muito masculinas, tão masculinas quanto os próprios pilotos. O apelo dos carros de corrida aos nossos meninos faz todo o sentido porque resume a gana que o homem tem de pôr à prova a própria força. Quão rápido ele consegue correr? Quantos carros consegue ultrapassar, fazendo-os engolir poeira? Quão efetivamente podem se combinar a força pessoal do piloto com a do carro, tornando-se os dois uma coisa só?

Essa experiência, penso eu, é totalmente masculina. Parte relevante da identidade masculina é definida pela compreensão do próprio poder. Quanto às mulheres, não se pode dizer o mesmo. A feminilidade é definida por muitos outros fatores emocionais e intelectuais, e nenhum deles é tão determinante quanto o poder para os homens.

Deveríamos, então, deixar nossos garotos de dezesseis anos soltos pelas estradas, dirigindo furiosamente a toda a velocidade? É claro que não, mas precisamos reconhecer que meninos procuram saídas para dar vazão ao seu poder interior. Entender isso nos fornece uma maneira mais eficaz de protegê-los. A maioria dos pais crê que seus filhos adolescentes são mais maduros cognitiva, psicológica e emocionalmente do que realmente são, e acabam não compreendendo que, quando um filho se senta ao volante de um carro, pode estar pensando em testar os próprios limites. Não podemos nos dar ao luxo de nos iludir pela cara barbada e pelas pernas compridas dos nossos adolescentes. Você não será capaz de argumentar com um garoto de dezesseis anos ao tentar convencê-lo a não correr riscos. A mente dele funciona de modo completamente diferente da sua. O desenvolvimento dele está num estágio muito diferente do seu. Quando ele quiser correr riscos, não o critique, mas, em vez de deixá-lo dirigir como um louco, pague para ele saltar de paraquedas algumas vezes. Permita que ele sinta a emoção, mas cuide de canalizá-la para uma atividade que, embora aos olhos dele pareça arriscada, na realidade é bem mais segura. Ty me contou de um mochilão que fez durante três semanas. O destino eram as Montanhas Rochosas do Canadá, e seu objetivo estava em fotografar carneiros-de-dall com chifres grandes. Ele estava animado por ir até tão longe, por viver ao ar livre, por não precisar tomar banho, fazer a barba nem mesmo comer comida decente. Ty, seu irmão e seu pai se juntaram a outros dois amigos que conheciam bem o terreno montanhoso e seriam seus guias. Foram a cavalo até o acampamento, que ficava num vale entre duas montanhas, e, de lá, seguiram viagem a pé. Quando voltaram ao acampamento depois de uma longa caminhada, todos dormiram cedo, tamanha era sua exaustão. Quatro horas depois, Ty acordou ao sentir um cheiro meio esquisito. Era fumaça.

   O garoto saltou do saco de dormir e correu para fora da barraca. Do lado de trás de uma das montanhas, viu enormes ondas de fumaça preta. Não conseguia ver as chamas. Em seguida, acordou o irmão, o pai, os amigos. Os cinco começaram a conversar, pensando no que podiam fazer. Ty queria correr um quilômetro e meio pelo vale para chegar ao estábulo, selar os cavalos e sair dali. Isso não funcionaria, disseram os amigos, porque os cavalos estavam muito perto do fogo. O irmão insistiu em que eles fugissem da fumaça, o que significaria viajar até a outra montanha e descer pela parte de trás dela. Um dos amigos, no entanto, disse que a parte de trás da montanha era perigosa demais para que se aventurassem por lá.

Quanto mais saídas aqueles homens tentavam encontrar, entre concebê-las e descartá-las, mais assustado Ty ficava. Depois de dez ou quinze minutos de conversas e hipóteses, Ty foi tomado por um pavor que jamais sentira na vida. Os cinco concluíram que não podiam correr, cavalgar ou ultrapassar o fogo, pois não tinham meios de contê-lo, tampouco de apagá-lo. A única opção que lhes restava era ficar ali, no meio daquele vale imenso, entre duas montanhas, esperando e rezando para que o fogo se espalhasse na direção oposta.

E assim foi. Após três horas de terror, os homens perceberam que as nuvens de fumaça diminuíram. O fogo baixava e o cheiro se atenuava.

Ty e os homens ficaram cara a cara com a própria impotência. As forças emocionais, intelectuais e físicas de cada um colidiram com a natureza, e nesse confronto os homens foram vencidos. Não morreram queimados, mas puderam ver que a natureza era mais forte do que eles.

Ter vivido essa aventura possibilitou que Ty obtivesse uma compreensão mais profunda de si mesmo enquanto homem. Ele pôde assimilar a realidade das suas próprias forças — e também dos seus limites. Em resumo, Ty teve uma lição de humildade. Quando falamos na imaturidade cognitiva, emocional e psicológica dos adolescentes, estamos falando de um simples fato científico. Porém, não deixa de ser verdade que experiências como a de Ty ajudam os adolescentes a amadurecer mais rápido. São experiências como essas que os meninos obtêm ao medir forças com a natureza e uns com os outros.

É extremamente importante que os jovens descubram seus próprios limites. Este é um desafio que eles se sentem obrigados a enfrentar, e é por isso que escalam montanhas, correm com automóveis e praticam lutas. Trata-se de entender o ímpeto que têm dentro de si e até onde podem levá-lo. É quando dão de cara com a parede que a humildade começa a vir à tona.

Às vezes, os desafios são solitários, mas geralmente os garotos compreendem a natureza de sua força comparando-se uns com os outros. Meninos são naturalmente competitivos, e uma das primeiras comparações que fazem é entre a própria força e a das outras crianças. Primeiro, comparam-se em força muscular; depois, em força mental: os garotos procuram quantificar ambas, e não apenas testá-las. É também por meio da competição que meninos aprendem a estimar mais a habilidade dos seus colegas.

Este último ponto é especialmente importante, pois o meninos precisam aprender a usar suas habilidades, sua força, para ajudar seus semelhantes. Os meninos precisam servir, isso lhes fará bem: trata-se de um modo de direcionar as suas energias que irá auxiliá-los a estabelecer a finalidade prática dessa força interior, trazendo um equilíbrio entre poder e responsabilidade. Eles precisam se deparar com uma viúva à procura de alguém para cortar a grama do quintal, com um amigo com deficiência física que necessite de ajuda, ou com grupos como o das Olimpíadas Especiais, que recruta jovens para servir como mentores de atletas com deficiência. O serviço é uma das melhores maneiras de evitar que os adolescentes se sintam isolados. É sempre bom reforçar aos meninos que eles não são o centro do universo, que há bem mais coisas além de seu próprio umbigo. Pais, se quiserem fortalecer o caráter do seu filho, ajudem-no a encontrar atividades nas quais ele possa desenvolver um senso de serviço. Isso o ajudará a reconhecer quão valiosos são os seus dons e que todas as pessoas, inclusive as que precisam da ajuda dele, são especiais.

CAPÍTULO 4

Eletrônicos

A maioria de nós nutre um relacionamento bem particular com *notebooks*, celulares e televisores. Você leu bem — é exatamente isso que nutrimos com essas máquinas inanimadas: relacionamento. Nós amamos e odiamos essas coisas. A mídia eletrônica organizou nossas vidas, nos trouxe mais entretenimento, facilitou nossas pesquisas e as de nossos filhos, mas também abriu uma porta da qual jorram informações até transbordar. Todos nós que vivemos grande parte da vida sem acesso à internet, sem videogames e tudo o mais, temos um modo diferente tanto de usufruir dos benefícios da mídia eletrônica como de sentir seus malefícios. Nossos filhos, por sua vez, não têm essa mesma perspectiva. Já folheamos muitos livros para saber como é ler sem ser surpreendido pela mensagem de um amigo, à espera da nossa resposta. Aprendemos a degustar os filmes, já que não havia meios de ver o mesmo filme dezessete vezes seguidas. Já compramos artigos de papelaria em lojas físicas, já escrevemos cartas a amigos e parentes, revelando nossa própria caligrafia. Nós nos sentávamos e pensávamos bem naquilo que íamos escrever. Já gastamos muito papel por não termos nos expressado de forma sucinta, ou por termos dito coisas que na realidade não queríamos dizer. Às vezes, éramos muito secos; às vezes, muito melosos, e então rasgávamos o papel e recomeçávamos tudo de novo. As cartas sentimentais iam parar na lata do lixo. Durante o ato de escrever, nossos pais nos ensinavam a pensar em nosso destinatário e no que ele gostaria de ler. Em seguida, enviávamos a carta e esperávamos que ela chegasse ao seu destino. A vovó e o vovô entenderiam a nossa letra? O que pensaram sobre o que dissemos? Eles nos escreveriam de volta?

Naquela época, anterior à da mídia eletrônica, comunicar-se exigia esforço, e muita coisa ainda era feita presencialmente. Quem, hoje em dia, escreve cartas manuscritas (mesmo que sejam muito mais pessoais do que e-mails)? Tínhamos de empreender pesquisas (o que significava ir à biblioteca) e usar máquinas de escrever, ou canetas, para redigir trabalhos escolares (quem é que se lembra de ter passado corretivo líquido para corrigir um erro?). Os jogos que jogávamos não eram contra um computador, mas contra nossos amigos. Algo que perdemos com a consolidação da mídia eletrônica é a sensação de permanência. Quem, entre nós, salva e-mails? Que menino salva todas as mensagens de texto que recebe? Quase nenhum. Mas o que fazemos com cartas manuscritas? Na nossa época, até os mais ranzinzas guardavam cartas numa caixa especial ou numa pasta dentro do armário.

Quando recebo um cartão de Natal em mãos, posso dizer quem o enviou antes mesmo de abrir o envelope, pois nossa caligrafia diz quem somos. A caligrafia da minha cunhada é requintada, aprumada, formal e muito elegante — assim como ela, que ama ler. Sei que ela pensa bastante até para escrever o mais simples bilhete. Jamais esquecerei um bilhete que meu pai me escreveu após o nascimento do meu filho. A letra dele era horrível e eu, uma das poucas pessoas na família que conseguia decifrá-la com precisão.

Querida Meg, começava assim. *Tenho muito orgulho de ti e de todas as tuas conquistas. Especialmente esta. Eu te amo. Papai.*

Ele escreveu isso há dezesseis anos, e ainda choro quando leio. As palavras me emocionam, mas ver a letra dele me faz chorar porque hoje ele sofre de Alzheimer e não consegue mais escrever nem o próprio nome. Como sou feliz por ele não ter escrito bilhetes no computador...

Ninguém escrevia a palavra "papai" como ele. Pense na caligrafia de alguém que você ama. Você reconhece a pessoa imediatamente pela caligrafia. Leia algumas palavras e você saberá qual era o humor dela. A caligrafia é algo profundamente pessoal. Palavras numa tela de computador nunca terão o mesmo impacto.

Meninos precisam de bilhetes manuscritos. Precisam de cartas que lhes recordem que existe uma comunicação mais profunda do que aquela comumente encontrada através de computadores e telefones celulares. Eles não entendem o valor do papel e da caneta, da textura de um cartão de anotações e das palavras sinceras de um pai compartilhando sua sabedoria. Mas deveriam entender.

Os eletrônicos modificaram muito mais que a maneira como escrevemos e nos comunicamos. Sim, agora podemos entrar em "contato" com mais amigos e familiares do que nunca, mas essa é uma conexão diferente, que se dá por uma via impessoal. Ganhamos e perdemos — e precisamos compensar as perdas. Nossos filhos precisam ser guiados em meio a todo esse universo eletrônico. Embora possam entender de tecnologia melhor do que nós, não devem navegar nesse mar por conta própria. Minha prática clínica me permite afirmar que na mídia eletrônica há coisas assustadoras, macabras mesmo, capaz de sugar a mente e o coração de um menino. E tirá-lo desse mundo lúgubre e tenebroso pode ser extremamente difícil.

A mídia eletrônica veio para ficar, não resta dúvidas. Nossos meninos vão usá-la e serão transformados por ela, não importa o que aconteça. Até o vocabulário deles é diferente. As mensagens instantâneas são o seu idioma.

Outro dia perguntei ao meu filho de dezesseis anos se que ele queria comer macarrão no jantar. Estávamos no carro, e ele não tirava o olho do celular. Qual foi a resposta dele?

— *Se pá*, mãe.

Ele não estava sendo grosseiro, embora no começo eu achasse que sim. (Para aqueles que não têm filhos adolescentes, "*se pá*" significa "talvez".) A língua vernácula não se resume a gírias e abreviações usadas no mundo virtual, que muitas vezes simplificam demais a expressão.

Aproveitei para brincar com ele:

— Ótimo — disse eu. — Agora você tem uma língua nova toda sua. Mas, quando falar com a sua mãe, meu bem, saiba que gosto de palavras bem selecionadas, mais belas, encadeadas numa sintaxe mais rica. Que tal? Trate de me arranjar uma palavra esta noite que nem eu nem você conheçamos. Duvido que você consiga.

Ele aceitou o desafio e abraçou a ideia.

Ambientes virtuais, como a internet, a televisão, os jogos eletrônicos e os serviços musicais (Spotify, Apple Music etc.), embora façam a alegria dos nossos filhos, trazem consigo alguns riscos muito graves. Vejamos esses riscos.

Recentemente, a Academia Americana de Pediatria anunciou mais uma vez que a violência televisiva é prejudicial aos nossos filhos. Mas nós já sabíamos disso. Quem de nós nunca teve de respirar fundo enquanto assistia à televisão no horário nobre, com nosso filho de dez anos ao nosso lado presenciando a imagem bem gráfica de um homem sendo baleado na rua? A violência televisiva hoje em dia não é como aquela que assistíamos na série *Gunsmoke*, em 1950. Enquanto crescíamos, não tínhamos jogos de computador cujo objetivo fosse sair por aí atirando nas pessoas. A meu ver, a Academia Americana de Pediatria continua a ampliar o senso de urgência em relação aos meninos e à violência na mídia por três razões.

Primeiro: a violência tem se tornado mais frequente e mais gráfica, por ser essa uma fórmula mais vendável, que vem num pacote completo. Meninos tornam-se insensíveis a níveis específicos de violência e logo ficam entediados. Então, para manter as vendas em alta, os produtores dos jogos e programas aumentam a dose.

Segundo: nós, que atuamos nos setores médico e educacional, não cessamos de ver meninos cada vez mais agressivos e violentos. Não raro, a violência que os adolescentes incorporam e a agressão que desferem parecem ser as mais fortuitas e injustificáveis. Gritam com transeuntes, batem nas namoradas e usam uma linguagem descuidada em suas conversas.

Terceiro: sabemos que algo precisa ser feito. Por um lado, não podemos simplesmente puxar o fio da tomada e desligar tudo; por outro, sabemos que, se não fizermos alguma coisa, corremos sérios riscos — alguns dos quais, atualmente, são mais do que riscos: são realidades. A má notícia é que nos tornamos insensíveis ao ponto de não tomarmos nenhuma atitude contra todo o lixo que há por aí. Em vez disso, deixamo-nos seduzir por ele e, assim como nossos meninos, sentimos a pressão dos nossos colegas. Programas populares, mesmo aqueles com conteúdo deplorável, invadem nossa sala de estar para que possamos falar sobre o que todo mundo está falando. Como os pais do Joãozinho o deixaram jogar o jogo mais novo, sentimo-nos pressionados a deixar o nosso filho jogar também.

Acontece que temos diante dos nossos olhos evidências abundantes, capazes de comprovar nossa intuição de que a televisão, com sua programação sórdida, e os jogos de computador, cada vez mais violentos, são péssimos para os nossos filhos. Precisamos nos colocar e fazer o que é certo, pois, se não agirmos em nome dos interesses deles, ninguém o fará. Não podemos ser esmagados por profissionais de *marketing*, programadores de computador, produtores de televisão e pais modernos. Como pediatra, posso dizer que desconectar, limitar e supervisionar, de modo estrito, o acesso do seu filho à mídia eletrônica é uma das melhores coisas que você pode fazer pela saúde emocional, mental e física dele. Meninos vêm sofrendo problemas sérios por usar a mídia eletrônica de maneira equivocada. E esses problemas não começam na adolescência, mas muito antes: já na primeira infância, quando pais assoberbados usam a televisão como uma espécie de babá. Do mesmo modo como usam a televisão para manter as crianças entretidas, esses pais deixam o filho de dezesseis anos jogar no computador, sozinho no quarto, só para mantê-lo fora do caminho por algumas horas. Não me entenda mal. Os pais precisam de um pouco de descanso, pois não somos de ferro. Ligar a televisão ou permitir um jogo de computador parece tornar a vida muito mais fácil, já que mantém as crianças entretidas e nos permite ter algum tempo livre para relaxarmos ou cumprirmos algumas tarefas. Porém, a menos que a televisão se restrinja a algum programa infantil clássico e ao tal jogo de computador com cujo conteúdo você está totalmente em paz, o custo do consumo dessa mídia eletrônica não compensa.

Médicos da minha área com frequência lecionam para estudantes de medicina e residentes em treinamento. Recentemente, tivemos um estudante de medicina interessado em pediatria. Quando cheguei ao trabalho, ele estava lendo um livro e pronto para me acompanhar. Ao me ver, apresentou-se imediatamente. Meu dia havia sido muito ocupado, cheio de tarefas, e, embora normalmente adore ter alunos me acompanhando enquanto examino os pacientes, esperava que um dos outros médicos pudesse lhe dar atenção. Mas não teve jeito: a sorteada era eu.

Eu lhe disse que lamentava não ter muito tempo para conversar com ele naquele dia, mas que ele era bem-vindo para acompanhar minhas consultas.

Depois de três ou quatro pacientes, algo começou a me atormentar profundamente. É verdade que os médicos andam mais ocupados do que nunca. Como os planos de saúde continuam minorando a nossa parcela, temos de atender mais pacientes por hora. Como os eletrônicos tomaram conta de nossas vidas, ficamos olhando para as telas dos computadores e digitando em vez de averiguar a ficha do paciente antes do exame. Entretanto, há vinte e cinco anos, um médico se deu ao trabalho de me mostrar de que modo se deve examinar alguém. Aprendi com aquele médico o que nunca pude aprender com uma tela de computador ou página de livro. Ele me ensinou a observar os movimentos de um bebê para ter certeza de que ele não tinha paralisia cerebral precoce. Ensinou-me a examinar o coração e os pulsos de um bebê para ter certeza de que não havia coarctação da aorta, a olhar nos olhos de um bebê em busca de sinais de um tumor que precisaria de atenção imediata. Como médica, eu precisava fazer o mesmo com aquele aluno. Porém, se demorasse demais, não conseguiria cumprir minha agenda; e, se não conseguisse cumprir minha agenda, chegaria atrasada para buscar meu filho do treino de futebol...

Imagine você como ficariam as coisas. Todos nós temos de concluir tarefas ao longo do dia, e na hora certa. Por vivermos assim, fazemos uso de aparelhos eletrônicos — porque cremos que eles nos tornam mais eficientes, mas também porque nos parece um jeito de manter nossos filhos entretidos enquanto trabalhamos ou nos recuperamos do trabalho. O perigo está em que, fazendo isso, acabamos por criar problemas maiores para nós mesmos. Uma mãe que "resolve" as birras de uma criança ou adolescente com televisão ou videogame tem claramente um problema nas mãos. Ela precisa aprender a lidar com o filho — e, quanto mais cedo o fizer, melhor. O filho desenvolverá maus hábitos se perceber que manipular a mãe é fácil.

Como pais, precisamos nos revigorar e recobrar forças, despendendo uma boa dose de energia para lidar com nossos filhos. Quer tenha três anos, quer tenha dezoito, ele precisa da nossa ajuda. A ótima notícia é que não são só eles que se beneficiam da energia que investimos; nós também nos beneficiamos.

O que os meninos andam vendo?

Crianças e adolescentes entre oito e dezoito anos passam cerca de seis horas e meia por dia acessando várias formas de mídia. Três horas, em média, são gastas assistindo televisão, aproximadamente duas horas com alguma espécie de rádio ou plataforma musical, e uma hora ou mais no computador, descontando-se o período em que estão fazendo trabalhos escolares.[1] Meninos de todas as idades têm sido atraídos para a mídia eletrônica, particularmente os videogames interativos,

---

1 Rideout, Victoria; Roberts Donald F.; e Foehr, Ulla G. *Generation M: Media in the Lives of 8-18 Year-Olds*. (Washington D.C.: Kaiser Family Foundation, 2005), p. 7. http://www.kff.org/entmedia/7250.cfm.

e de forma bem mais assídua do que as meninas. Portanto, em relação a eles, esses números podem ser ainda maiores.

Com base nesses números da Kaiser Family Foundation — organização que empreendeu um dos estudos mais extensos sobre o uso de mídia eletrônica por crianças —, concluiremos que por semana um menino gasta, em média, quarenta e cinco horas e meia (ou seja, mais tempo do que ele gastaria num emprego de tempo integral) com televisão, computador ou música.[2]

A surpresa é ainda maior quando comparamos esse tempo com o período que ele passa executando outras atividades. Normalmente, um menino passa quarenta e três minutos lendo por dia; pouco mais de duas horas com os pais; uma hora e meia fazendo algum tipo de atividade física; e meia hora cumprindo as tarefas.[3] Assim, ao longo de uma semana ele terá passado menos de dezesseis horas com os pais (isto é, bem menos da metade do tempo gasto com eletrônicos) e míseras cinco horas e quinze minutos fazendo a lição de casa. As dez horas e meia que, por semana, um menino passa desempenhando alguma atividade física constitui aproximadamente um quarto do tempo que ele passa atrás de uma tela de computador, assistindo à televisão ou ouvindo música. Eis a grande razão de estarmos vivendo uma verdadeira epidemia de obesidade entre as crianças e adolescentes.

A mídia e seu impacto na mente do menino

As consequências físicas são apenas o começo. A Academia Americana de Pediatria alertou, na revista *Pediatrics*, que meninos que jogam videogames violentos ou que assistem a programas violentos na televisão são muito mais agressivos do que meninos que não o fazem.[4] Em outro arrojado estudo publicado pela Mind Science Foundation, pesquisadores

---

2 Ibid., pp. 6-7.
3 *Pediatrics*, v. 120, n. 5, nov. 2007, pp. 993-999.
4 Murray, John P. et al. "Children's Brain Activations While Viewing Televised Violence Revealed by fMRI", Mind Science Foundation, pp.1-2, http://www.mindscience.org/murray_mediapsych.html.

investigaram a atividade cerebral de crianças que assistiram a vídeos não violentos em comparação a crianças que assistiram a vídeos violentos. As diferenças entre os padrões cerebrais dos dois grupos foram notáveis: certas porções do lado direito do cérebro das crianças foram estimuladas apenas quando em contato com a violência exposta na tela. O estudo também descobriu que assistir à violência na televisão recruta uma rede de regiões do cérebro envolvidas na regulação de emoções, de estímulo, de atenção e de codificação de memória. Os pesquisadores concluíram que, como as crianças que assistem à violência na mídia com frequência são mais propensas a se comportar de forma agressiva, esse fenômeno pode ser explicado pela capacidade do cérebro de armazenar, na memória de longo prazo da criança, sequências de violência gráfica.[5] Com efeito, nos últimos quinze anos, a quantidade de evidências relacionando o uso excessivo de mídia eletrônica por meninos ao seu comportamento agressivo tornou-se esmagadora e irrefutável.

Violência

Um relatório publicado em 2005 pela revista médica *Lancet* afirma: "Imagens violentas na televisão, no cinema, em vídeos e em jogos competitivos têm causado efeitos substanciais de curto prazo no estímulo, no pensamento e nas emoções, aumentando a probabilidade de comportamento agressivo ou temeroso em crianças mais novas", especialmente em meninos.[6] A maioria dos programas de televisão (mais de 60%) contém violência, e essa violência não só raramente é condenada como também muitas vezes se faz ambígua em sua moralidade. Os que a perpetram e divulgam são frequentemente tratados como seres glamorosos, dignos de serem imitados.

---

[5] Browne, Kevin D.; e Hamilton-Giachritis, Catherine. "The Influence of violent media on children and adolescents: a public-health approach", *Lancet*, 2005, p. 708.

[6] Ibid., pp. 14-15.

Meninos são muito mais atraídos pela violência midiática do que as meninas. As meninas são mais propensas a ouvir música; meninos são mais propensos a jogar videogames violentos ou assistir a filmes violentos. Há muitas razões para isso. Sabemos que meninos respondem melhor a objetos em movimento, ao passo que meninas respondem melhor a objetos estáticos. À medida que se desenvolvem, sabemos que meninos são fisicamente mais inquietos do que meninas. Mas, além disso, à medida que os meninos amadurecem, eles entendem a violência como algo intrinsecamente masculino. E não resta dúvida: a mídia é uma das maiores culpadas disso. Já discutimos a necessidade de os meninos aceitarem a própria força e poder interiores. É muito importante que, quando virem o poder sendo usado, o vejam sendo usado de forma moral, dentro de certas restrições. Entretanto, os filmes de hoje quase nunca se encaixam nos moldes de um Gary Cooper ou de um Jimmy Stewart. Hoje, o que os psiquiatras considerariam um comportamento antissocial — como ridicularizar, insultar, mentir ou agredir, com ou sem armas — tem sido a conduta-padrão das personagens masculinas retratadas nos filmes. Quando meninos veem, reiteradamente, homens que lhes despertam admiração ridicularizando os outros, mentindo e agindo de forma agressiva, eles atribuem essas qualidades à masculinidade do próprio ator e pensam que adotar tais comportamentos os tornará mais viris. Quando o cérebro de uma criança de oito anos é bombardeado com imagens desse tipo, o menino pode facilmente deixar de crer que o homem deve ser fiel e ter autocontrole (como você, pai dele, pode lhe ter ensinado) para passar a crer que homens de verdade são agressivos e cruéis. Dessa forma, por meio do contínuo reforço da mídia no que diz respeito a isso — e, muitas vezes, seu reforço em prol de colegas de classe valentões, facções criminosas e adultos violentos —, a feiura vem sendo imposta aos garotos, e muitos deles são coagidos a ser diferentes daquilo que gostariam de ser. Muitos meninos são convencidos a incorporar comportamentos agressivos que nós, como pais e como sociedade, preferíamos que eles não incorporassem.

Estudos no âmbito da psicologia do desenvolvimento nos mostram que, nos primeiros dois anos de vida, os meninos mostram mais reatividade emocional e expressividade do que as meninas, mas isso muda com o tempo. Entre dois e seis anos, meninos tornam-se menos expressivos física e verbalmente. Esse desligamento emocional leva ao que alguns pesquisadores chamam de "alexitimia masculina normativa", ou incapacidade dos meninos de colocar emoções em palavras. Por volta dessa idade (entre quatro a seis anos), eles geralmente começam a incorporar mais comportamentos antissociais do que as meninas. Comportamentos assim podem ser tanto agressivos como não agressivos.

Em outras palavras, o comportamento agressivo em meninos começa a aumentar à medida que esse desligamento emocional se intensifica. E se, além disso, um menino está também cada vez mais exposto à violência midiática, os resultados podem ser muito prejudiciais. Dados — que podem até ser traçados em gráfico — revelam que os meninos se tornam mais agressivos, pelo menos no curto prazo, depois de assistir à violência exposta na mídia.[7] Mesmo uma breve exposição a esse tipo de conteúdo pode ser prejudicial, e a situação piora com doses mais pesadas. Piora também se a violência, em vez de ser veiculada em programas de televisão ou em filmes, for retratada em jogos interativos. Pesquisadores da área da psicologia não estão de acordo com a indústria dos jogos eletrônicos em relação ao comportamento violento que eles podem ou não incutir em nossas crianças, mas os dados científicos parecem irrefutáveis. Uma recente revisão meta-analítica de uma pesquisa científica sobre jogos eletrônicos trouxe resultados categóricos: quanto ao comportamento agressivo, a conclusão foi a de que a alta violência exposta na tela estava definitivamente associada ao aumento da agressividade; além disso, a pesquisa confirmou

---

7 Anderson, Craig A.; Bushman, Brad. "Effects of Violent Video Games on Aggressive Behavior, Aggressive Cognition, Aggressive Affect, Physiological Arousal, and Prosocial Behavior: A Meta-Analytic Review of the Scientific Literature", *Psychological Science*, v. 12, n. 5, set. 2001, p. 357.

que "a exposição a jogos eletrônicos violentos correlaciona-se com a agressão no mundo real".[8]

A exposição à violência afeta os meninos ainda em outros níveis. Estudos também mostram claramente que jogos eletrônicos violentos "relacionam-se negativamente com auxiliares no mundo real".[9] Esses jogos fomentam pensamentos de agressividade, dando vazão a sentimentos de raiva e hostilidade, e podendo até aumentar a pressão arterial e a frequência cardíaca de um menino.[10]

Em suma, a exposição à violência na mídia prejudica nossos meninos. Não importa se vista através da televisão, das telas de computador ou da interação com jogos eletrônicos: a melhor literatura médica nos mostra, sem deixar dúvidas, que a violência midiática afeta os meninos em todos os seus estágios de desenvolvimento e aumenta suas tendências a uma conduta agressiva e antissocial. Por que correr esse risco com seu filho? Ele não precisa de jogo eletrônico nenhum; e, embora muito provavelmente deixá-lo assistir a filmes antigos de faroeste, como *Bonanza*, não vá lhe causar nenhum dano, não há no horário nobre da televisão nenhum filme com classificação indicativa para maiores de idade nem programa violento sobre crime que ele precise ver. Em vez de usar a mídia, tão violenta, como babá do seu filho, tente algo mais simples como jogar damas, xadrez ou palavras-cruzadas com ele, pois essas atividades proporcionarão, a você, um alívio do estresse, e, a ele, um passatempo mais saudável e divertido.

Meninos e o sexo na mídia

Todo menino com mais de oito anos é assediado pelo conteúdo de teor sexual exposto na mídia. Já nos primeiros anos do ensino fundamental, muitos começam a ver filmes pesadíssimos, contraindicados para crianças. E de que modo tais

---

8   Ibid., p. 358.
9   Ibid.
10 Ibid.

filmes buscam atrair o interesse do público pré-adolescente? Através do apelo sexual, é óbvio. E não se trata nem de alusão ao sexo romântico, entre marido e mulher, mas de sexo entre adolescentes e jovens adultos solteiros. Ademais, estudos mostram que, na mídia, conteúdos com alto teor de sexo e violência andam juntos.

E não é só: há ainda os videoclipes musicais. Mesmo os mais leves abordam o sexo casual entre adolescentes. Algumas vezes, o sexo é retratado como parte do romance; outras, não. Mas todos nós já vimos videoclipes em que o sexo é retratado como algo sombrio e violento, cheio de fúria e raso de sensibilidade.

Os assuntos das conversas na internet giram em torno de temas sexuais. Se você é pai e nunca visitou uma caixa de entrada dessas, sabendo que seu filho as utiliza, você precisa fazer isso. A linguagem é abominável — abusiva, pornográfica e degradante.

Patricia Greenfield, diretora do Centro Médico Infantil da UCLA, investigou sites acessados por adolescentes. Registro aqui o que ela encontrou:

> Continuei dando uma olhada no formulário de informações pessoais desse portal gratuito, cliquei em "adolescentes" e entrei no site para adolescentes. O lema do site era: "Seja visto, seja ouvido, seja você". Fiquei bastante chocada ao me deparar com o que estava sendo visto e ouvido por ali. Primeiro, cliquei em "bate-papo adolescente" e encontrei um anúncio pessoal. O anúncio estava expondo claramente uma adolescente a uma provocação sexual que já ultrapassava a esfera do virtual, provocação que provavelmente ela não estivera procurando e para a qual não estava preparada em termos comportamentais e psicológicos. Experiências como a que vi ali podem ser bem assustadoras para os adolescentes que estão começando a desenvolver relacionamentos amorosos e sexuais. A questão, nesse caso, é: com que idade você é capaz de lidar com investidas, especialmente as sexuais, dos outros ou de estranhos?

Está claro que a linguagem usada pela mídia eletrônica é baixa. Não é apenas "sexual" — é imunda. Meninos de dez e onze anos têm usado um vocabulário sexual que nem sequer entendem. Considere esta breve conversa registrada por Greenfield:

> *Pessoa A*: Um proctologista, hein?
>
> *Pessoa B*: Eu sou um sexólogo.
>
> *Pessoa C*: Era melhor ele prestar mais atenção na esposa e no bebê do que em mim.
>
> *Pessoa D*: Tua bunda! Vem me pegar, então, Inofensivo, e seja feliz!
>
> *Inofensivo 2*: Você que começou, me chamando de vagabunda, isso foi muuuuito ADULTO.[11]

Podemos perceber que quem escreveu a última frase era bastante infantil. Essa troca de mensagens foi até ingênua. Já observei conversas em que a palavra que começa com "f" é usada continuamente, e a conversa parece se concentrar em referências humilhantes à anatomia um do outro. Segundo a minha experiência, esse tipo de linguagem usada em mensagens instantâneas muitas vezes é sinônimo de ofensa sexual. Devido ao anonimato relativo ou completo de quem as envia, as trocas de mensagem são repletas de insultos e frases escritas só para chocar. Para os meninos, é uma forma de se exibir sem ser visto. É um campo de testes sexuais. O problema é que isso os leva a um poço fundo e escuro, perverso e autodepreciativo. De acordo com um relatório da Kaiser Foundation, que examinou os hábitos do telespectador e a frequência de sexo e violência nos programas televisivos, o "horário nobre" de televisão (das oito às nove da noite) contém oito incidências de conteúdo sexual. Além disso, em 1.300 programas analisados, "50% dos programas e 66% dos programas do horário nobre exibem conteúdo sexual". Apenas 11% se referiam aos riscos ou responsabilidades associadas à atividade sexual. O relatório Kaiser também verificou que 76% dos adolescentes entrevistados disseram que uma das razões pelas quais os jovens fazem sexo é "porque, na televisão,

---

11 Greenfield, Patricia, "Developmental Considerations for Determining Appropriate Internet Use Guidelines for Children and Adolescents", *Applied Developmental Psychology*, 25 (2004), p. 755.

os programas e filmes fazem o sexo parecer algo normal para os adolescentes".[12]

Dê uma olhada em algumas das outras descobertas do relatório:

- Em 1998, 56% dos programas exibiam conteúdo sexual.[13]
- Em 2005, 77% exibiam conteúdo sexual.[14]
- Dos vinte principais programas dos quais os adolescentes gostam, 70% têm conteúdo sexual e 45% mostram comportamento sexual.[15]
- 75% dos adolescentes de quinze a dezessete anos dizem que o sexo na televisão influencia o comportamento sexual de seus colegas.[16]
- Quando a relação sexual é retratada ou fica implícita na televisão, as personagens envolvidas geralmente acabaram de se conhecer.[17]

Ao observarmos as tendências da televisão no que diz respeito à exibição de conteúdo sexual, vemos que não só a frequência desse tipo de conteúdo aumentou, mas também sua intensidade. A relação sexual é representada de forma bem mais gráfica, e o sexo oral fica implícito com frequência.[18] Pela minha experiência, os pais e outros adultos estão mais preocupados com a violência do que com o sexo exposto na mídia. Detestar e acusar a violência é um ato politicamente correto, mas, quando o assunto é debelar o conteúdo sexual explícito que a mídia também veicula, os pais tendem a encolher os ombros e os ativistas das liberdades individuais logo se exaltam, revoltados. De alguma forma, convencemo-nos de que é mais

---

12 "Sex on TV 4", Executive Summary, Kaiser Family Foundation, 2005, p. 4. www.kff.org/entmedia/upload/sex-on-TV-4Executivesummary.pdf.
13 Ibid.
14 Ibid.
15 Ibid., p. 5.
16 Ibid., p. 2.
17 Ibid., pp. 4-11
18 Ibid., p. 9.

razoável manifestar repulsa à violência do que ao sexo — já que o sexo, afinal, é "natural" e inofensivo. Contudo, sob o ponto de vista médico, a verdade é que tanto o comportamento violento quanto a atividade sexual são condutas de alto risco para meninos adolescentes. E não, não é natural que adolescentes sejam sexualmente promíscuos. Os indicadores de atividade sexual fora do casamento mudaram tão radicalmente nos últimos setenta anos que caberia dizer que, agora, o anormal tornou-se normalidade. Sem dúvida, muitos fatores contribuíram para isso, mas, no que diz respeito aos adolescentes, sabemos que eles são fortemente influenciados pela mídia, à qual assistem e da qual desfrutam. A mídia, impregnada de conteúdos explícitos de sexo e violência, pode ocasionar comportamentos agressivos, já que crianças e adolescentes imitam o que veem. Assim, é razoável concluir que, se o conteúdo veiculado na mídia inspirasse nas crianças e nos adolescentes comportamentos positivos, esses comportamentos, mais exemplares, seriam incorporados por eles. Vários anos atrás, participei de um episódio especial do *Dateline* sobre a relação dos adolescentes com o sexo. O apresentador e eu passamos horas ouvindo meninas e meninos, bem como seus pais. Os adolescentes eram de diversas origens, mas todos tinham pais atenciosos, trabalhadores e comprometidos com a sua educação. O que me surpreendeu, no entanto, foi que muitos adultos não tinham ideia de por que, hoje mais do que nunca, os adolescentes tornam-se sexualmente ativos mais cedo e com mais parceiros. Aqueles pais aparentemente nunca tinham parado para pensar em como é o dia do seu filho ou filha. Assim é um dia comum na vida de um adolescente: um bombardeio de falas, imagens e referências sexuais em praticamente todo o tempo que passa consumindo produtos midiáticos. Tudo o que um adolescente vê, ele quer fazer — e ainda vai considerar "normal". Os resultados, no entanto, são tudo menos normais. Meninos violentos ou sexualmente ativos têm um risco muito maior de sofrer de depressão. Já vimos alguns dados sobre a epidemia de doenças sexualmente transmissíveis entre os jovens nos Estados Unidos. Não por coincidência, essa explosão de novas DSTs se correlaciona com mudanças no que consideramos um comportamento sexual normal e adequado. Em 1960, o que chamávamos de comportamento sexual normal e adequado possibilitava que médicos só precisassem se preocupar com duas doenças sexualmente transmissíveis, e apenas em pequenas populações de alto risco. Hoje, médicos — e pediatras — precisam se preocupar com mais de trinta doenças sexualmente transmissíveis, as quais ameaçam *cada um* dos nossos adolescentes que têm se tornado sexualmente ativos.[19]

Os meninos e a pornografia

Antes do advento da internet e dos vídeos pornográficos, meninos pré-adolescentes e adolescentes costumavam se unir para comprar revistas *Playboy* escondidos. Enquanto os adultos não viam, eles sorrateiramente guardavam revistas debaixo da cama, na fortaleza que construíam na árvore, no fundo do armário. Adolescentes sempre foram fascinados por sexo e nudez, pois a curiosidade faz parte do desabrochar de sua sexualidade. Tal comportamento é compreensível, desde que não seja encorajado. Todavia, o que excitava um adolescente do sexo masculino quando éramos jovens é inofensivo se comparado ao que os meninos têm acesso hoje em dia. As mulheres que posavam para a revista *Playboy* há vinte ou trinta anos posavam sozinhas; e, enquanto olhavam de modo sedutor para o espectador, este não era envolvido num ato sexual. Nas últimas décadas, a *Playboy* foi ficando para trás: novos conteúdos, cada vez mais gráficos e explícitos, a ultrapassaram. Em 1985, 92% dos homens adultos adquiriram uma revista *Playboy* aos quinze anos de idade; atualmente, a idade média da primeira exposição de um menino à pornografia é onze anos;[20] e se, naquele tempo, um menino era geralmente expos-

---

19 Meeker, Meg, *Your Kids At Risk: How Teen Sex Threatens Our Sons and Daughters*. Washington, D.C.: Regnery Publishing, 2007, p. 31.

20 Greenfield, Patricia M., "Inadvertent Exposure to Pornography on the Internet: Implications of Peer-to-peer File-sharing Networks for Child Development and Families", *Applied Developmental Psychology* 25 (2004), p. 745.

to à nudez feminina, nos tempos atuais é muito mais provável que ele seja exposto a atos sexuais entre mais de uma pessoa. Quase metade dos meninos entre o quarto e o nono ano do ensino fundamental já visitou sites com "conteúdo adulto".[21] Quanto mais explícito o conteúdo, mais grave será o trauma que nossos meninos sofrerão. E não devemos nos enganar pensando que o contato com esse tipo de conteúdo não será traumático: a pornografia distorce o desenvolvimento natural da sexualidade de um menino, podendo conduzi-lo por caminhos de perversidade que, em seu desenvolvimento normal, ele nunca teria cogitado tomar. Rapazes que veem pornografia têm sua moralidade e seu senso do que é aceitável moldados por ela. E a internet está cheia de aliciadores prontos para atacá-los, incluindo predadores sexuais. Muitos garotos procuram pornografia por curiosidade, mas esse não é o problema — o problema é que a pornografia os pega de surpresa e, em seguida, arrasta-os com ela. Quando analisamos por que meninos assistem a conteúdo sexual, descobrimos que é muitas vezes porque outra pessoa — um irmão mais velho, um amigo — os incitou a isso. Em depoimento ao Congresso, tratando da exposição de crianças à pornografia na internet, a dra. Patricia Greenfield concluiu: "Redes de compartilhamento de arquivos ponto a ponto fazem parte de uma mídia infestada de conteúdo sexual. Esse ambiente como um todo leva a uma vasta exposição, inadvertida e involuntária, de crianças e jovens à pornografia e outros conteúdos adultos."[22]

A pesquisa mostrou que ver pornografia pode ser bastante perturbador para os meninos e que assistir a cenas de sexo explícito muda o seu comportamento. Assistir a material sexual (e não apenas pornografia) faz, por exemplo, com que estudantes universitários do sexo masculino considerem perpetrar agressões — sexuais ou não — contra mulheres; e, ao contrário do que se poderia pensar, estudos mostraram que, quando estudantes

---

21 Ibid., pp. 745-746.
22 Ibid., p. 741.

universitários se recordam dos conteúdos sexuais já consumidos, suas memórias são predominantemente negativas: ao serem questionados, as respostas envolvem (em ordem de recorrência) nojo, choque, constrangimento, raiva, medo e tristeza. Curiosamente, a resposta sexual ao consumo desse material foi bem baixa.[23]

Os meninos e o sexo: um grande problema

A esmagadora maioria dos pais que encontro anuem e sorriem quando os questiono sobre a relação dos seus filhos com os conteúdos sexuais veiculados na mídia.

— Sabe como é... — respondem, gracejando. — É só sexo, no fim das contas. Eles se atraem por isso, e mais cedo ou mais tarde vão acabar experimentando mesmo.

Temo que comentários como esse mascarem uma profunda ignorância, da parte dos pais, acerca da relação que seus filhos têm com o sexo. Se nós, enquanto pais, estivéssemos realmente preocupados em deixar nossos meninos serem meninos, não permitiríamos que se tornassem *voyeurs* atraídos pelo tenebroso submundo da pornografia. Se a pornografia não existisse, não seriam os meninos que a iriam inventar: são os adultos que impõem a pornografia aos meninos.

O sexo é um grande problema para os garotos. Eles não são naturalmente desprovidos de emoção — são sentimentais, pensantes e espirituais, e uma sexualidade saudável é aquela que cresce dentro dessa estrutura equilibrada, que não é exercida desde muito cedo, não é despertada nem desviada de forma artificial, e não é promíscua. No fundo, nossos meninos sabem disso, mas permitimos que eles sejam pressionados pelos pornógrafos e gigolôs da cultura *pop*. Não podemos permitir isso.

Viajo pelo país palestrando para grupos de adolescentes sobre sexo e seus riscos clínicos e percebo que os meninos do início e do fim do ensino médio se inclinam para a frente em seus assentos quando falo sobre os ônus emocionais associados às relações sexuais praticadas fora do casamento, mas

---
23 Ibid., p. 744.

não fazem o mesmo quando descrevo os perigos das doenças sexualmente transmissíveis. Com isso pude constatar que, enquanto as meninas falam abertamente desse sentimento de perda, os meninos tentam ocultá-lo, embora o sintam com igual profundidade; além do mais, os encargos emocionais de uma relação sexual são, aos olhos dos meninos, consequências inusitadas — é como se nunca lhes tivessem dito que o sexo pode trazer mágoas. Na verdade, a pornografia expressa exatamente o contrário. A conclusão a que chegamos, portanto, é: quando permitimos que a mídia minta para nossos filhos acerca do sexo, são eles — e não nós — que pagam o preço.

Você é o que você vê

Um fato interessante é que adolescentes costumam assistir à televisão na companhia dos pais. Assim, muitos colocam a questão da seguinte forma: "Não devemos monitorar o que nossos filhos veem sozinhos no quarto; devemos, simplesmente, monitorar o que *nós*, pais, assistimos junto com eles." A meu ver, contudo, lidar desse modo com a questão é tempo perdido. Nossos filhos adolescentes ficam conosco por períodos bem curtos. Quantas conversas edificantes você pode ter com seus filhos enquanto assistem a um programa de televisão? Por exemplo: assistir a um jogo de futebol na televisão com seu filho pode ser bom, mas muito melhor seria você *levá-lo* a um jogo de futebol — num grande clássico ou num amistoso.

Se você escolhe ver televisão com seu filho, saiba que sua participação nisso, enquanto pai, é extremamente importante para ele, razão pela qual você deve colocar as necessidades dele na frente das suas: se um pai escolhe um programa apropriado para a idade do filho, faz uma pipoca, coloca um vídeo de comediantes clássicos como Abbott & Costello e Bob Hope, o filho poderá se divertir; mas se, por outro lado, um pai opta por assistir a um programa do seu gosto e não do da criança, isso pode fazer mal a ela: o menino que assiste a sexo ou violência antes de saber lidar com ambos pode ficar traumatizado.

Sendo essa situação parte do problema, devemos, como pais, nos perguntar se queremos *mesmo* lidar com ela.

Ademais, se o filho vivencia um trauma com o consentimento dos pais, acaba ficando confuso, pois associa os pais às coisas boas que lhe são dadas, quando naquele momento deram-lhe algo que o deixou desconfortável, inquieto, deprimido ou mesmo irado. Meninos, por serem autorreferentes ao longo de seu desenvolvimento, culpam a si mesmos quando se sentem desconfortáveis. Raramente culparão os outros — ainda mais um pai ou uma mãe.

Muitos pais tentam justificar a exposição dos filhos a filmes impróprios assegurando que alguns desses filmes são muito bons, que poderão discutir com os filhos os aspectos perturbadores ou que, por meio deles, ensinarão aos filhos o certo e o errado.

Não faça isso. Cenas de violência e sexo explícito marcam a mente e o coração do seu filho. Não faça parte desse problema. Faça tudo o que puder para evitá-lo.

Relacionamentos virtuais

Enquanto crescíamos, leitor, os relacionamentos virtuais não existiam. Podemos dizer que tivemos sorte, pois todos os benefícios que a mídia eletrônica nos traz vêm acompanhados de novas preocupações. Pare para pensar no telefone celular, por exemplo. Um telefone celular permite aos pais saberem onde andam seus filhos — partindo do pressuposto, é claro, de que estes dirão a verdade. Contudo, esse aparelho eletrônico também dá uma falsa sensação de segurança: sabendo que podem ligar a qualquer momento para os filhos adolescentes, os pais às vezes os deixam ir longe demais. O mais importante, porém, é como os jovens deixam de fortalecer seus relacionamentos por causa do celular, das mensagens instantâneas e de outros aparelhos eletrônicos de comunicação. Ao contrário, passam a ter relacionamentos distorcidos por essas ferramentas. Por trás da tela de um computador, ou mesmo de um telefone celular, pessoas escrevem e dizem certas coisas que, em outras circunstâncias, pensariam duas vezes antes de escrever e dizer. Mensagens instantâneas são profundamente impessoais, e o que fazem é rebaixar a comunicação, reduzindo-a a meras abreviações; do mesmo modo, salas de bate-papo não ajudam as pessoas nem a socializar, nem a fazer novos amigos, como numa festa, por exemplo, mas antes incentivam os adolescentes a experimentar cada hora uma *persona* diferente, empurrando-lhes goela abaixo todo um esquema do que os jovens devem dizer e encaminhando-os, muitas vezes, a zonas sombrias.

Manhã de segunda-feira. A mãe de George liga três vezes para o meu escritório. Minha secretária então me alerta de que Sara parecia estar em pânico. Assim que tenho um tempinho, retorno a ligação:

— Qual é o problema? — pergunto.

— É o George — diz ela. — Acho que ele tem algum problema de dependência.

Fiquei com um nó no estômago. Eu vira George crescer! Quando menino, era encantador, quieto, bem tímido; quando adolescente, passou pelo ensino médio sem grandes problemas; agora, que erro teria cometido? Drogas? Álcool? Pornografia?

— Nada disso — a mãe assegurou.

O problema era outro; e, nos trinta minutos seguintes, Sara me descreveu um padrão bastante perturbador que se desenvolvera no comportamento de George: o rapaz tinha abandonado a faculdade depois de um ano porque, conforme disse a seus pais, "os colegas [de classe] se achavam demais". Seus pais ficaram desapontados, mas acharam que talvez ele precisasse de mais tempo para amadurecer. George morava na casa dos pais, tinha conseguido emprego num café e se matriculado em alguns cursos numa faculdade comunitária próxima de casa. Alguns meses depois, contudo, o rapaz deixa de ir a uma aula, depois outra, e mais outra... e passa a ficar cada vez mais tempo sozinho no quarto. Deixou o emprego no café. Conseguiu outro emprego, desta vez de garçom num bom restaurante, mas que só durou cerca de dois meses. E logo foi parar em outro emprego. Até Sara me dizer:

— Agora ele não trabalha mais. E olha que não é um garoto preguiçoso, mas vem com uma desculpa atrás da outra. Só quer ficar trancado no quarto jogando on-line.

Fiz mais algumas perguntas e descobri que George participava de um jogo de guerra no qual podia ser quem ele quisesse. Personalidade. Altura. Aparência. Podia escolher tudo isso. E, por fim, podia "dialogar" com outras pessoas on-line. Eles não dialogavam como eles mesmos, mas como as personagens que tinham criado. Dia após dia, George passava horas preso a essa comunidade fabricada virtualmente. Quando seus pais insistiram para que parasse, ele se tornou beligerante, agressivo. Mas os pais persistiram. Sara contou que, certa vez, o rapaz começou a chorar, dizendo que não conseguia parar e que as pessoas nesse mundo virtual eram as únicas que o aceitavam e o amavam por quem ele era. Com elas, George sentia-se totalmente seguro.

Seus pais ficaram surpresos e não sabiam o que fazer.

Devo esclarecer que George nunca teve histórico de transtorno mental do ponto de vista psiquiátrico. Ele sabia a diferença entre realidade e não realidade; ele não era, nem nunca fora, verdadeiramente delirante ou psicótico.

Para a mãe, tentar fazer com que George limitasse seu tempo on-line era como tentar tirar a heroína de um viciado.

Casos como o de George não são incomuns. Ele sempre foi um garoto tímido e introvertido que se sentia desajeitado socialmente. Mas sempre se forçara a conversar com amigos na escola e interagir com outros meninos em várias equipes esportivas. Quando seus amigos foram embora e ele entrou na faculdade, tentou fazer novas amizades, mas sentiu-se mais desajeitado do que antes. Teve de ficar um tempo na lista de espera e sempre achou que não era tão inteligente quanto os outros jovens. Até que certo dia, no corredor, indo para o dormitório, um amigo lhe mostrou um jogo de guerra — imediatamente, dissera mais tarde aos pais, ficou viciado, dizendo-lhes também que, enquanto navegava pelo mundo virtual, sentia-se "em casa".

George estava de fato viciado. Aquele jogo causava nele um efeito semelhante ao de uma substância que alterasse o humor; tornava-se seu "amigo", assim como o álcool se torna o "amigo" do alcoólatra e as drogas se tornam as melhores "amigas" de um dependente. Enquanto jogava, George experimentava uma sensação de liberdade, de fuga dos problemas da vida. Assim, tinha a impressão de que viver não era tão ruim quanto parecia, pelo menos não durante as horas em que estivesse jogando. Quando falou de forma totalmente honesta, porém, George admitiu que a sensação de liberdade que sentia não era de todo satisfatória: muitas vezes o deixava um pouco enjoado, principalmente depois de jogar por longos períodos.

Os pais de George levaram-no a um especialista em pessoas com vícios e dependências. A primeira coisa de que George precisava, todos concordavam, era enfrentar aquele vício, o que foi para o rapaz um verdadeiro obstáculo, pois ele insistia em que aquilo não fazia mal a ninguém, tampouco prejudicava a si mesmo. Mas estava *claro* que lhe fazia mal e que o prejudicava.

O passo seguinte, disse o conselheiro a seus pais, seria livrar-se do *notebook*. Inicialmente, eles rejeitaram a ideia. Parecia uma atitude radical demais. Ora, diziam, George tinha vinte anos. No entanto, seguiram a recomendação do conselheiro.

George teve um ataque, saiu de casa e foi morar com um amigo. Porém, voltou para casa no mesmo mês em que havia saído, alegando que os dois brigavam constantemente. Ao longo dos meses seguintes, na casa dos pais, o nível de tensão só aumentou, mas George concordou em ser ajudado pelo conselheiro, para que este pudesse "acertar sua vida". Graças à teimosia dos pais, proibindo-o de acessar o *notebook* em casa e de se entregar a um estilo de vida nada saudável, George percebeu que o jogo estava atrapalhando sua vida. Foi aí que deu um passo a mais na percepção do próprio vício, podendo encará-lo de frente.

Em última análise, George entendeu que aquele jogo de interação on-line era uma maneira fácil de evitar a vida, de evitar a si mesmo — de evitar, principalmente, um constrangimento social. Sentia-se tímido, inseguro e terrivelmente solitário. Acreditava, com ingenuidade, que nenhum outro homem de sua idade iria querer sua companhia, pois, a seu ver, ele era um perdedor. Assim, quando encontrara amigos naquele jogo — mesmo que fossem amigos "virtuais" —, George mergulhou fundo naquele "relacionamento".

Posso dizer com alegria que, atualmente, George sente-se muito melhor com a vida que tem. Hoje, esse rapaz que vi crescer conhece os poderes da mídia eletrônica e a tem evitado, a menos que seja absolutamente necessário usá-la, do mesmo modo como um alcoólatra evita o álcool. Quando sente vontade de jogar, liga para um amigo e os dois marcam para assistir a um jogo de futebol ou para jogar hóquei.

Meninos precisam de conexões emocionais. E necessitam nutri-las com os pais e com os amigos. Além disso, para que tais conexões se desenvolvam de maneira saudável, elas devem ser presenciais, físicas, e não virtuais. A mídia eletrônica atrai os meninos, em parte, porque faz com que eles *sintam* que têm total controle sobre ela. Se o garoto não gosta do que alguém diz em uma sala de bate-papo, ele simplesmente sai da sala; caso perca alguma discussão, para por ali e tenta de novo. Naquele mundo, é ele que tem a última palavra.

Entretanto, em meio a amigos de verdade, na vida real, a coisa muda: não é ele que tem controle sobre as coisas. Amigos riem, discutem, discordam... Em grupo, um menino é forçado a enfrentar dificuldades e encontrar soluções; é forçado, numa palavra, a amadurecer. Meninos precisam dessa troca amigável: dar e receber. E precisam do apoio de pais, irmãos e melhores amigos — se não o tiverem, sua vida emocional, e até mesmo mental, fenecerá. Não deixe, pai, que isso aconteça. Certifique-se de que seu filho passará mais tempo com você, com a natureza e com o mundo real do que na frente de uma tela de computador ou de televisão.

CAPÍTULO 5

A testosterona como motor

Existe uma comoção generalizada e avassaladora em relação aos adolescentes — especialmente do sexo masculino. Mesmo as palavras "adolescente" e "jovem" tornaram-se sinônimo de pessoas desagradáveis, incontroláveis, grosseiras e que se colocam contra os pais. Olhe ao seu redor e preste atenção no modo como os adultos reagem quando você fala dos seus filhos e dos amigos dos seus filhos. Muitos reviram os olhos, resmungam e ficam olhando para você, ansiando por que diga: "Sim, eu sei, adolescentes são impossíveis. Nós, que somos pais, precisamos nos unir para lhes dar suporte."

Pelas ruas, vemos anúncios mostrando garotos de quinze anos com a cara sempre amarrada, como se nunca abrissem um sorriso. São jovens fazendo propaganda de calças jeans, posando com semblante bravo, como se quisessem intimidar alguém com aquela postura sexualizada. É certo que há, também, a publicidade que nos alerta a mantê-los longe das drogas. Há, ainda, anúncios que os retratam como problemáticos. A cultura popular atual quer atender à suposta demanda dos gostos degenerados da juventude — e faz de tudo para degenerá-los ainda mais. Sabemos que essa cultura tem assediado violentamente nossos filhos, mas sentimo-nos de mãos atadas diante dela, achamos que não há nada que possamos fazer. Então tentamos nos convencer de que a adolescência é assim mesmo, uma fase complicada da vida em que os meninos, em particular, ficam fora de controle, e que o melhor a fazer é esperar: iremos amá-los e tentar dialogar exercitando a paciência, até que esse veneno saia de dentro deles (o que pode levar anos), até que o seu tecido cerebral se desenvolva e eles voltem ao normal. Quando, enfim, eles crescerem e amadurecerem, ou quem sabe quando se formarem na faculdade, arrumarem seu primeiro emprego, então talvez possamos gostar deles novamente; por ora, devemos simplesmente permanecer firmes e lhes dar suporte.

Imagine, pai, que você é um adolescente. Você vê aqueles anúncios com adolescentes emburrados e lê o aviso alertando os pais para manterem seus filhos longe das drogas. O resultado? Você capta a incessante mensagem de que adolescentes são rebeldes, problemáticos, difíceis, e que juntos podem se tornar uma matilha de lobos. Como você se sentiria? Manteria o mesmo estado de espírito? Deveria mantê-lo? Você passaria a aula toda sonhando acordado em bater nas crianças no corredor, tramando vender drogas ou se imaginando bêbado na festa do fim de semana? Provavelmente não, mas percebe que só por ser adolescente — e mais ainda por ser homem — já é considerado suspeito.

Ou talvez você seja um tipo diferente de adolescente. Talvez seus pais não estejam preocupados com drogas e álcool: na cabeça deles, você nunca vai passar por problemas assim. Contudo, há muita pressão para que você progrida na vida e se torne uma estrela: o atacante mais jovem e rápido do time do colégio, o mais inteligente em matemática, o pianista mais talentoso, o representante de turma. Você se sente sufocado, confuso, ansioso. E então vê o garoto no anúncio, que parece viver em outra realidade, em outro mundo (um mundo ruim), e sabe que agir como esse garoto irritaria bastante o seu pai, mas pelo menos o faria perceber que você, filho dele, quer tomar as suas próprias decisões.

Rapidamente você conclui que ser como o rapaz do anúncio não ajudaria em nada; só serviria para mostrar ao seu pai, à sua mãe, aos seus professores, aquilo que eles já sabem, e você não quer dar esse gostinho a eles. Adolescentes não podem ser domados. E são insuportáveis mesmo. Eles sempre precisam que alguém os impeça de fumar, de bater nas pessoas, de fazer sexo, de usar drogas. Você não quer ser como o rapaz do anúncio porque não quer ver seu pai, sua mãe e seus professores se gabando de estarem certos o tempo todo.

Os pais costumam culpar a pressão dos colegas por quase todos os comportamentos nocivos dos seus filhos. Agimos assim porque a todo instante nos dizem que essa pressão do grupo, dessa matilha, ou mesmo de um amigo ruim, pode fazer com que nossos meninos queiram experimentar praticamente qualquer coisa. Acreditamos nisso porque compreendemos que os adolescentes querem estabelecer uma identidade, querem ser aceitos por seus colegas, e porque estão com os hormônios à flor da pele. Nossa tarefa é ensinar nossos filhos a serem assertivos e fortes o bastante para se distinguirem dos demais. Eles devem se afastar de uma festa em que outros jovens, amigos deles, fiquem bêbados. Precisam ter força para dizer não às investidas sexuais das namoradas — que, hoje em dia, estão cada vez mais incisivas quando se trata de sexo.

O problema desse raciocínio é que ele só é verdadeiro em parte. Não resta dúvida: todos queremos que nossos filhos se afastem de tudo o que for prejudicial, permaneçam no caminho certo, tenham uma identidade forte e única e sejam jovens de caráter — devemos ensinar tudo isso a eles. No entanto, estamos completamente errados sobre a motivação dos meninos em se meter em problemas, antes de qualquer outra coisa. Não é a pressão dos colegas que, mais que qualquer outra influência, leva os meninos às drogas, ao álcool, à depressão; nem é ela que os atrapalha em âmbito acadêmico e os faz abandonar a escola.

A verdadeira razão é que *nós reduzimos nossas expectativas* em relação aos adolescentes e simplesmente aceitamos a ideia de que, no campo sexual, não há como controlá-los — e então permitimos que sejam bombardeados por uma mídia saturada de sexo. Aceitamos o fato de que eles provavelmente serão mal-humorados, ranzinzas e agressivos. Permitimos que gastem dezenas de horas por semana imersos na mídia eletrônica (do *rap* a jogos violentos e seriados detestáveis), que alimenta neles aquele comportamento mal-humorado, ranzinza e agressivo. Aceitamos que a testosterona triunfará sobre todas as regras morais — e não nos preocupamos em ensinar sobre moralidade e religião, seja porque não nos sentimos à vontade para falar sobre isso com eles, seja porque "não queremos impor nossos preceitos", seja porque achamos que, havendo muito que se fazer na vida, não sobra tempo para ir à igreja ou à sinagoga. A verdade é que muito do mau humor, das birras e da rebeldia que os filhos perpetram contra os pais *não* é normal, embora consideremos tais comportamentos como "coisa de adolescente".

Várias entre as maiores autoridades mundiais em psicologia e psiquiatria do adolescente afirmam que esse período a que chamamos "adolescência" é um fenômeno norte-americano,[1] existente apenas em alguns países ricos e industrializados. Poucos pais sabem que o eminente psicólogo infantil Bruno Bettelheim nos ensina que "a adolescência não é um estágio de desenvolvimento dado por Deus, nem um estágio oriundo da nossa própria natureza, mas a consequência de condições sociais recentes".[2]

É claro que os meninos experimentam mudanças fisiológicas, emocionais e cognitivas consideráveis durante a puberdade. E não há como negar que essas mudanças levam os jovens a um estado de ansiedade e confusão. Mas algo parecido já lhes ocorreu durante a infância. Na realidade, as birras de um menino de dois anos decorrem do ímpeto crescente — de ordem

---

[1] Nicholi Jr., Armand M. (ed.). *The New Harvard Guide to Psychiatry*. Cambridge: Harvard University Press, 1988, p. 654.

[2] Bettelheim, Bruno. *A Good Enough Parent*. Londres: Thames, 1987, p. 312. Publicado no Brasil com o título *Uma vida para seu filho: pais bons o bastante*. Rio de Janeiro: Campus, 1988.

emocional e intelectual — de fazer coisas que seu corpo, ainda tão pequeno, não lhe permite fazer. Ora, é precisamente esse fenômeno o responsável por grande parte das frustrações e raivas sentidas pelos adolescentes de dezesseis anos. Pode-se argumentar que os sentimentos de um adolescente sejam mais sofisticados e mais fortes, o que provavelmente é verdade. Mas as frustrações — bem como as razões dessas frustrações — relativas à idade e às suas capacidades continuam sendo as mesmas que as de uma criança de dois anos. Com efeito, de acordo com o especialista em educação Tom Lickona, muitos adultos têm mais problemas do que adolescentes. Numa conferência internacional de educação em Manila, o doutor disse: "As estatísticas mostram que, comparados aos adolescentes, os adultos americanos entre 35 e 54 anos tendem muito mais a se envolver com uma ampla gama de comportamentos de risco. Adultos de meia-idade são bem mais propensos a sofrer acidentes de carro fatais, a cometer suicídio, a se envolver em bebedeiras e a ter de passar por tratamento hospitalar devido a overdose de drogas."[3]

A pesquisa psicológica e médica em adolescentes cresceu expressivamente nos últimos quarenta anos. A seguir, apresento um pouco do que ela nos tem ensinado.

O adolescente mal-humorado

Humor é algo difícil de quantificar e ainda mais difícil de expressar. No entanto, sabemos que, embora as taxas de depressão entre meninos sejam hoje mais altas do que eram há vinte ou trinta anos, a taxa dos que sofrem de depressão é bem mais baixa que a de meninas que padecem da doença.[4] Ademais, há certa

---

[3] Lickona, Thomas. "Educating for Character in the Sexual Domain." State University of New York At Cortland. Second International Congress on Education in Love, Sex, and Life. Manila, Philippines. 20 de nov. de 2007. Inverno de 2007, p. 25, www.cortland.edu/character/sex_character/articles_sc.html.

[4] Nolen-Hoeksema, S.; Girgus, Joan S. "The Emergence of Gender Differences in Depression During Adolescence". *Psychological Bulletin 1994*, v. 115, n. 3, p. 424.

suspeita de que haja um paralelo entre o aumento da depressão entre os adolescentes e a subida vertiginosa de DSTs. Estudos vêm mostrando que a atividade sexual durante a adolescência aumenta os riscos de desenvolvimento da depressão.[5] Assim, embora a maioria dos meninos (e meninas) ainda sobreviva à adolescência, a depressão nessa fase é um problema sério, mesmo que muitas vezes seja, infelizmente, negligenciado ou mal diagnosticado pelos pais e até mesmo pelos médicos. Para reconhecermos o que a depressão é de fato, devemos ser capazes de diferenciá-la de outros comportamentos problemáticos — e de comportamentos normais também — enfrentados pelos adolescentes. Existe, por exemplo, uma condição médica conhecida como distimia, que faz parte da categoria de transtornos do humor. Existe ainda outra condição, conhecida como Transtorno Desafiador de Oposição. Ambas se distinguem da depressão clínica grave, bem como do comportamento normal de um adolescente, das seguintes maneiras.

Transtorno depressivo maior

Mais de duas semanas e pelo menos cinco sintomas de:

Humor deprimido ou irritadiço
Alteração no apetite ou no peso
Alteração no padrão de sono
Alteração na atividade motora
Fadiga ou perda de energia
Problemas de concentração
Pensamentos de inutilidade ou culpa
Pensamentos recorrentes sobre morte ou suicídio[6]

---

[5] Hallfors, Denise D.; Waller, Martha W.; Bauer, Daniel; Ford, Carol A.; e Halpern, Carolyn T. "Which Comes First in Adolescence — Sex and Drugs or Depression?", *American Journal of Preventive Medicine* 29.3 (2005); p. 163.

[6] Bonin, Liza, "Depression in Adolescents: Epidemiology, Clinical Manifestations, and Diagnosis". UptoDate Online 15.3. http//www.utdol.com/utd/content/topic.do?topicKey=adol_med/3630&selectedTitle=8~150&source=search_restt.

Distimia

Mais de dois meses, ou pelo menos dois sintomas, de:

Desânimo, tristeza profunda
Diminuição do interesse em atividades que a pessoa geralmente aprecia
Perda de apetite
Aumento da irritabilidade
Aumento de um comportamento excessivamente questionador e contencioso
Diminuição da energia, fadiga
Distúrbio do sono
Pouca concentração
Sentimentos de desesperança
Pensamentos periódicos de inutilidade ou culpa
Dificuldade em tomar decisões[7]

Transtorno desafiador de oposição

Comportamento negativista, desafiador e hostil por mais de seis meses e pelo menos quatro dos seguintes sintomas:

Discutir frequentemente com adultos
Perder a paciência frequentemente
Aborrecer-se frequentemente com as pessoas
Culpar frequentemente os outros pelos próprios erros, ter más maneiras
Ser sensível demais frequentemente ou irritar-se facilmente com os outros
Zangar-se e ressentir-se com frequência
Desafiar as pessoas de forma ativa ou recusar-se a obedecer aos adultos
Ser frequentemente rancoroso ou vingativo
Persistir na mentira
Presença de distúrbio de comunicação

---

[7] Ibid.

Agressão física
Depressão concomitante ou TDAH[8]

Comportamento normal de adolescente

Discussões frequentes sobre questões relacionadas à própria independência
Acessos ocasionais de raiva
Mau humor
Aumento da fadiga (geralmente devido à falta de sono adequado)
Maior interesse em passar tempo com os amigos do que com a família

Exponho aqui essas informações não com o intuito de fornecer um atalho ao diagnóstico de depressão — apenas o exame completo de um paciente pode fazer isso —, mas para salientar que muito do que aceitamos como comportamento adolescente normal na verdade não é nada normal e que muito do que aceitamos como senso comum, como cultura popular, é na verdade tão nocivo que pode levar adolescentes a desenvolver condições e comportamentos patológicos.

Se seu filho sofre de depressão, por favor, procure ajuda, pois a depressão é uma doença grave, e os meninos que sofrem com isso correm um risco muito maior de cometerem suicídio ou assassinatos. Segundo a minha experiência, adolescentes se recusam a receber ajuda contra a depressão; os pais, por sua vez, são mais propensos a embarreirar o tratamento necessário contra a depressão do filho. É certo que há abuso na prescrição de drogas antidepressivas, mas mesmo elas têm seu lugar, e, se seu filho precisar de ajuda, não deixe que o orgulho e o ego dele — ou o seu — impeçam o tratamento.

Para a maioria dos pais, felizmente, é menor o risco do seu filho adolescente ser vítima de depressão clínica do que eles

---

8 Parmelee, Dean X. (ed.). "Child and Adolescent Psychiatry". *Mosby's Neurology Psychiatry Access Ser*. St. Louis: Mosby, 1996, p. 215.

considerarem normal um comportamento desordenado. *Não é normal* que adolescentes mintam, nem que se tranquem no quarto por horas a fio, nem que sejam hostis ou mesmo fisicamente agressivos com amigos e familiares. Esses comportamentos certamente se tornaram prevalentes, mas continuam sendo sinais claros de que algo perturba o garoto. Esses comportamentos são pedidos de ajuda, e prestamos um grande desserviço ao nosso filho quando os consideramos "comportamentos normais".

Maturidade cognitiva

Muitos pais e educadores encontraram grande alívio nas recentes descobertas sobre o cérebro adolescente, principalmente na confirmação de que muitos meninos não têm maturidade cognitiva completa até os vinte anos. De acordo com o dr. Jay Giedd, do National Institute of Mental Health, adolescentes de fato podem influenciar como seus neurônios "se conectam" durante a adolescência, visto que o cérebro nessa idade passa por muitas mudanças. Quando aprendem a ordenar pensamentos, entender conceitos abstratos e controlar impulsos, os garotos exercitam o cérebro, o que pode influenciar suas bases neurais. Dr. Giedd afirma: "É na adolescência que programamos o cérebro. É melhor programá-lo para praticar esportes, tocar música e exercitar matemática... ou para ficar deitado no sofá vendo televisão?"

Cientistas têm encontrado taxas distintas de maturidade entre diferentes partes do cérebro. A parte anterior do cérebro, por exemplo, é chamada de córtex pré-frontal. Essa região é responsável pelo juízo, pela regulação emocional e pelo autocontrole. Agora sabemos que, em muitos meninos, isso não se desenvolve completamente até vinte e poucos anos.

Outra parte do cérebro, o corpo caloso, conecta as duas metades do órgão. Essa região controla a inteligência, a percepção e a consciência; e, assim como o córtex pré-frontal, o corpo caloso ainda sofre maturação até os vinte anos na maioria dos meninos. Os lobos temporais são as porções laterais do cérebro, próximas às têmporas, e lidam com a maturidade emocional. Nos meninos, encontram-se em estágio avançado já aos dezesseis anos, mas só atingem pleno desenvolvimento nos primeiros anos da idade adulta.

Muitas das pesquisas recentes sobre o cérebro encorajam pais e educadores a reconhecer que os adolescentes são como uma obra em andamento que requer paciência, já que eles ainda estão aprendendo a tomar decisões maduras e a controlar os impulsos. As pesquisas afirmam, ainda, que é durante a adolescência que nós, como pais, causamos neles os efeitos mais decisivos, quando ajudamos a moldar esses aspectos de seu caráter.

Antes de prosseguir, um aviso: as descobertas que podem ser feitas por meio de neuroimagens têm seus limites. Nunca explicaremos — e nunca deveremos depositar todas as nossas expectativas nisso — o comportamento de nosso filho com base nas imagens do cérebro adolescente. Educadores que seguem a pesquisa cerebral estão bem cientes desse perigo e usam o termo "educação baseada no funcionamento do cérebro" para descrevê-lo. O perigo está em que afirmemos para nós mesmos: "Agora entendemos por que os meninos são impulsivos, questionadores, imaturos e incontroláveis. Seu neurodesenvolvimento está num estágio que os impede de controlar seus impulsos, ficar em silêncio em vez de gritar e tomar decisões maduras." Esse é um salto mental perigoso e errôneo, pois iguala, no menino, o papel do cérebro ao da mente: o cérebro é um órgão vital, mas a mente, essa parte misteriosa e maleável, é que é influenciada por sentimentos, experiências de vida, crenças pessoais, opiniões e comportamentos de entes queridos.

O dr. Kurt Fisher, do programa Mente, Cérebro e Educação da Universidade de Harvard, alertou educadores e pais quanto a esse novo conhecimento sobre o cérebro adolescente. Ele adverte que, no início do século XXI, nossa compreensão da neurociência ainda tem suas limitações.[9] E são limitações que

---

9   "Research Facts and Findings". *Adolescent Brain Development*, maio de 2002, 1. http://www.human.cornell.edu/actforyouth.

todos os pais devem reconhecer facilmente. Você acha que seu filho é um fantoche controlado pela redes elétricas do próprio cérebro? Está errado. O cérebro adolescente, assim como o corpo, está se desenvolvendo e amadurecendo. Seu filho é mais que uma mera fiação neural: é um sujeito completo, com caráter e personalidade próprios. Como mãe e pediatra, sei que as ligações entre neurônios não são tudo.

Para algumas pessoas, é tentador apegar-se firmemente às descobertas biológicas sobre o cérebro porque, para elas, a ciência deve explicar tudo, porque querem deixar de lado a filosofia e a religião e dissolver em átomos toda a moralidade. A ciência, pensam, é o bastião remanescente da verdade, é irrefutável. Mas essa é uma posição extremista, e a maioria dos meninos, pais, educadores, médicos e cientistas sabe que há mais no cérebro de um menino do que tecido e neurônios. O cérebro adolescente é banhado de testosterona, estrogênio e neuroquímicos, mas em algum lugar entre os confins do crânio e do coração humano sobressai a mente, que pode ser mudada, influenciada, protegida e controlada. E é aí que reside a verdade mais dura de todas. Quem entre nós se atreve a adentrar seu funcionamento? Afinal, a verdadeira razão pela qual alguns de nós quer que a neurociência explique o comportamento de um menino é que isso nos livra das nossas responsabilidades como pais, facilitando a nossa vida. Pensamos: quem somos nós para ajudar um adolescente a se concentrar e se controlar, quando nem o cérebro dele permite isso?!

A beleza de educar nossos meninos consiste em poder acolher e influenciar a mentalidade deles, em ajudá-los a decidir o que fazer, o que pensar e como sentir. Podemos fazer isso porque a mente de um menino é maior que seu cérebro. Ele sabe disso, e nós também. E os dados científicos o tem demonstrado. As conexões cerebrais não explicam tudo.

O que contém os impulsos de um menino para que ele não se envolva em comportamentos de alto risco? Pais, professores, padres, pastores, rabinos, treinadores, adultos que podem ver o menino como um ser humano completo, amplamente dotado de potencial emocional, intelectual, espiritual e físico.

Portanto, a pergunta permanece: quando seu filho pega no volante do seu novo Honda, ele está no comando ou não está? O nível de testosterona que circula na corrente sanguínea dele e o fluido cerebral farão com que ele saia varado da garagem e dirija como um louco? Certamente a testosterona lhe dará tanto energia como eventuais surtos de agressividade. Quando ele está irritado, a testosterona pode fazê-lo se sentir ainda mais irritado — até mesmo furioso. Mas essa não é a questão. O real problema é que, com todas as complexidades do desenvolvimento cerebral, as alterações nos níveis de testosterona e as necessidades psicológicas, quem estará realmente no comando do volante? As complexidades, seu filho ou... você?

Tendo em vista o que a neurociência nos ensina sobre o cérebro do adolescente, sabemos que, embora ele não seja totalmente capaz de se comportar como um adulto, seu cérebro precisa de treinamento constante. Ele precisa de conexões, e o processo depende de quais influências recebe para ajudá-lo nesse processo. Seu filho pode aprender a ser responsável por seus próprios comportamentos, impulsos, pensamentos e, até certo ponto, mesmo por seu humor. Não pode, porém, fazer isso sozinho, pois é muito limitado. Que comportamentos ele é capaz de aprender a controlar? A resposta é bem mais profunda do que parece. E é nosso trabalho mostrar o caminho.

CAPÍTULO 6

Encorajamento, domínio e competição

Todo menino precisa ser encorajado. Ele não precisa receber falsos elogios, não necessita ser pressionado para que tenha um desempenho melhor. Meninos precisam do apoio dos pais à medida que amadurecem e passam pelas fases naturais de desenvolvimento físico e psicológico, fases pelas quais todos os meninos passam.

Um aspecto maravilhoso que se pode observar em meninos, mesmo nos mais novos, é a incrível capacidade que têm de captar o estado de espírito, o humor dos pais. Se o pai diz que o trabalho do filho ficou bom, mas na verdade achou o trabalho ruim, até uma criança de dois anos percebe que o pai está mentindo. Meninos geralmente percebem melhor do que um dos cônjuges quando pai e mãe estão mentindo ou dizendo a verdade.

A razão por que meninos percebem tão bem se os pais estão sendo sinceros deriva da *necessidade* que têm de saber o que seus progenitores realmente pensam deles. Um menino de três anos que constrói uma torre de blocos mais alta do que a última que construiu orgulha-se do próprio feito, mas não fica satisfeito com isso, pois precisa saber o que o pai pensa, podendo assim medir quão elevado o seu feito foi. (É por isso que meninos sempre querem mostrar às mães e pais o desenho que fizeram, o projeto que construíram, o cenário de batalha que montaram com soldadinhos de brinquedo etc.) Quando um pai sorri orgulhosamente para a torre de blocos do filho, o menino recebe a aprovação como uma confirmação do juízo de bom construtor que tem de si mesmo; mas, se o pai apenas acena para o filho sem lhe dar a devida atenção, ele inconscientemente duvida da própria conquista e, portanto, da própria capacidade.

Crianças testam os pais. Uma criança de um ou dois anos é capaz de observá-los com toda a diligência do mundo só para perceber como eles respondem a cada ação que praticam, a fim de saber se geram aprovação ou punição — ou se não geram nada. Esse traço é perceptível em meninos já na primeira infância, mas a essência dessa característica, embora sofra modificações, permanece viva nele até a adolescência. Meninos estão sempre se questionando internamente. Nos estágios iniciais da infância, mesmo antes de falar, é possível notar esses processos mentais em ação. Eles se perguntam: "Será que consigo fazer sozinho? Será que consigo fazer isso, fazer bem, e ser aprovado pelo meu pai? Será que consigo fazer isso melhor do que fiz da última vez?"

Observe como brinca um menino em idade pré-escolar. Ele constrói coisas constantemente. Levanta torres, ergue paredes, monta as mais variadas estruturas com blocos. Certas vezes, destrói tudo só para começar de novo, ou desmonta para ver se consegue colocar tudo de volta no mesmo lugar; outras, inventa projetos que o pai gostaria que ele não tivesse concebido, como passar creme de barbear nas paredes do banheiro ou pegar a lata de tinta e pintar o chão da garagem. Quando alguém tenta interferir nesses projetos, o menino logo se encarrega de dar um chega para lá na pessoa. Estaria dando sinais de malcriação ou falta de respeito? Não: ele está apenas testando suas capacidades enquanto brinca. No que ele é bom? Que imagens lhe ocorrem quando ele espalha o creme de barbear? Às vezes — muitas vezes —, quando meninos fazem uma bagunça enorme, agem assim porque estão fingindo que suas criações representam uma série de outras coisas. O creme de barbear nas paredes do banheiro são nuvens no céu que cobre a floresta. A tinta vermelha por todo o chão da garagem é uma espécie de tapete que ele estende em sua fortaleza particular. Ele não está na garagem, mas num espaço que criou só para brincar e do qual se imagina dono.

Embora nenhum menino de três anos precise ser encorajado a destruir casas ou garagens, ele precisa, sim, ser encorajado a desenvolver suas próprias habilidades. Não obstante possam parecer destrutivas, confusas e difíceis de limpar, as brincadeiras do seu filho são bastante construtivas para ele. Ele não está simplesmente construindo e destruindo; está tentando descobrir quais são suas habilidades físicas. Repetindo essas atividades, dia após dia, sua intenção é se aperfeiçoar, buscando fazer melhor o que já fez antes.

Pais muitas vezes ficam agoniados ao verem seus filhos brincando de guerra, mas não deveriam ficar. Também já ouvi certo pai dizer que reservara um tempo para o filho a fim de estreitarem os laços, e então lhe perguntei que atividade eles fizeram juntos. O pai respondeu:

— Fomos jogar *Mortal Kombat*, é um barato!

Francamente, por que, em vez de jogar um jogo violento com o filho, o pai não saiu com ele para brincar com armas de paintball floresta afora? Por que não?! A floresta é real, é concreta; lá, pai e filho estariam *realmente* brincando juntos, em vez de ficarem ambos olhando a violência gráfica exposta numa tela; na floresta, a imaginação de um menino não é bombardeada por imagens violentas: ao contrário, ele encontra um bom lugar para dar vazão a toda a sua criatividade. No meio da natureza, o menino pode desfrutar de uma confluência de árvores, pássaros e esquilos, e assim esse ambiente exterior torna-se bem mais do que *apenas* natureza. Meninos amam dar asas à imaginação, criando até mesmo exércitos imaginários.

O fato é que meninos, se lhes é permitido que assim o sejam , brincam de guerra. Todos eles. Meninos precisam se sentir desafiados, precisam competir, e guerrear é para eles tão natural quanto jogar futebol; basta usarem um pouco mais a imaginação. Vencer — coisa que nem sempre é possível — serve para validar sua identidade masculina; e mais: ajuda a construir sua autoestima e maturidade. Brincar de guerra cumpre, ainda, outro propósito: meninos têm um código moral inerente, e o combate e a guerra, por serem compostos de mocinhos e bandidos, reforça o senso de ordem moral. Bandidos precisam ser derrotados, e, na brincadeira imaginária dos meninos, cada um deles ensina a si mesmo que os maus podem ser superados pelos bons. Na escola, os meninos certamente já se depararam com valentões e viram coisas ruins e erradas. É por isso que precisam reafirmar o fato de que o bem vence o mal. Brincar de guerra é um jeito de fazerem isso. Para eles, é uma brincadeira educativa. Brincar de guerra ensina bem mais a superioridade do bem sobre o mal do que assistir a um filme ou jogar videogame com temas bélicos, pois no quintal, na floresta, no porão, o menino é um participante do mundo real, sem precisar apertar botões ou ficar parado diante de uma tela que simula a realidade. Meninos precisam experimentar a emoção da vitória.

Essa necessidade que os meninos têm de moldar sua conduta moral por meio de jogos de batalha foi resumida pelo famoso psicólogo infantil Bruno Bettelheim: "Uma criança terá muito mais facilidade em ser bem-sucedida na vida se a identidade final que escolher incorporar a si for a daqueles que defendem a ordem moral... Quaisquer que sejam os 'mocinhos', é essa a identidade que a criança deve adotar como sua."[1] Jogos de guerra nos quais os mocinhos vencem, nos quais o menino vence, ajuda-o a crescer em confiança e otimismo. Como Bettelheim escreve em seu livro *A psicanálise dos contos de fadas*, "se uma criança é, por algum motivo, incapaz de imaginar seu futuro com otimismo, tem-se aí a interrupção de seu

---

1 Bettelheim, Bruno. *A Good Enough Parent*. Londres: Thames, 1987, p. 284.

desenvolvimento".[2] Quando, ao encenar batalhas, o menino percebe o bem triunfando sobre o mal, imagina seu futuro com otimismo e, assim, avança em maturidade.

Como parte de sua ordem moral interior, os meninos sabem que o mal existe. Sabem que eles mesmos podem ter sentimentos ruins e fazer coisas ruins. Portanto, todo bom pai deve oferecer ao filho um meio de lidar com o problema do mal, e não simplesmente ignorá-lo. A instrução religiosa (na tradição judaico-cristã, com sua ênfase no pecado e no arrependimento) é um caminho, e brincadeiras de guerra são outro. Com a devida instrução moral, o menino pode não só triunfar sobre o mal, mas também adquirir uma conduta cavalheiresca. Como diz Bettelheim, "servir ao bem intensifica-se pela força motivadora que há num propósito mais elevado... Ele [o menino] começa a apreciar uma lição que não lhe pode ser ensinada de maneira puramente didática: a de que combater o mal por combater não é o bastante — ele deve combatê-lo em nome de uma causa superior, de valor cavalheiresco, isto é, de acordo com as regras do jogo, das quais a mais elevada é agir com virtude. Isso, por sua vez, promoverá a autoestima, um poderoso estímulo... para se tornar mais civilizado".[3]

O papel da mãe no encorajamento

Mães encorajam seus filhos de maneiras bem distintas das dos pais. Normalmente, uma mãe oferece cuidado emocional e segurança; oferece compaixão, paciência e bondade. Como ela não é homem e, portanto, não se sente em competição com o filho, pode abraçar a individualidade dele com mais facilidade.

Meninos geralmente formam laços emocionais mais fortes com as mães durante a primeira infância, e é importante não romper esses laços de forma antinatural ou cedo demais. Mães

---

[2] Bettelheim, Bruno. *The Uses of Enchantment: The Meaning and Importance of Fairytales.* Nova York: Random House, 1989.
[3] Bettelheim, Bruno. *A Good Enough Parent*, p. 285.

podem encorajar os filhos em áreas nas quais os pais normalmente não podem. Sendo mais emocionalmente sintonizadas do que os pais, elas podem perceber os sentimentos e as motivações dos filhos com mais facilidade, assim como tentar entendê-los e orientá-los. Como muitos meninos se sentem emocionalmente mais seguros com ela, tornam-se também menos inibidos diante das mães. Isso significa que os meninos vão fazer mais "drama" na frente da mãe — gritando, tendo acessos de raiva e chorando — do que na frente do pai. Meninos são menos ansiosos para agradar as mães porque acham que já têm sua aprovação e amor eternos; coisas que, dos pais, eles acreditam que ainda precisam conquistar.

Por causa dessas diferenças, as mães estão numa posição maravilhosa para ajudar os filhos a filtrar seus sentimentos e aprender o que fazer com eles. Exemplo: Jack, de seis anos, chega da escola e descobre que a irmã quebrou seu avião Playmobil. Ele fica doido de raiva: grita com a irmã e bate nela. Depois, chora e corre para o quarto da menina para arrancar a cabeça de uma de suas bonecas. Enquanto o pai pegaria Jack, daria uma palmada nele e o mandaria para o quarto, a mãe do garoto provavelmente o abordaria de outra maneira.

A mãe de Jack pode sentir empatia com a frustração e a raiva do filho e ficar chateada com a filha (porque ela provavelmente sente uma conexão emocional com Jack mais forte do que a sentida pelo pai). Então levaria Jack para o quarto, esperaria o menino se acalmar e o ajudaria a perceber que, embora sua frustração e sua raiva fossem compreensíveis, bater na irmã e arrancar a cabeça da boneca não são reações apropriadas.

Ao tentar compreender a raiva de Jack, a mãe ajuda a diminuir a intensidade desse sentimento (meninos podem mesmo se assustar com a própria raiva). Então, ao estabelecer regras para uma situação em que o filho está bem bravo — não bater, não destruir as coisas, não xingar —, ela o instrui sobre o que fazer com essa raiva.

Quando as mães fazem isso repetidamente, mês a mês, não só ajudam o garoto a lidar com os sentimentos, como também constroem sua autoestima. O menino se sente menos intimidado por suas emoções e aprende que, pelo menos até certo ponto, pode controlá-las. Ao ajudar o filho a lidar com essas emoções, a mãe encoraja o desenvolvimento de sua masculinidade.

Por causa desse vínculo entre mãe e filho, as mães estão muito bem posicionadas para admirar abertamente seus filhos quando exibirem um caráter íntegro ou quando atingirem objetivos físicos ou intelectuais. Acima de tudo, as mães podem fazer os filhos se sentirem amados apenas por serem eles mesmos.

O encorajamento vindo do pai

Infelizmente, nossa cultura quase não encoraja os meninos a se tornarem homens virtuosos. A televisão mostra os homens como seres estúpidos, viciados em sexo e quase sempre superficiais, tanto intelectual como emocionalmente. Na vida real, os homens não parecem dar tanta importância a essas representações e apenas riem delas. Eu, no entanto, me importo, porque nossos filhos precisam de bons modelos e, dada a quantidade de tempo que passam consumindo produtos midiáticos, precisam de bons exemplos na televisão. Além disso há, é claro, uma consequência cultural ainda maior da depreciação da masculinidade e da paternidade, a qual se verifica na diminuição do número de casamentos, no aumento do número de divórcios e na triste realidade de que muitos meninos crescem em lares sem pai.

Essa é uma tragédia generalizada, pois meninos precisam do encorajamento sadio dos pais mais do que o de qualquer outra pessoa. Aos olhos de um menino, as palavras do pai são sagradas. Exercem um poder enorme. Depois de uma queda, elas podem reerguê-lo ou devastá-lo. Se o pai não está presente, cria-se um enorme vazio na vida do garoto — e, como algumas estatísticas deprimentes nos lembram, meninos que crescem sem pais correm um risco radicalmente maior de cair no abuso de drogas e álcool, de contrair doenças sexualmente transmissíveis e acabar indo parar na cadeia.

O encorajamento do pai muda a vida de um menino. As palavras dele podem acender no filho uma paixão tão fervorosa que o ajudará a alcançar qualquer objetivo a que se propuser. Para um filho, as palavras do pai são a verdade última: se forem positivas, o filho sente que ninguém pode detê-lo; se forem negativas, o filho sente que jamais conseguirá vencer.

Se você é filho e está lendo isso, sabe exatamente do que estou falando.

Infelizmente muitos pais não conseguem ler, nos olhos dos filhos, o poder das palavras que dizem a eles. O menino de seis anos que leva para casa, a fim de mostrar à mãe, objetos de arte produzidos na escola anseia por que também o pai veja o trabalho e dê sinais de aprovação, pois, recebendo-a, ficará motivado a produzir novas artes, aperfeiçoando-se. Um menino de dez anos pronto para bater um pênalti não olha para a arquibancada em busca da mãe com a mesma atenção com que olha para o pai. Ele espera ver o polegar para cima, o "joinha" do pai, para saber que, sim, agora ele *pode* chutar e fazer um gol.

Os pais também tendem a dar as grandes broncas nos meninos e tendem a ser mais duros com eles do que as mães. Isso é bom e ruim.

É bom porque o pai conhece o coração e a mente de um menino de um modo que a mãe não conhece. O pai entende por que o filho quer pular do telhado com um paraquedas feito de sacos de lixo. Entende as palhaçadas, a energia e a necessidade que o menino tem de resolver questões concernentes à masculinidade. O pai também atua como instrutor do filho. Os pais são conhecidos por sempre dizerem aos filhos para "criar coragem e agir como um homem". Nada de discutir como o filho se sente; apenas passam à ação. Tenho reparado que meu próprio marido fala com nosso filho de maneira muito diferente da maneira como fala com nossa filha.

Pais encorajam comportamentos masculinos. Meninos precisam desse encorajamento, mas é preciso ter cautela. Para muitos pais, o "encorajamento" se converte em repreender, rebaixar e acusar os filhos de não serem másculos, caso não estejam à altura daquilo que os pais esperam deles. Não faça isso. Pode ser devastador para seus filhos, e infelizmente é um erro que muitas vezes se transmite de geração em geração. Muitos pais foram criados sob uma atmosfera de crítica paterna e de negativismo, com pais muito hábeis em apontar os defeitos dos filhos.

Ocorre que os garotos precisam ouvir palavras positivas da boca dos seus pais, e não palavras que o desanimem. Um menino de oito anos ainda não é um homem completo, mas apenas um garoto tentando encontrar o próprio caminho. Às vezes, pais bem-intencionados calam os filhos e, criticando-os, os afastam deles mesmos; isso pode acontecer por acidente, por meio do que, na percepção do pai, é apenas uma provocação inocente.

Lembre-se: as palavras de um pai são sempre de extrema importância para o filho. Portanto, se, enquanto estão brincando de luta no chão, o pai diz ao filho de dez anos que ele está lutando como uma mocinha, essa fala pode até entrar por um ouvido e sair pelo outro, mas também pode deixar marcas — na mente do menino, pode ser que ele entenda o seguinte: "Você não é forte nem nunca será", ou: "Você não é macho; é um fracote."

Pode haver um abismo entre o que o pai diz e o que o filho entende. Em toda provocação, por sua própria natureza, há um veneno subjacente. Normalmente os meninos captam esse veneno, e a impressão causada aumenta, porque a provocação vem de um pai. Quando um pai se exercita dizendo, periodicamente, palavras de encorajamento ao filho, o impacto positivo que isso terá sobre a autoestima do garoto, bem como as consequências na vida dele, são incomensuráveis.. De fato, para as meninas, o maior indicador de uma boa autoestima é o afeto que o pai demonstra por ela. Da mesma forma, quando um pai encoraja o filho — quer por meio de palavras, quer por meio de afeto —, a vida do menino sempre muda para melhor.

A importância do esporte

Meninos gostam de assistir e participar de jogos esportivos porque querem ver se conseguem vencê-los. É através do esporte, portanto, que os garotos descobrem a sensação da vitória. Atividades esportivas lhes possibilitam concentrar suas energias físicas (e masculinas) de maneira segura e controlada, com o intuito de vencer um adversário; consequentemente, poderá se afirmar como mais forte, habilidoso e capaz.

Curiosamente, para um garoto que compete num torneio de atletismo, não se trata tanto de vencer um competidor, mas de descobrir quão bom ele é — a competição é dele consigo mesmo. É rápido ou lento em comparação aos outros? É fraco ou forte? Quando acaba a disputa, o garoto não sai apenas vencedor ou perdedor, mas sobretudo com mais conhecimento de si.

A importância de vencer

Imagine seu filho de catorze anos depois de vencer um jogo contra um time que ele sabia ser mais fraco. Seu filho sairá do campo todo encantado com a vitória, mesmo sabendo que não foi uma grande conquista.

Agora, suponha que seu filho jogue contra outro time, muito melhor do que o dele; como esperado, o time do seu filho perde; mas ele e os companheiros de equipe jogaram com o coração, tiveram raça. O treinador anima a todos no vestiário, dizendo que está orgulhoso e que fizeram um excelente jogo, melhor que o da semana passada, quando venceram o time mais fraco.

Os meninos saem do vestiário. Seu filho lhe diz que não adiantou nada todo aquele esforço — mesmo assim perderam. No fundo, ele sabe que jogou bem e, consolando a si mesmo, se orgulha disso. É que, para um garoto de catorze anos, competir é bem mais do que simplesmente *dar o melhor de si*. Vencer, mesmo contra um time ruim, é uma evidência concreta de que ele é um bom jogador. Não é somente uma opinião — é uma vitória expressa no placar. Vivenciar a vitória o faz, de pronto, acreditar que é bom jogador e que ele pode atuar no time, pois é forte e competitivo, capaz de fazer seu corpo se destacar num esporte que ama. Sabendo disso e experimentando essa sensação, o garoto consegue crer, com todo o coração, que está realmente se tornando um homem.

Para um menino, competir tem mais a ver com construir uma identidade, uma percepção de si próprio, do que superar os outros. Vencer melhora o seu humor, pois evidencia sua masculinidade — e é justamente masculinidade que o menino quer sentir em si.

Competição: o domínio do corpo

Esportes competitivos oferecem aos meninos uma excelente ocasião para gastar bastante energia e exercer controle sobre o corpo: treinando as pernas, eles aprendem a correr mais rápido e a chutar a bola com maior precisão; aprimorando a coordenação motora entre olhos e mãos, melhoram a tacada no hóquei ou o manejo com a raquete de tênis.

Meninos aprendem lições importantes sobre si mesmos e sobre a vida em geral por meio de esportes competitivos. Garotos de dois anos gritam freneticamente quando o corpo não obedece ao comando pretendido, jogando-se no chão, frustrados. Meninos de oito anos sentem-se durões e fortes quando acertam uma bola de beisebol vendo-a passar zunindo pela cabeça do jogador da primeira base; porém, quando correm nas bases e são marcados, saem do campo frustrados pois suas pernas, ainda finas e fracas, não os deixam correr rápido o suficiente.

Já um menino de treze anos, cujos níveis de testosterona são flutuantes, acha um pouco mais difícil conduzir uma bola de futebol e fazer dribles com ela, pois sente-se inábil e desajeitado. Suas pernas são mais longas, seu andar é meio irregular. Ele precisa corrigir esses detalhes e diminuir a sua frustração, e para isso necessita do encorajamento dos pais até que a puberdade lhe seja mais gentil. Nessa idade, o menino precisa aumentar seu nível de testosterona, precisa de músculos maiores e de melhor coordenação. Um dia o menino terá essas características; enquanto isso, porém, deve se esforçar para permanecer vivo no jogo. É a competição que o mantém motivado a buscar o domínio de habilidades como bons chutes, dribles engenhosos e alta velocidade. Ter quem o desafie faz com que o menino se mantenha mais ágil e motivado a se aperfeiçoar na prática, aumentando sua velocidade e alongando seu passo.

A luta para exercer domínio sobre o próprio corpo é uma das primeiras e mais duradouras que um menino tem de travar. Fazer que o corpo funcione do jeito que se pretende é tarefa monumental para meninos (e homens) de todas as idades; além disso, a vontade de dominá-lo é um desejo propriamente masculino e, como tal, deve ser encorajado nos meninos.

Isso não significa que aos dez anos de idade os garotos tenham de levantar pesos ou se esforçar demais. Meninos precisam se exercitar, mas também descansar. O corpo deles está em fase de crescimento, mudando e se desenvolvendo, e não se deve colocar muita tensão num corpo ainda tão jovem. Lembre-se, pai: no que diz respeito às necessidades de um menino, a maior delas não é colecionar vitórias nos esportes que pratica; ele não precisa ser um astro do esporte; precisa saber que dominou o próprio corpo e que foi capaz de fazer aquilo que pretendia, para que assim possa, em alguma medida, alcançar vitórias — nem que seja no quintal de casa ou num terreno baldio.

O domínio das emoções

Todo menino precisa aprender a controlar suas emoções à medida que amadurece. Isso não significa que não deva sentir nada. Pelo contrário: conforme o menino passa pelo ensino fundamental, até chegar ao ensino médio, sua vida emocional se intensifica e se torna mais complexa; por isso mesmo, quando atingir a adolescência, será mais difícil para ele entender e avaliar os próprios sentimentos. Para os meninos há uma diferença crucial, e bem marcante, entre ignorar os sentimentos e dominá-los: ignorar os sentimentos é uma atitude cuja raiz está no medo; dominá-los, por outro lado, é um comportamento inerente à maturidade masculina. Meninos não devem ser encorajados a se desvincular emocionalmente ou evitar todo e qualquer sentimento. Meninos que se fecham às emoções, a ponto de ficarem frios, tornam-se perigosos — na verdade, podem desenvolver patologias e, assim, precisar de tratamento. Nesse caso, em vez de as emoções serem dominadas, são enterradas vivas a todo custo. Um domínio saudável dos sentimentos envolve dois componentes: o primeiro é simplesmente reconhecer uma emoção pelo que ela é; o segundo, saber o que fazer com ela. A maturidade tem por escopo fazer com que o menino aprenda a se comportar de maneira adequada, aquela que ele mesmo sabe ser a correta, sem depender das emoções, impedindo-as de o levar aonde elas querem. O escopo consiste em ter autocontrole. E, do mesmo modo como um menino se sente orgulhoso, realizado e viril por ser capaz de controlar o próprio corpo, terá uma sensação de conquista quando aprender a controlar os próprios sentimentos.

Competições esportivas podem ser bem úteis para os meninos alcançarem esse domínio dos próprios sentimentos, pois lhes fornecem, a um só tempo, um meio de dar vazão à sua agressividade e uma forma de controlá-la. Quando pratica esportes, o garoto entende como dominar e direcionar a agressividade que lhe é inerente, aprendendo a "ligá-la" e "desligá-la" na hora certa; e, à medida que adquire esse controle, sua autoestima melhora e ele amadurece como homem. Assim, o menino percebe que está no comando — tanto de suas habilidades como de suas emoções.

O domínio das energias

Quando abri a porta da sala de exames, Sue pulou da cadeira como se fosse me atacar. Era uma mulher (geralmente) encantadora de quarenta e poucos anos. Viera até mim na companhia da sua primogênita, uma menina de cinco anos chamada Ellie. A mocinha estava vestida com roupinha de ir à igreja e sentou-se calmamente enquanto coloria um desenho. Sue trouxera também o filho, Aaron, de dezoito meses, para um exame.

— Você precisa me ajudar com essa criança — desabafou Sue. — Esse menino é um selvagem, doutora. Quando eu digo selvagem é *selvagem* mesmo! Ele vai acabar se matando, dra. Meeker. Não adianta: ele não vai sentar, andar pela sala nem ficar parado. Daqui a pouco começa a correr, subir nas coisas, se pendurar...

De tanto falar, Sue mal respirava.

— Vendemos Coca-Cola na loja. Os refrigerantes ficam empilhados, um sustentando o outro, formando uma pirâmide. No outro dia, Aaron tentou atravessar aquele monte de refrigerante e derrubou tudo. Olhe só pra ele: ficou todo machucado!

Sue e o marido eram ótimos pais. Ela já tinha me contado que os dois tiveram dificuldade para engravidar, e por isso tinham demorado a ter filhos, o que porém não os impedira de se dedicar a eles com devoção, revezando-se entre o trabalho — o casal administrava um acampamento que tinha uma loja na frente — e o cuidado com as crianças. Só quem fosse da família podia ser babá, era essa a regra deles, e de fato os dois tinham muitos familiares por perto: a mãe de Sue, bem como a sua avó, a irmã e a família da irmã, moravam no acampamento, e todos concordavam com que Aaron não era uma criança comum.

Enquanto Sue falava, eu observava o pequeno Aaron, que tinha puxado um banquinho até a janela e estava brincando de abrir e fechar as persianas, até que foi se arrastando para cima do banquinho e subiu na minha mesa de exame, que tem quase um metro e meio de altura. Então ele ficou de pé e se preparou para pular. Sue não percebeu, mas eu, sim. Corri e o agarrei, amortecendo-o no meu quadril. O corpinho dele se contorceu todo, que nem um saca-rolhas; depois ele se soltou, saltando para o chão.

Aaron era bem alegre e divertido, mas também extremamente difícil de lidar por conta de toda aquela energia. Em termos clínicos, Aaron era hiperativo.

Sue e eu concordamos que o pai dele precisava passar bastante tempo com o filho, instituindo-lhe, ao longo do dia, toda uma estrutura de ordens e repetições, de regras consistentes e objetivas a seguir, e impondo, ainda, consequências caso o mocinho resolvesse quebrar as regras. Sue e o marido fizeram de tudo, mas mesmo assim Aaron continuou sendo um menino extremamente ativo. Já com três anos e meio, aprendeu a andar em sua bicicleta sem rodinhas. Com quatro, nadava sem boia na piscina do acampamento. Com cinco, seus pais tiveram de diminuir a altura do balanço do quintal, porque o menino estivera começando a subir no trepa-trepa e andando em cima dos ferros, até que caiu e quebrou o braço numa dessas estrepolias. Sue e o marido temiam muitíssimo que, mais dia menos dia, o acidente fosse fatal.

Quando Aaron completou seis anos, eu e a mãe dele analisamos qual seria o melhor esporte para ele praticar. O medo dela? Que a energia sem fim do menino lhe rendesse uma expulsão do time. Mas Aaron fez sete anos, Sue deu-se por vencida e, concordando, inscreveu o pequeno Aaron numa liga de basquete. O garoto adorou. Sue incentivou o treinador da equipe a fazer Aaron correr mais do que as outras crianças. O treinador obedeceu. Em seguida, a mãe decidiu colocar o filho no futebol americano. E percebeu que o garoto se saía bem quando, uma ou duas horas antes de se juntar ao time, fazia um "aquecimento" prévio. Como Aaron adorava esporte, os pais o deixavam jogar o quanto ele quisesse, mas nem todo esse tempo era o suficiente para o menino queimar o excesso de energia.

Quando o garoto passou para o quarto ano, o pai, que amava xadrez, apresentou o jogo ao filho, e este implorou para aprender a jogar. Para a surpresa do pai, Aaron se apaixonou também pelo xadrez, e, sempre que podiam, ele e o pai jogavam. Ninguém acreditava que aquele menino conseguiria ficar tanto tempo ali, parado, até o xeque-mate.

Mas Aaron conseguia. Ele adorava competição. Era um menino inteligente e amava um desafio. Mesmo que tivesse dificuldade de concentração, frustrando-se muitas vezes, seu espírito competitivo sempre o conduzia de volta ao jogo.

Hoje, com doze anos, Aaron vai garantir, a quem lhe perguntar, que ainda luta com uma energia ilimitada, sentindo às vezes que vai explodir. Nosso menino continua jogando futebol americano, basquete e, é claro, xadrez.

Aaron canalizou sua energia física para esses esportes competitivos — eis o benefício que tais atividades causaram ao menino; além disso, igualmente importante para ele foi a adrenalina do desafio em meio à competição. A vontade de vencer o ajudou a dar direção e foco a suas energias, aproveitando toda a sua agressividade e também suas frustrações e direcionando-as num sentido específico, fazendo com que fossem liberadas. Meninos com hiperatividade não lutam contra uma mera energia física. O que eles sentem é uma espécie de caos interior, o qual irrompe com frustração, raiva e decepção, por se saberem tão diferentes das outras crianças.

O xadrez possibilitou que Aaron tivesse a oportunidade de usar sua energia mental, de dar-lhe uma finalidade; permitiu-lhe, forçosamente, pôr ordem nessa sua energia de caráter mais intelectual; obrigou-o a pensar e repensar a estratégia que, tentando vencer o pai, ousaria empregar; ensinou-o a se concentrar e se contentar com a própria capacidade, sempre elevada ao máximo; por fim, presenteou-lhe com um tempo valioso junto a seu pai.

Meninos que têm uma energia extraordinária precisam canalizá-la. Entretanto, não nos esqueçamos de que a energia física é apenas um fator dessa equação: muitos meninos transbordam uma energia, emocional e intelectual, que precisa ser direcionada adequadamente. Muitos se saem bem em esportes competitivos, atividades que lhes são muitíssimo funcionais. Outros encontram seu lugar em jogos competitivos, como o xadrez.

Muitos garotos que não se interessam pela prática esportiva encontram alívio nas artes: piano ou trompa, pintura ou desenho, dança irlandesa ou escocesa. Seja aonde for, meninos precisam de competição e de um modo de extravasar suas energias físicas, mentais e emocionais.

Jogos e adolescência

Em poucas palavras, a adolescência é o período em que o menino aprende a dominar a si mesmo. Basta dizer que, se o autodomínio é o escopo da adolescência, a competição desempenha um papel vital nesse processo. Embora auxilie o garoto durante toda a infância, é na adolescência que a competição esportiva assume um peso maior, pois é nessa fase que o menino começa tanto a assumir uma identidade distinta da de sua família como também desenvolver interesse por relacionamentos amorosos.

Na adolescência, os níveis de testosterona aumentam de tal maneira que fazem com que os meninos acumulem energia sexual. É nosso papel ensinar que lidem com isso. Muitos pais se sentem extremamente desconfortáveis com essa situação, mas não há escapatória: tanto a mãe quanto o pai — mas, de preferência, o pai, já que a maioria dos meninos não quer sequer ouvir a mãe falar desses assuntos — devem conversar com o filho homem sobre o que sentir e ansiar nessa idade. Os garotos devem ser encorajados a lidar com isso de maneira saudável, e uma dessas maneiras é a prática de esportes, artes ou outras formas de competição, como torneios de xadrez. A cultura popular quer conduzir o garoto por um caminho que ele não pode trilhar sem pôr em risco seu bem-estar físico e emocional. Não deixe que seu filho tome esse caminho. Costumo tratar muitos pacientes que absorveram, instantaneamente, as mensagens baixas e desagradáveis que vêm dos filmes, da música e da televisão.

Com a energia sexual ocorre o mesmo que com a energia intelectual, física e mental — deve ser reconhecida, abordada, aproveitada e dominada. Caso contrário, o menino será escravo de seus impulsos sexuais em vez de ser senhor deles. Deve-se buscar o autodomínio em todos os níveis.

O sucesso na escola, nos esportes, na música ou em qualquer outra área que envolva alguma competição ajuda o menino a aprender autodisciplina, autodomínio e concentração, bem como a canalizar suas energias na direção adequada, a fim de alcançar os objetivos desejados. Em suma, pode ajudar a desenvolver seu caráter. Não se trata de uma pílula mágica — meninos precisam ser encorajados por bons treinadores, tutores e pais —, mas o sucesso nessas atividades pode ajudar de modo significativo. Pouco a pouco, o menino aprende a assumir o controle de um aspecto de seu caráter, depois de outro e depois de mais outro. Dominar a si mesmo é maravilhoso para os meninos. E é triste observar, atualmente, tantos meninos que nunca passaram por esse processo, que vivem sem ordem nem disciplina e que não conhecem senão o caos interior e exterior. Tristes deles, tristes de nós. É essencial que os pais ensinem aos filhos que viver uma vida ordenada, repleta de diversão e disciplina, abre caminho para uma vida livre e bem-sucedida. Meninos que aprendem por meio do encorajamento de suas qualidades inerentemente masculinas, que aprendem a desfrutar de uma competição saudável que os ajuda a respeitar os outros e a si mesmos, são meninos que têm uma chance muito maior de viver uma vida bem vivida. Acontece que eles não conseguem descobrir tudo isso sozinhos. É nossa obrigação ajudá-los, e devemos começar enquanto eles ainda são novos.

CAPÍTULO 7

Mães de meninos

Por trás da alegria transcendente que uma mãe sente ao trocar os primeiros olhares com seu filhinho recém-nascido, esconde-se uma pequena dor envolta em medo. O filho recém-nascido precisa da mãe. A mãe o ama incondicionalmente. No entanto, sente essa dorzinha de saber que um belo dia o filho será um homem e partirá para longe, para os braços de outra mulher. Para muitas mães, esse misto de euforia e medo se dá de modo todo especial em relação aos filhos homens, diferindo da sensação análoga que sentem ao dar à luz uma menina.

Desde o primeiro choro do bebê, a mãe sabe que existe para amá-lo. Ela é importante, porque ele é necessitado. Alimento, segurança, amor. É a mãe que irá fornecer tudo isso. Esse amor materno não só vai preservar o bebê vivo, mas vai manter a própria mãe ciente de que ela é necessária na vida do filho. Assim, ela protegerá, amará e cuidará, até que esse garotinho se torne um homem — e é justamente nesse momento que aquela dorzinha crescerá, tornando-se avassaladora. O filho, como homem, deverá partir, e a vida da mãe nunca mais será igual. Ela continuará amando, mas a ligação que eles tinham deverá ser remodelada. Não porque a mãe tenha mudado, mas porque o filho pertencerá a outra pessoa.

Nada disso passava pela cabeça da mãe antes do nascimento do filho. Porém, no momento em que o vê pela primeira vez e seu instinto materno faz com que se aproxime dele, esse pensamento surge. É, aliás, nisso que consiste a relação: desde o primeiro instante de apego entre mãe e filho, instala-se uma lenta preparação para que, um dia, ela o libere de forma definitiva.

Essa tensão não ocorre quando nasce uma filha. Pode ser que ela permaneça conectada com a mãe para sempre: mães e filhas têm laços genéticos, hormonais e psicológicos que não podem ser rompidos. A filha pode até passar a pertencer a outra pessoa, mas ainda assim a mãe poderá preservá-la. Mesmo que a vida mude as suas circunstâncias, elas permanecerão juntas, ligadas mediante esse vínculo filial. O vínculo entre mãe e filho, por sua vez, é mais frágil, mais tênue; e essa diferença está toda no fato de o filho ser um homem. Contudo, enquanto for criança, nosso filho é nosso e nós mesmas sentimos que devemos protegê-lo. Existe ainda outro detalhe sentido exclusivamente por mães de meninos: a mãe é XX e o filho é XY, ou seja, eles já nasceram com uma diferença que os desvincula um do outro. A sua masculinidade o separa da feminilidade da mãe e, por mais que ela relute, o filho irá se distanciar. Suas mentes diferem. Portanto, ele terá sensações físicas, preocupações e ideias diferentes. Ela será capaz de entender isso? Intuitivamente, a mãe de menino sabe que, para protegê-lo e se relacionar com ele, deve enxertá-lo nela própria como o ramo da videira que cresce em uma raiz saudável. O enxerto é feito no instante do nascimento; e os instintos da mãe, empreendidos em favor do filho, começam a se intensificar, tornando-se mais evidentes e audaciosos conforme o filho cresce.

E quanto às mães adotivas? Seus instintos afloram da mesma maneira? Sem sombra de dúvida. Seja ou não pela gravidez, faz-se o enxerto, independentemente do status biológico. Quando se trata de nutrir nossos filhotes, nós, as mães, por mais gentis que sejamos, num segundo nos transformamos em feras.

Uma beleza terrível

Era comecinho de noite, depois de um dia quente de verão. Sentei-me na beira de um cais de madeira, com os pés tocando a água morna; então fiquei observando uma mãe cisne: sua pelagem era tão branca que, conforme ela flutuava, refletia vagamente a água azul-turquesa do lago.

Não foi, entretanto, a esplêndida beleza da mãe cisne o que mais me impressionou, mas a serenidade do seu comportamento: ela flutuava, quase em repouso, sobre a água; mexia de cá para lá a silhueta, sustentada pelo longo e gracioso pescoço. Cada um dos seus movimentos era firme e calculado.

Atrás da mãe vinham três filhotinhos, parecendo bolinhas fofas de algodão, mas com bicos. Soube que eram seus não apenas por ter visto os bicos com a ponta da cor do carvão, mas pelo comportamento: os filhotes obedeciam ao comando da mãe. Enquanto eles faziam barulhinhos, ela se mantinha em silêncio; enquanto eles faziam menção de se aproximar, ela continuava a se deslocar na água. Nem a mãe parecia atentar-se aos filhotes, nem os filhotes pareciam se atentar à mãe. Ela continuava a usar as patas como remos, puxando a água sob o corpo.

Enquanto a mãe cisne passava, decidi mostrar aquela beleza à minha sobrinha de três anos. Discretamente, caminhei de volta para a casa e peguei um punhado de pão; levei comigo minha sobrinha e, juntas, caminhamos até a beira do cais.

Quando chegamos, a mãe cisne ainda se deslocava ao longo do lago, mas o trio de filhotes estava ficando para trás. Apiedando-se deles, minha sobrinha jogou em sua direção pedacinhos de pão amassado — que correram para pegar, antes que se dissolvessem na água. Assim que o pão tocou a água, a mãe cisne se lançou como um tiro entre os filhotes e interrompeu a alimentação deles. Foi aí que uma beleza elegante se fez assustadora.

A mãe cisne não parou mais, mesmo depois de pegar o pão: foi boiando até a margem do lago e firmou-se na areia — de pé.

Ornitóloga inexperiente que sou, aprendi na prática que cisnes não só andam na areia, mas também podem correr.

Fiquei atônita com a ousadia da mãe cisne; minha sobrinha, por sua vez, não parava de gritar. Escondi-a atrás de mim. Naquele instante, a mãe cisne abriu suas asas em nossa direção, e tudo o que víamos era a sua brancura ameaçadora. Fiquei observando a mãe cisne correr pelo espaço, indo e vindo, e tentei imaginar para onde ela pretendia ir.

Perguntei-me se estava zangada ou, quem sabe, padecesse de raiva. Não. Sei que cisnes não pegam raiva. A mãe cisne então se virou para mim e começou a correr pelo cais. Suas patas furiosas pisavam as tábuas. "Isso não pode estar acontecendo", pensei. "Estou prestes a ser atacada por uma ave!" Ao ver aquela coisa grande, branca e emplumada, grasnando e correndo atrás de mim, a minha vontade era rir, mas acabei gritando.

A mãe cisne continuou correndo em nossa direção. Agarrei minha sobrinha e, juntas, pulamos na água. Cheia de medo de dar as costas àquele bicho doido, ficando vulnerável, pulei na água de costas mesmo, um pulo suficientemente alto e espaçado para não machucar minha sobrinha, que estava grudada em mim, agarrada à minha cintura. Mergulhamos. Só quando emergirmos à superfície foi que vi a mãe cisne de novo. Ela tinha se contido; e eu, na tensão do momento, revirei a cabeça para tentar achar um plano B, no caso de a mãe cisne me perseguir pela água. Felizmente, não precisei de nenhum: a ave gigantesca parou e pousou na beira do cais, exultante e cheia de si; ali ficou, desfrutando o sabor da vitória até que, de súbito, virou-se e voou para longe do cais, quase tão rápido quanto antes, quando correra para nós. Desta vez, ia de encontro aos seus filhotes. Nem eu nem minha sobrinha nos machucamos. Não sofremos nenhuma lesão física, porém foi, de certo modo, traumático — e, por vários dias, senti nas entranhas uma sensação ruim, que demorou a se dissipar. Nunca estivera frente a frente com animal ou ser humano tão enfurecido e ardiloso.

Sabia, no entanto, que aquilo era o instinto materno. O que se aplica à mãe cisne aplica-se também às mães de meninos.

Nenhuma delas me perseguiu ao longo de um cais, mas posso assegurar, sem medo de errar, que mães são as maiores advogadas e defensoras dos seus filhos.

A nutrição feminina da natureza masculina

Muito embora a personalidade dos meninos seja diferente da das meninas, pela minha experiência, posso afirmar que, nos estágios de desenvolvimento e nas necessidades emocionais e físicas, há mais semelhanças do que diferenças na educação de filhos e filhas.

Mães são peritas em dar amor. Não importa se para o filho ou para a filha, dar amor de uma maneira positiva continua sendo bem difícil. Demonstrar respeito, oferecer proteção, manter a calma e perseverar meticulosamente em cada um dos aspectos de uma boa educação dos filhos são tópicos igualmente difíceis de cumprir, não importa o sexo da criança. Ser mãe é um trabalho árduo. Podem oferecer aos filhos muitas coisas que os pais também lhes oferecem, porém de maneira diferente — e o que é mais importante: o modo como um filho recebe essas coisas da mãe difere do modo como ele recebe do pai. O contrário também é verdadeiro, por isso tanto a presença de ambos é necessária para que um filho seja bem criado. Conselhos que, vindos da boca da mãe, são palatáveis ao filho, podem ser ofensivos se vindos da boca do pai. Grande parte do que a mãe dá é muito mais um reflexo da sua própria personalidade que do caráter do filho. Mães precisam amar — e elas amam que alguém precise delas: não têm dificuldades com essa verdade e a vivem com toda a naturalidade, pois, como seres humanos, também são egocêntricas. Mães intuem que suas vidas melhoram quando são amadas, necessárias e preservadas, de modo que transmitem esses importantes traços aos filhos na esperança de recebê-los de volta. Para se iniciar esse processo de transmissão, não há receptáculo mais seguro do que uma criança.

Contudo, há necessidades que todo e qualquer menino tem e que toda e qualquer mãe pode satisfazer. Mais uma vez: isso não significa desqualificar o pai, extirpando sua função de provedor. Certamente há pais que podem atender a algumas dessas necessidades melhor do que muitas mães que já vi por aí; em geral, porém, os instintos maternos agem, com frequência, de maneira bastante peculiar em favor dos filhos, o que pode deixar alguns pais um pouco confusos. Vejamos o que de melhor as mães podem dar aos filhos.

Uma face do amor

Na cena final do filme *Os últimos passos de um homem*, um preso que aguarda no corredor da morte, com os punhos e os pés amarrados, é conduzido à câmara onde será executado. Irmã Helen, uma freira que se torna sua companheira e confidente, pede autorização para acompanhá-lo até a câmara. Os guardas lhe dão a autorização e a religiosa o acompanha. Já no fim do corredor, antes que entre na câmara, a irmã Helen pergunta aos guardas se pode tocá-lo; os guardas dizem que sim e ela então se volta para ele e diz: "Quando você sentir a dor e a morte se aproximando, olhe para mim. Eu serei uma face do amor para você."

Por serem mais verbais, as mulheres amam de modo diferente dos homens. O sentimento, a intensidade e a disponibilidade podem ser os mesmos, mas a diferença está na forma como as mulheres exprimem esse amor, na forma como esse amor flui. Falam mais, comunicam oralmente o amor com mais facilidade. Na relação entre mãe e filho, o processo de dar amor começa na infância: a mãe presta total atenção no bebê, inventa apelidos, diz que o ama. Conversar, segurar, dar banho e tocar o bebê são meios de que a mãe dispõe para reafirmar ao filho que sua suprema vontade é lhe dar todo o amor do mundo, doando-se a ele. Assim, sempre que estiver afundando, ele poderá contar com ela para segurá-lo.

Mesmo que possa vir a desaprovar o comportamento do filho, quem ele namora ou os esportes e a música de que gosta, a mãe sempre vai amá-lo.

Essa saudável introjeção do amor da mãe no filho é fundamental para ele: ao ser experimentado, o amor materno definirá no filho um modelo de como ele irá encarar, dali por diante, o amor de outra mulher. Se o filho tiver uma experiência positiva com a mãe, confiará mais nos afetos da irmã, da namorada, da professora. Se, por outro lado, ele sente alguma instabilidade ou falta de confiança no amor de mãe, isso irá pautar a maneira como vê o amor de outras mulheres, seja esse amor romântico, seja platônico.

Mães adoram tocar. Isso é maravilhoso porque bebês, crianças e meninos mais crescidos precisam do toque físico. O abraço de uma mãe diz ao filho que ele é amado: ela o vê, gosta do que vê e o aprova. O filho é validado pelo amor da mãe. Infelizmente, muitas mães se abstêm de abraçar os filhos tanto quanto gostariam porque sentem que não depender de toques físicos faz parte de tornar-se homem e que masculinidade é sinônimo de poucos abraços. Isso é absolutamente falso. Um pai pode até se dar ao luxo de ser mais comedido no que diz respeito a contatos físicos, eximindo-se de tocar os filhos à medida que estes amadurecem — mas não a mãe: a mãe *não* deve seguir o mesmo caminho.

Mães adoram conversar com os filhos, porém, nem sempre devem criar expectativas de reciprocidade. Mulheres se sentem à vontade para discutir seus sentimentos íntimos; meninos e homens, não — e, às vezes, nem podem: ora, os próprios sentimentos que meninos e homens têm são para eles um mistério (trancado a sete chaves). É verdade que os adolescentes, em particular, ainda querem saber se a mãe está *interessada* em seus sentimentos, mesmo que não possam articulá-los; e, embora isso possa ser reconfortante e necessário, em certos momentos pode deixar os meninos loucos. Mães devem ser sensíveis à reação dos filhos. Esclareço: mulheres tendem a discutir pensamentos e sentimentos íntimos umas com as outras. Assim, mães transferem naturalmente esse comportamento para os relacionamentos com os filhos. Se algo está errado, a mãe pergunta logo o que está errado, mas acontece que, na maioria das vezes, nem os garotos sabem — e se souberem, às vezes revelarão o que se passa; outras, não.

Na adolescência, à medida que crescem, muitos meninos não querem discutir seus sentimentos — pelo menos não com as mães. O problema é que a maioria deles ainda quer ter certeza de que a mãe está interessada em seus sentimentos; e isso pode se tornar um mau hábito em meninos adolescentes: um joguinho inconsciente dos garotos com as mães para que elas vejam sua chateação sem precisar revelar o que está acontecendo. Eles fazem isso porque é um consolo saber que a mãe realmente se importa.

Outra maneira comum de as mães amarem seus filhos é através da nutrição. Pense no estereótipo de mãe italiana, ou judia, cujo modo de amar o filho é alimentando-o imensamente bem. Existe uma conexão singular entre o aparelho digestivo e a maternidade. Na minha prática médica, as mães mais estressadas que já vi são mães cujos filhos têm problemas de crescimento. Se uma criança não come bem e não cresce, a mãe, mesmo que de forma inconsciente, sente que falhou. O inverso também é verdadeiro: mães cujos filhos adolescentes crescem altos e fortes sentem-se melhor em relação à maternidade porque podem ver a força e o vigor do filho diante dos seus próprios olhos.

Por fim, mães amam por meio do sacrifício. Mães agem. Vão dar o máximo de si, vão entregar o que for necessário para manter o filho vivo. Seja intuitivo ou não, é isso que o amor faz. E as mães precisam ser necessárias. Precisam expressar seu amor. Sua própria existência passa a valer a pena a partir do momento em que possam dar e receber esse amor.

Há muitos anos, trabalhei em um grande hospital infantil, onde tratávamos crianças portadoras de várias doenças que lhes ofereciam risco de morte. Tumores cerebrais, distrofia muscular, fibrose cística. As salas estavam sempre cheias de crianças com dor e de mães aflitas.

Jamais me esquecerei de um menino de onze anos que padecia de fibrose cística. Seus pulmões se enchiam de um muco tão espesso que ele tinha dificuldade para respirar. Ministramos remédios, fizemos terapias, tudo com a finalidade de remover aquele muco, antes que se transformasse em uma "massa de concreto". Em casos como esse, muitas vezes a mucosa fica infectada com várias bactérias, o que leva à pneumonia. Se isso acontecesse, teríamos de entrar com antibióticos intravenosos.

Com o tempo, as bactérias se tornariam resistentes aos antibióticos, de modo que precisaríamos ministrar-lhe novos antibióticos, ainda mais fortes. Às vezes, esses remédios funcionam; às vezes, não. E na maioria das vezes o menino acaba tendo de ficar no hospital por algumas semanas, até voltar para casa. Depois de algumas semanas em casa, volta para o hospital, onde recebe mais uma bateria de medicamentos. A mãe daquele menino ficou no quarto junto dele por horas intermináveis; leu para ele; escutou-o; houve momentos em que, imerso em frustração, ele gritava com ela — pude ouvi-lo. Ele precisava de uma pessoa — alguém para lhe dar a maior segurança possível — para culpar pela dor que sentia. Gritava. Mas a mãe, não. Ela não retorquia aos seus protestos, permanecia sentada e calma.

Um dia perguntou-me se podíamos ter uma conversa, eu, ela e o marido. Não disse sobre o que queriam falar, apenas que era algo importante. Combinamos e marcamos um horário. Minha cabeça ardia em curiosidade: sobre o que ela queria falar? Será que ela queria que ele morresse? Estaria tão cansada de vê-lo sofrer uma dor como aquela que pretendia que nós provocássemos nele uma overdose de analgésicos? Fiquei com vergonha de mim por ter tais pensamentos, mas os tive. Quando nos reunimos, sentamo-nos em torno de uma mesa oval.

— Sei que estamos todos muito ocupados — começou ela. — Não pretendo demorar nem quero me estender muito. Serei direta e franca. Você viu meu filho sofrer por alguns anos, compreende as circunstâncias terríveis em que ele se encontra e entende que o prognóstico, o dele em particular, é ruim.

Minha imaginação ficou esperando algo horrível sair da boca dela, já estava pronta para dizer: "Não, de forma alguma. Em nenhuma hipótese lhe daremos remédios que lhe abreviem a vida".

Até que meus vergonhosos pensamentos foram interrompidos pelas palavras daquela mãe:

— Meu marido e eu estávamos pensando nisso tudo. Discutimos profundamente a nossa situação e chegamos a um acordo. Gostaríamos que você atendesse aos nossos desejos — disse ela, sem deixar o mínimo espaço para discordâncias, e arrematou: — Gostaria de doar meus pulmões para o meu filho.

Olhei para o rosto dela, e ela me olhou bem no fundo dos olhos — eu já estava gelada na minha cadeira. Congelei. Não pude concordar com o pedido. Primeiro, ela gritou, depois chorou, até que começou a implorar. Ali, já não restavam dúvidas acerca da sua sinceridade, muito menos ambiguidade em relação ao amor dela pelo filho: no começo, pensei que ela fosse louca; em seguida, porém, percebi que naquele dia eu estava diante da face de um amor de mãe.

Olhos de águia

Antes de buscarem se proteger, ou mesmo de se tornarem superprotetoras, as mães devem usar sua sensibilidade para gerar ações de proteção. Antes de saberem como manter os filhos seguros, devem identificar o inimigo. Há sempre algo que, todos os dias, ameaça a infância. Sendo as mães instintivamente protetoras, elas têm visto e ouvido tudo o que ameaça seus filhos. E quando se levantam contra essas ameaças — hoje, em sua maioria, eletrônicas —, seus filhos as atacam.

Em nossa sofisticada e digitalmente saturada cultura pós-moderna, as ameaças à saúde de um menino são traiçoeiras e terrivelmente sutis. Diante disso, as boas mães mantêm os olhos bem abertos e ouvidos bem atentos. É justamente por isso que os filhos as atacam; e, normalmente, o fazem em tom de manipulação: "Você não confia em mim". Mas não se deixe abater. Do mesmo modo que eles não querem falar sobre os próprios sentimentos — mas ainda assim querem que você se interesse por eles —, meninos não assumem que gostam de restrições (mas gostam), pois isso significa que os pais se importam e, lá no fundo, é bom ser vigiado. Mais uma vez: aqui, ocorre a mesmíssima coisa que ocorre em relação aos sentimentos. Ainda que seja bom ser vigiado, os garotos demonstrarão rejeição. Trata-se de uma dinâmica em que a mãe cobra certas coisas do filho, mas permanece distante. "Faça o que quiser, mas não me deixe saber o que você está fazendo."

Ocorre que, muitas vezes, ao ouvirem a repreensão dos filhos sobre a "confiança" que supostamente deixam de depositar, as mães infelizmente abdicam do bom senso: "Hum... é verdade", pensam. "Você tem razão. Afinal de contas, é um bom menino — eu devia confiar mais em você." Para fazer o garoto se sentir mais adulto, a mãe desvia o olhar e se emudece, cometendo assim um *grande* erro.

Mães inteligentes sabem que o problema não é a confiança — uma mãe que vigia o filho faz isso não porque *não confia nele*, mas porque a vida é dura, injusta, cruel. Elas viveram mais, já tiveram de suportar mais ofensas e compreendem melhor os perigos pelos quais os meninos podem passar. Os meninos, por sua vez, não conseguem ver o que está por trás deles próprios, muito menos o que poderá prejudicá-los. Por isso, as mães devem manter-se vigilantes, a fim de protegê-los.

Maddie veio me ver sozinha porque estava preocupada com a oscilação de humor de seu filho Sam. Desde que completou treze anos, ela me assegurou, o menino se tornara mais sarcástico e inconstante; e antes, era um garoto quieto, tranquilo, raramente respondão, fazendo praticamente tudo o que ela pedia. Sam era especialmente próximo do pai, piloto em uma grande companhia aérea, cuja agenda, devido aos voos, consistia em passar uma semana em casa e outra, longe. O marido de Maddie também era quieto, ela me disse, razão pela qual provavelmente pai e filho fossem tão próximos.

Maddie era uma mulher particularmente brilhante, articulada, carinhosa. Trabalhava meio período como recepcionista em uma unidade hospitalar e sempre organizava a agenda para estar em casa quando Sam estivesse. A comunicação entre mãe e filho tinha sido fácil até então, que era difícil compreender aquele sarcasmo, aquela recusa da sua parte. Sam era filho único e Maddie foi rápida em revelar que, graças à renda do marido e ao salário dela, Sam desfrutava de um conforto que os amigos dele não tinham.

Perguntei sobre esses amigos. O grupo de Sam permanecera o mesmo, afirmou a mãe, a não ser por um novo garoto que se juntara à turma do nono ano. Sam fizera amizade com ele, e Maddie se orgulhava do filho por ele ter sido receptivo com o novo garoto.

Perguntei-lhe o que Sam fazia depois da escola. A mesma coisa sempre: treino de atletismo, dever de casa, algum tempo livre, depois ia para a cama. Uma rotina normal.

Tudo indica que, com muito esforço e trabalho, Maddie conseguira prover um lar saudável e estável. Os atritos familiares eram mínimos, exceto pelo novo comportamento de Sam. Maddie e o marido eram modelos de polidez e, tendo ensinado a Sam comportar-se com educação, não conseguiam imaginar o que estava acontecendo.

Naquele momento, já estava me preparando mentalmente para iniciar uma preleção justificando as oscilações naturais de comportamento durante a adolescência, quando algo me fez cavar um pouco mais fundo antes de tomar esse caminho:

— Muito bem, mas o que Sam faz no seu tempo livre? — perguntei, ainda pensando no meu discurso, mas já ansiosa para ouvir a resposta de Maddie:

— Ah, não sei — disse a mãe.

Fiquei esperando que ela dissesse mais alguma coisa. Não disse. Foi aí que entendi, *por que* ela não disse mais nada:

ela realmente não tinha conhecimento do que Sam fazia no tempo livre.

— Por acaso ele gosta de jogar videogame, conversar com amigos on-line, ouvir música? — pressionei-a.

— Provavelmente — afirmou, encolhendo os ombros, e prosseguiu: — Eu o deixei livre quanto a isso. Respeito a privacidade dele, entende? No quarto tem televisão, computador e celular. Se bem que ele nem fala comigo direito sobre essas coisas.

Pouco a pouco, o discurso de Maddie se tornava inconsistente e ela demonstrava cada vez mais tensão. Algo claramente a incomodava no tempo livre do filho. Pressionei-a um pouco mais, mas Maddie não conseguia identificar a razão daquele desconforto.

— O que você acha que ele faz no quarto depois da aula? — perguntei.

— Olha, é como disse: *realmente* não sei; às vezes, ele leva um coleguinha — nunca uma garota, é claro — para o quarto, e eles devem ficar jogando, não sei.

A essa altura, Maddie me fitou com um olhar de tristeza e medo. Perguntei-lhe:

— Você já perguntou a Sam o que ele faz?

— Não, não! Nós respeitamos o seu espaço e confiamos muito nele: ele é um bom menino... Nunca deu razão para a gente desconfiarmos... Só resta confiar, então — Maddie ponderou.

Curiosamente, logo que perguntei sobre a possibilidade de Sam estar acessando sites pornográficos (ele não estava), ou indo furtivamente para o quarto com cerveja na mão (coisa que ele não fazia, também), ou participando de qualquer atividade que ela considerasse errada, Maddie ficou agitada. Como eu poderia *ousar* questionar a integridade do seu filho de treze anos?!

Quando percebi que eu não estava chegando a lugar nenhum, perguntei se eu mesma podia falar com Sam. Um pouco relutante, Maddie concordou. De propósito, falei com ele primeiro a sós e só depois perguntei se a mãe podia se juntar a nós. Sam começou a descrever sua mudança de comportamento: admitiu que se sentia mais irritado, mal-humorado e, em geral, mais agitado do que nunca. Quando lhe perguntei sobre o que ele fazia no quarto, à tarde, ele simplesmente respondeu:

— Nada. Coisa de homem.
— Você tem algum perfil em redes sociais? — perguntei.
— Claro, todo mundo tem — retorquiu, de forma defensiva.
— Quem escreve para você?
— Muita gente, acho. Garotos e algumas garotas também.

Sam estava nitidamente (e cada vez mais) desconfortável, recusando-se a manter contato visual. O menino não parava de se mexer na cadeira. E então dei uma sugestão:

— E se você mostrasse seu perfil à sua mãe?

Disse isso esperando uma dupla recusa. E de fato a obtive:

— De jeito nenhum. Sem chance. Isso é coisa de homem! — objetou Sam. Maddie complementou:

— Realmente, dra. Meeker. Não acho razoável. São coisas íntimas. E Mark e eu não concordamos em invadir a privacidade de Sam.

Bingo! Àquela altura, nós três percebemos que havia algo errado com o perfil de Sam em uma rede social e o garoto, por sua vez, queria manter isso em segredo. Mas eu sabia que o menino estava escondendo alguma coisa e ficava meio apreensivo com isso. Maddie, no entanto, não cedia: não queria saber o que o filho andava fazendo para não se sentir ferida, assim, de uma hora para o outra — aquela mãe não queria ver o que se passava de fato, talvez por não saber agir diante do que visse. Magoada, teria de gritar com Sam, tirar dele o notebook, o celular, a televisão ou os três.

Ela não podia nem devia fazer isso, raciocinava. Se o fizesse, estaria afastando de si um garoto tão bom como aquele, arruinando-o para o resto da vida! A atitude mais prudente a se tomar, concluiu ela, era permanecer distante, inconsciente e inerte. Ao considerar o mau comportamento e o sarcasmo de Sam nos últimos meses, Maddie quis se convencer de que, provavelmente, aquilo decorria tão somente da fase complicada chamada adolescência; em seu coração, entretanto, ela sabia muito bem do problema de Sam e foi por isso que viera até mim.

A verdade é que, enquanto a mente de Maddie racionalizava, seus instintos a trouxeram à porta do meu consultório. Ela conhecia o filho e sabia que algo estava errado, só tinha medo de encarar o fato, pois, se o enfrentasse, teria de tomar uma decisão: agir — mas como agir? Era *isso* que mais a assustava. Se ela mandasse o garoto dar um fim ao perfil na rede social ou mesmo se livrar do computador, era possível que Sam se rebelasse — talvez até fugisse. Esse era o pavor de Maddie. Ela temia, ainda, acabar lidando com o problema da maneira errada, tornando-se uma mãe sórdida, que estragaria o filho.

Pela minha experiência, os sentimentos de Maddie são típicos da maioria dos sentimentos dos pais que encontro em todo o país. Temos medo de ver o que nossos meninos andam fazendo realmente, não porque sejam crianças más, mas porque temos medo de discipliná-los. Disciplinar consome nossas energias e nos enerva. Queremos nossos filhos em casa, mesmo que em casa se envolvam em atividades que sabemos prejudiciais e agimos assim por termos medo de que, impedindo-os de praticar tais atividades, nós os percamos. Mas devo assegurar uma coisa: as casas de recuperação e as prisões não estão cheias de meninos que foram disciplinados, estão cheias de meninos cujos pais os deixaram em paz.

Os pais abordam essas questões de maneira diferente das mães. Muitos têm dificuldade em acreditar nos complicados processos de pensamento em que as mães podem se envolver ao tomar decisões acerca dos filhos. Quando um pai reconhece um problema, geralmente tenta encontrar uma solução e então cogita se ou quando irá implementá-la.

As mães pensam de outra maneira. Problemas com filhos não se lhes apresentam assim de modo isolado. Para uma mãe, todos os tipos de sentimentos pessoais entram na equação. Se o problema for grave, ela pode questionar sua responsabilidade em tê-lo criado e perpetuado, o que a levará, portanto, a ser convocada a resolvê-lo. Por sentir-se responsável pelo filho, ela teme que os problemas dele sejam reflexos das falhas de caráter dela. Mães geralmente ficam um pouco inseguras em relação aos filhos porque sabem que não podem entender de maneira completa a mente e as experiências de um menino.

A maioria das mães viaja mentalmente por quilômetros e mais quilômetros quando têm de enfrentar problemas com os filhos. Primeiro porque, sendo mulher, sai em desvantagem na compreensão da mente e das experiências masculinas, o que a deixa insegura e a faz sentir-se mal; segundo, porque algumas mães (alguns pais também) levam para o lado pessoal e de modo consistente os problemas dos filhos. Quando o assunto é sentir culpa, as mulheres são profissionais.

Maddie queria ser uma mãe fantástica para Sam. Ela o queria bem. As notas do garoto eram excelentes, o caráter dele era bom. Isso a fazia se sentir bem-sucedida como mãe. Porém, quando percebeu que Sam provavelmente estava se envolvendo em atividades prejudiciais, recusou confrontá-lo, por medo de que ele não respondesse bem, fazendo com que, desse modo, *ela* fracassasse. Portanto, tinha dois problemas nas mãos: a atividade prejudicial do filho e o medo de fracassar como mãe.

A grande ironia é que Maddie lidou exemplarmente com a situação. Quando Sam lhe mostrou seu perfil na rede social no consultório, ela enlouqueceu, pois viu ali uma linguagem sexual lasciva e explícita com que Sam se dirigia a garotas, as quais ele alegava não conhecer. Diante disso, de modo racional, mas não sem certa raiva, a mãe informou a Sam que ele havia violado aquelas garotas e também elas o haviam violado sexualmente.

Ela lhe disse que, como parte da sua família, esperava dele um modo respeitoso de falar com as pessoas, quaisquer que fossem as circunstâncias. Além disso, disse que ele devia desculpas àquelas garotas, do mesmo que também elas lhe deviam desculpas, já que falaram de maneira tão baixa consigo.

Maddie, de maneira atípica, bateu os punhos, cheios de braceletes de ouro, na mesa do consultório. Sam caiu em prantos. O menino chegava a soluçar. Tenho certeza de que se sentiu humilhado, mas também de que sentiu alívio por ter seu segredo revelado.

Muitos pais cometem o terrível erro de banalizar as travessuras dos meninos. Mas há travessuras e travessuras... Tudo tem limite. Meninos devem ser meninos quando isso significa brincar com sapos, erguer fortes nas árvores e, quando se trata de uma criança do jardim de infância, espalhar creme de barbear no sofá. Mas quando essas travessuras são de natureza especificamente sexual ou violenta, os pais estão errados em ignorá-las. A travessura praticada por um coração inocente é inocente. Travessuras sexuais ou que envolvam violência, acabam com a inocência que mesmo os adolescentes deveriam ter. Nossa cultura quer negar essa inocência, degradá-la e corrompê-la, a fim de comercializá-la aos mais baixos gostos, decorrentes de si mesma. No entanto, nós, como pais, se nos preocupamos com a saúde mental e física dos nossos filhos (para não mencionar seu caráter), precisamos proteger sua inocência. Você deve vigiar seu filho como uma águia. Aos olhos de um adulto, uma conversa escrita que seja baixa, impregnada de conteúdo sexual, pode parecer boba, escrita apenas para chocar — e muitos a descartam simplesmente como "coisa de menino".

O desejo apavorado que Maddie tinha de não fracassar foi superado por seu instinto maternal de proteger o filho. Se ao menos mais mães agissem sabiamente de acordo com seus instintos e atacassem os problemas dos filhos, em vez de se comportarem como tolas, quantos meninos poderiam sentir o mesmo alívio de Sam?

Guardiã da dignidade

Mães estão cientes da necessidade de preservar a dignidade dos seus filhos à medida que eles amadurecem e se tornam homens. Elas incorporam em si o orgulho que têm dos filhos e filhas já no momento em que eles nascem. Orgulham-se porque a criança lhes pertence, mas, para além dessa posse de caráter protetor, uma mãe sente orgulho do filho por ser homem. Ela se vê como aquela que deve transferir para o filho o orgulho que ela mesma tem da sua masculinidade, a fim de que, quando for mais velho, ele interiorize esse orgulho de própria masculinidade e proteja sua dignidade.

A beleza de uma mãe que se coloca como guardiã e tutora da dignidade do filho está no fato de que, agindo assim, ela transcende todos os aspectos do caráter e das capacidades dele. Aos olhos dela, a existência dele é por si só dotada de dignidade. O filho pode ter tetraplegia espástica decorrente de uma paralisia cerebral, estar preso em uma cadeira de rodas, incapaz de murmurar uma palavra, ainda assim terá dignidade e a mãe fará questão de apregoar isso ao mundo. Ele pode ser um violoncelista, um atleta profissional, um corretor de imóveis em Wall Street ou um zelador, em qualquer caso a mãe estará atenta à dignidade do filho, evidenciando-a e protegendo-a, para que seja mantida. A mãe é a fã número um do filho e exigirá que os outros o honrem, por ser um menino a caminho de se tornar um homem.

Não pretendo com isso dizer que seja menor o amor que a mãe oferta à filha. É certo que elas amam e valorizam suas filhas da mesma forma que os filhos (ao menos deveriam). Quando falo da mãe protetora da honra do filho, não excluo a mãe protetora da honra da filha. Pretendo ressaltar, apenas, que os sentimentos dessa mãe — e, por conseguinte, o seu comportamento — em relação ao filho diferem dos sentimentos que tem em relação às filhas. Filhos são diferentes de filhas. As diferenças de sexo são benéficas e importantes.

Às vezes, a diligência de uma mãe em exigir que respeitem seu filho pode passar dos limites. Tive um paciente que, do ensino fundamental ao médio, era bem pequeno para a idade. Era um menino agradável, um pouco impetuoso e que teve um bom desempenho escolar. A mãe, contudo, era extremamente sensível em relação ao tamanho do garoto. O comportamento dela dizia a qualquer pessoa que se aproximasse que era melhor *não* caçoar do seu filho. Sentia que era seu dever ensinar ao mundo todo que, apesar do tamanho, ele era másculo. Podia-se notar, perto dela e, principalmente, na companhia do filho, que a mãe parecia que se armava, antecipando um eventual insulto contra a masculinidade do garoto, uma possível afronta à dignidade à qual ele fazia jus.

Para manter os amigos e seus pais, os professores e treinadores cientes da masculinidade do filho, a mãe seguia-o por todos os lugares aos quais fosse para garantir que ninguém caçoasse dele, que todos respeitassem sua masculinidade. Ela era auxiliar da coordenação escolar ou pelo menos uma das auxiliares em todas as séries do ensino fundamental. Enquanto o garoto praticasse algum esporte a mãe ficava no campo, ao lado do time, e não junto dos pais. Jogo após jogo, ela discutia com os treinadores sobre o tempo de jogo do seu filho, que devia ser igual ao dos outros jogadores.

Para desgosto do garoto, ela o fez jogar futebol no ensino médio, mas, como ele não passou no corte de peso, teve de jogar num nível abaixo, mas a mãe não se importou nem um pouco. Quando o pobre menino era convidado para festas de aniversário, não só o levava, como também ficava para "ajudar" na festa. Curiosamente, se lá houvesse meninas, a mãe ia embora, mas ficava se houvesse só meninos.

Felizmente, aquela pobre criança começou a crescer ao completar dezesseis anos. E, quando começou a crescer, não parou mais. No final do seu primeiro ano no ensino médio, havia adquirido alguma definição muscular, um pouco de barba e já podia comprar jeans tamanho 42. Adivinhe o que aconteceu com a mãe, que, antes, andava na cola dele? Parou. Ela se sentiu justificada e orgulhosa — na cabeça daquela mãe, finalmente estava segura de que havia "transferido" perpetuamente a dignidade do filho para os ombros dele.

É claro que, apesar de todo o excesso da mãe, o menino cresceu e amadureceu; porém, ao ficar no encalço do filho, apenas reforçava que a masculinidade dele era frágil. Era a masculinidade do garoto que estava em jogo e como não era capaz de se defender, a mãe ocupava este lugar. A presença dela era um lembrete constante da sua própria inadequação entre os outros garotos. Esse era um fato com o qual ele tinha de lidar enquanto crescia.

Talvez por não serem do sexo masculino, certas mães fazem tanta questão e de modo tão feroz, de serem as guardiãs da masculinidade dos filhos. Os filhos, por sua vez, não se fiam nisso. É que, da mesma forma que um pai protege intuitivamente a filha, uma mãe preserva a dignidade do filho.

Administradora da graça

Graça é amor imerecido. Dado que, por trás de uma compleição disforme, de um QI baixo, de um temperamento grosseiro ou de uma doença crônica, uma mãe pode enxergar a alma do filho e pode identificar a beleza que há dentro dele, aquilo que lhe permite amá-lo. Ela é capaz de perdoá-lo, desculpá-lo, aceitá-lo e amá-lo quando ninguém mais for. Os olhos de uma mãe atravessam cada uma das camadas de aparente feiura que há no filho e encontra lá no fundo a parte perdida de seu eu — quando não há quem lhe ofereça a graça, a mãe o fará. Embora os pais também sejam capazes, de acordo com a minha experiência é nas mães que tal capacidade se percebe abundante; ou pelo menos são as mães que transmitem a graça com maior frequência. Creio que isso seja verdade, pois as mães não esperam tanto dos filhos quanto os pais, já que elas não competem com eles.

Todo filho precisa experimentar a graça. Não creio que nenhuma experiência humana seja capaz de mudar o caráter de um menino tão drasticamente, nem de elevar sua autoestima de modo tão objetivo. Ter ciência de que não é suficientemente bom e inteligente, de que é ruim demais para ser amado, é devastador para um menino. Contudo, a experiência de ser abraçado, de ser aceito por uma mãe muda sua vida. Quando uma mãe estende os braços a um filho que fracassou nos esportes, na escola ou no âmbito social, a um filho que não foi considerado inteligente ou mesmo "homem" o bastante ou que, simplesmente, não foi tão bom quanto poderia ser, é aí que esse filho começa a entender o que é o amor. No momento em que a mãe lhe oferece sua graça, o filho começa a entender que o bem de ser homem não se mede só pelo desempenho. Não se trata nem de sucessos nem de fracassos. Trata-se, antes, de que o filho seja capaz de aceitar o amor de outra pessoa e em seguida retribuir esse amor. O filho aprende essa lição quando, em meio a seus piores momentos, a mãe o acolhe: aprendendo a aceitar o amor quando se sente humilhado, o filho aprende, por conseguinte, a se erguer, a melhorar e a confiar em si mesmo como homem.

Conectora emocional

As mesmas qualidades que fazem com que os homens se sintam atraídos pelas mulheres muitas vezes podem se tornar, numa idade mais avançada, aquelas que eles mais odeiam. Isso também se aplica às mulheres: muitas delas são atraídas por certos homens por serem trabalhadores e mostrarem grande comprometimento com o que fazem. Mais tarde, porém, essas mesmas mulheres reclamam que seus maridos são viciados em trabalho e nunca estão por perto.

De fato, isso acontece com os homens. Estudos revelam que a maioria das mulheres fala duas vezes mais do que os homens ao longo do dia. Mulheres são expressivas e essa expressividade ajuda as mães a se tornarem conectoras emocionais dentro de uma família. Pais são bons em estabelecer regras e encontrar soluções. Mães são melhores em compreender. Em princípio, um homem se sente atraído por uma mulher por conta da expressividade dela: a mulher aponta os pontos positivos e negativos do relacionamento. Anos depois, entretanto, o homem passa a ficar mais tempo fora de casa porque a mulher fala demais.

O fato de as mulheres usarem mais palavras e serem em geral mais expressivas é muito proveitoso para os filhos. Mães ajudam os filhos a compreender os próprios sentimentos e pensamentos, ajudam-nos a se sentirem mais confortáveis consigo mesmos. Assim, os filhos estabelecem uma conexão saudável com suas mães e, principalmente, com outras pessoas. As palavras maternas ajudam os meninos a se tornarem homens melhores.

A mãe pode ensinar o filho a se sentir à vontade para expressar seus sentimentos através de palavras e a escolher a hora e o modo de verbalizar sentimentos. Pode instruir o filho sobre as meninas, pois este respeita a mãe, mesmo quando acha difícil tolerar as meninas na escola. A mãe demonstra como lidar com garotas de várias idades e lhe explica como agir diante de comportamentos femininos que, para ele, são ridículos. Além disso, lhe faz entender que as diferenças entre meninos e meninas não são boas ou más, são simplesmente aspectos espontâneos da natureza humana. Mais tarde, a mãe pode, ainda, ajudá-lo a compreender e, portanto, a aceitar mais facilmente, como as mulheres pensam e o porquê de pensarem deste ou de outro modo.

Às vezes, as mães prejudicam os filhos, explicando coisas e falando demais. As mulheres precisam entender que embora elas, como mães, sejam responsáveis por ajudar os filhos a compreender o próximo, amá-lo e conectar-se com ele, os meninos podem optar por fazer isso de maneiras diferentes. Homens adultos nem sempre se unem ao próximo através da comunicação verbal. Eles geralmente se relacionam com outras pessoas por meio da ação, que pode aplicar-se a qualquer coisa, desde atividades físicas e hobbies entre amigos até trabalho. Em vez de inteirar as pessoas sobre os seus sentimentos e emoções, homens preferem agir.

Mães precisam lembrar que seu objetivo é ajudar o filho a se sentir confortável o suficiente consigo mesmo para formar laços profundos. Devem sempre respeitar o meio que ele escolhe de fazer isso. Mães ensinam e com fervor, através da expressão verbal, mas por vezes de uma maneira excessiva — elas precisam saber que, à medida que o filho amadurece, ele aprenderá por suas próprias capacidades cognitivas, pois, conforme cresce, estas se desenvolvem e passam a ajudá-lo a pensar de forma mais pragmática, o que lhe permite captar e absorver com mais agilidade aquilo que a mãe está lhe dizendo, desde que consiga identificar o ensinamento que a mãe tenta passar.

Para além das palavras, o afeto físico da mãe permite ao filho se sentir mais confortável em ser afetuoso com o próximo. Quando a mãe se comunica abertamente com o filho, ele passa a compreender os próprios pensamentos e a apreciar os dos outros. À medida que a mãe adquire a confiança do filho, ele aprende a confiar em outras mulheres. Todos esses (e muitos outros) aspectos da feminilidade materna abrem um caminho para o filho se conectar mais profundamente com outras pessoas — homens e mulheres.

O ideal é que as mães tragam cada uma dessas qualidades para os filhos, amando-os com devoção, protegendo-os até a morte, preservando-lhes a dignidade, distribuindo-lhes graça quando necessário e preparando o terreno para que, no futuro, eles possam semear relacionamentos saudáveis.

Quando o amor erra o alvo

A verdade é que, às vezes, o amor materno erra o alvo. Frequentemente, as mães se cansam, deixam-se levar e acabam cometendo erros. Gritam quando querem pedir desculpa. Sentem-se culpadas por terem de trabalhar em vez de ficar em casa com as crianças. Preocupam-se com cada coisinha que possa vir a dar errado.

Há, no entanto, uma maneira bem simples de aliviar um pouco a pressão: permitir que você e seu filho tenham mais tempo para relaxar. Uma das coisas mais importantes na educação dos filhos consiste em estarmos disponíveis para eles, dispostos a dividir os aspectos mais triviais da vida.

Mães que passam muito tempo com outras mães geralmente acabam comparando as notas dos filhos e depois sentem que estão fazendo muito pouco por eles. Acontece que maternidade não é competição, é um estado de ser. Mães pós-modernas do século XXI têm uma série de motivos para ficar ansiosas.

A pressão exercida pelos pares, isto é, pelas outras mães, encabeça a lista. Tal pressão influencia de tal modo a vida de uma mãe que acaba alterando drasticamente a forma como ela cria o filho. Na maioria das vezes essa pressão resulta num efeito muito negativo sobre os filhos, pois raramente faz as mães tomarem decisões mais acertadas sobre as suas vidas. Isso acaba se voltando contra os próprios instintos maternos, o que também é prejudicial aos meninos.

Sem cessar, mães relatam suas preocupações com a pressão exercida por outras mães e em como isso resvala na vida dos filhos. A verdade é que essa pressão, exercida pelos colegas dos pais, afeta os meninos mais do que a pressão dos seus próprios colegas. Não raro, a mãe é mais influenciada pela pressão de outras mães, por uma razão bem simples: a maioria das mulheres passa mais tempo com outras mães do que os pais com outros pais.

Pense no número de atividades que os meninos têm a cumprir. Por que Joãozinho toma aulas de piano, futebol e basquete? Não é muita coisa? Mas as mães dos seus amiguinhos têm os filhos matriculados em duas ou três atividades extracurriculares. Mães querem que seus filhos sejam parecidos com outros meninos para que sejam aceitos entre os colegas. É um desejo saudável. Porém, se a mãe matricula Joãozinho em aulas de piano, futebol e basquete ao mesmo tempo, só porque outras mães têm os filhos matriculados em duas ou três atividades extracurriculares, logo deixa de ser. O problema é que a prática de duas ou três atividades recorrentes pode estressar certos meninos de maneira indevida. Sabemos que filhos que mantêm relacionamentos saudáveis com os pais têm uma vida muito melhor. Seus filhos não precisam de mais atividades que os separem de você, eles precisam de mais tempo *com você*. E adivinha só? Uma noite que você passa em casa, lendo com seus filhos, é uma noite muito menos estressante *para você e para eles* do que uma noite frenética, na qual você tenha de levá-los aqui e acolá, no esporte A, no recital B. Uma noite conturbada como essa encurta o tempo que um filho passa com pai e mãe e já sabemos que os filhos que mantêm relacionamentos saudáveis com os pais se saem muito melhor. Ainda assim, nós os matriculamos nessas atividades.

Os Estados Unidos são o país mais rico do planeta, mas ali as prescrições de antidepressivos e ansiolíticos dispararam nos últimos cinco anos. Por quê? Porque mães e pais ficam estressados com as exigências que têm de suportar — demandas do trabalho, da família e sobretudo a de se manterem no mesmo nível do vizinho. Muitas dessas demandas advêm de tentarmos chegar ao trabalho a tempo, ganhar dinheiro suficiente para comprar sapatos novos, pagar as aulas dos nossos filhos para que eles se equiparem aos outros meninos. Mas você não precisa se manter no nível da família vizinha. Você só precisa ter um teto sob o qual possa educar seus filhos de modo saudável, física e mentalmente. Melhor seria fazer caminhadas em família, em vez de trabalhar *mais* para ganhar *mais* e poder matricular seus filhos em *mais* atividades.

A pressão dos pares perpetua na mãe uma outra pressão que ela já tem em si: a de ser e fazer tudo pelo filho para que ele cresça e seja feliz. Acontece que muitas vezes — na maioria das vezes, na verdade — um filho não consegue ser feliz dentro de um lar onde há tanta pressão, tanto estresse, só porque a mãe dele sente a obrigação de ter "um bom desempenho" ou pelo menos um desempenho melhor do que o dos amigos dela e de quem quer que esteja ao redor.

Quando Caroline veio ao meu consultório com seus dois meninos de seis meses, eu sabia que a consulta seria longa: sua mãe também tinha vindo. Entrei para ver os gêmeos, Caleb e Connor — os dois estavam sentados sobre uma manta estendida no chão, no meio da sala. Caroline parecia cansada, os ombros caídos. Quando ela se inclinou para dar cereal a Caleb, percebi que os ombros dela estavam meio desalinhados. Era nítido que Caroline se vestira com especial asseio para a consulta, por isso a maquiagem carregada, como se quisesse disfarçar o cansaço. Ao redor dos olhos, corretivo. Nos lábios, um batom claro alaranjado. Enquanto conversávamos, notei que só o lado direito da boca dela se mexia e que tanto a pálpebra esquerda como o lado esquerdo da boca estavam caídos. Sua voz falhava e, tentando esconder isso, ela forçava a garganta e tossia. Caroline queria mostrar a mim e à mãe que estava ótima, melhor do que nunca. Mas reconheci os sintomas: aquela mãe tinha desenvolvido a paralisia de Bell.

Quando fiz perguntas pertinentes sobre o desenvolvimento dos meninos — hábitos alimentares, padrões de sono — suas respostas até que foram animadoras, mas sempre curtas. Quando fui colocar os gêmeos sobre a mesa clínica, ela rapidamente se levantou para ajudar. Enquanto examinava Caleb, ela brincava com Connor, ao mesmo tempo que consolava o irmão. Quando chegou a vez de examinar o outro, ela continuou a se concentrar nos dois simultaneamente.

Com toda a calma, a avó dos gêmeos sentou-se na cadeira de plástico, ao lado da mãe. Desde o momento em que entrei na sala senti que a avó estava doida para falar e, quando percebeu que a consulta estava chegando ao fim, deixou escapar:

— Dra. Meeker, estou *muito* preocupada com Caroline.

— Mãe, pare! Por favor, não comece — interrompeu a filha.

— Não paro, não. Isso é importante: a gente precisa da opinião dela — insistiu a avó. Caroline obedeceu.

— Quais são suas preocupações? — perguntei à avó, olhando bem para ela.

— Dra. Meeker, estou preocupada com a saúde da Caroline. Provavelmente, a doutora já percebeu que a minha filha desenvolveu a paralisia de Bell. O médico lhe deu algum corticoide para combater a doença e Caroline chora muito. Ele disse também que ela está deprimida, por isso deu-lhe mais outro remédio, que ela começou a tomar faz alguns meses, mas para mim é difícil dizer se está fazendo efeito ou não porque ela vive exausta. Como a doutora pode perceber, ela mal dorme. A cada duas horas, um dos meninos acorda querendo mamar. E como ela insiste que é *ela* que tem que amamentar os bebês, nem me deixa ajudar. No fim das contas, ela não me permite dar mamadeira aos meninos e nem consegue alimentar os dois ao mesmo tempo. Além disso, ela deixa os dois comerem na hora que eles querem.

Dito isso, a mãe de Caroline fez uma longa pausa e foi o suficiente para Caroline começar:

— Mãe, a senhora não entende nem quer entender. As coisas hoje em dia mudaram. O leite materno é o melhor para a criança e os meus filhos precisam dele e tudo o que leio sobre amamentação diz que eles devem comer na hora que quiserem. Na época da senhora era diferente, eu não fui alimentada assim.

Embora Caroline não medisse esforços para tentar mostrar que estava certa, por trás de suas palavras eu pude entrever que, no fundo, ela queria ser convencida do contrário. Então eu disse:

— Espere um minuto. Deixe-me ver se entendi, Caroline. Você amamenta os seus filhos sempre que eles querem, está tomando corticoide, porque metade do seu rosto já perdeu o movimento e está sofrendo de depressão, contra a qual você toma remédios todos os dias. É isso, não é?

— Sim. É isso.

— Posso ver que você se sente confusa, exausta e cheia de culpa. É assim que qualquer mãe normal na sua situação se sentiria.

Fiquei esperando sua reação:

— Sim — assentiu ela, não sem certa relutância. E lhe perguntei:

— Do que você acha que os meninos precisam mais: de uma *mãe* feliz ou do leite dessa mãe?

Ela pareceu surpresa com a pergunta:

— Do leite. Porque estimula o sistema imunológico, previne de infecções... Existem anticorpos no leite materno que eles não podem obter de outra fonte. E amamentar meus filhos me ajuda a me relacionar melhor com eles. Eu li que o leite materno satisfaz um bebê até emocionalmente. Como é que vou deixar de dar isso aos meus filhos?

Como toda mãe entusiasmada e amorosa, Caroline vasculhou a internet em busca de informações sobre amamentação, e encontrou um mar delas. A maior parte do que ela havia lido estava correta. Muita coisa, porém, era falsa. Só que o mais importante ela havia perdido completamente: o equilíbrio.

Seus instintos lhe diziam que ela precisava dormir mais, os medicamentos (que sem dúvida estariam presentes no leite) não eram bons para os bebês e os quatro (ela raramente considerava a opinião do marido) seriam mais saudáveis e mais felizes se ela parasse de amamentar.

Então por que ela não parou? Pressão dos pares. A maioria das mães sente uma pressão extraordinária de amigos, médicos e livros sobre bebês para amamentar o maior tempo possível. Digo de antemão: eu mesma defendo isso, mas também que se tenha bom senso e uma intuição materna mais aguçada.

Depois de uma longa conversa, tentei convencê-la de que os meninos precisavam mais de uma mãe com menos privações de sono do que de leite materno e então a encorajei a desmamar os meninos e lhes dar leite na mamadeira, permitindo que outra pessoa a ajudasse (Deus que me perdoe, mas talvez só enquanto os alimenta, o pai tenha um pouco de tempo para criar intimidade com os filhos). Além disso, também a incentivei que dormisse mais.

Ela fez que não com a cabeça. Expliquei a gravidade da depressão pós-parto e o papel que a oxitocina elevada, associada à amamentação, desempenhava na depressão. Discuti o potencial impacto da depressão sobre os meninos.

Caroline teimou que não; e, sem palavras, me fez ver que sacrificaria qualquer coisa, inclusive sua saúde (e, ironicamente, a saúde e a felicidade da sua família), em prol dos meninos. Desistir de amamentá-los não era uma opção. Mães são muito competitivas e senti que parte daquela mãe queria ser uma supermãe. Suas amigas amamentavam apenas uma criança de cada vez. Ela poderia amamentar duas. A mãe de Caroline me implorou para convencer a filha a mostrar algum bom senso.

Percebendo que não estava progredindo, disse, finalmente:

— Deixe-me dizer uma coisinha: se os seus filhos fossem os meus, eu não gostaria que eles tivessem corticoides, tampouco antidepressivos no seus corpinhos por tanto tempo.

Ela olhou para mim. Os lábios, pressionados um contra o outro, depois relaxaram. Os ombros se endireitaram. E, olhando para a mãe, disse:

— Tudo bem. Vou desmamar os meninos um pouco.

Às vezes, mães de meninos ficam loucas. Acontece. A gente acaba ficando doida mesmo. No afã de tornar os filhos psicologicamente saudáveis, fisicamente fortes e de os colocarmos no caminho do desenvolvimento (na verdade, queremos apressá-los nesse caminho), deixamos de lado o bom senso; passamos a crer, frequentemente de forma errada, que os outros conhecem um jeito melhor de ser pai do que nós e então nos pautamos pelo "líder", pelo "campeão" do nosso grupo de amigos. Sucumbimos à pressão dos pares. Devo acrescentar que pais e mães de adolescentes são os piores em cair nessa farsa.

A bem da verdade, a sua intuição de mãe é melhor do que as comparações que você venha a fazer com outras mães. Toda mãe deve parar para analisar por que está fazendo o que faz. Por que ela acha que o filho faz o que faz? Se, com honestidade, ela reconhecer que seus motivos derivam da pressão dos pares, que a move no sentido de querer manter o filho à frente dos outros, deve resistir. Filhos precisam de lares livres de estresse, pois isso determinará o modo como eles vão se comportar na escola bem mais do que o comportamento dos seus amigos.

Além disso, uma lição que todos devemos aprender é: enquanto as mães querem sempre mais para os filhos, a verdade é que os filhos precisam de menos. Meninos precisam menos de brinquedos e roupas; e mais de pai e mãe; precisam de menos tempo em grandes eventos e de mais tempo entediados — sim, entediados —, para que *eles mesmos* possam usar a imaginação e a criatividade, descobrindo por si só o que fazer. Jovens precisam de menos tempo diante de uma tela, imersos numa vida virtual e de mais tempo cara a cara com as pessoas, na vida real. Menos televisão, videogame, roupas, contas de telefone, eventos esportivos e atividades extracurriculares significam menos estresse para as mães e mais tempo para os meninos descobrirem quem são e o que querem da vida.

Todas essas coisas — eletrônicos, roupas, eventos esportivos etc. — entram na vida de um menino, porque seus pais se deixam levar pelo modo de vida dos vizinhos, entregando-se a um tipo de vida que eles veem à sua volta e deixando de viver a vida que deveriam viver.

Conflito materno: emaranhamento

Quando um filho entra na vida de uma mãe, muitos sentimentos que remetem à infância dessa mãe são evocados. Enquanto ela envolve o seu novo filho, apertando-o contra o peito, ele se torna um propulsor para uma eclosão de sentimentos que, durante os anos últimos anos, talvez tenham sido reprimidos. A mãe não tem culpa. Essa reação é normal e muitas vezes saudável.

A verdade é que, não raro, tais sentimentos são calorosos e agradáveis: são o reviver de sensações de confiança, afeto e conforto. Outras vezes, acontece de serem também, é claro, dolorosas sensações de abandono, medo e perplexidade. Tamanha é a profusão de sentimentos, que muitas mães experimentam que eles chegam a parecer assustadores e desconcertantes.

Bruno Bettelheim afirma que, se uma mãe teve uma infância infeliz, pode observar a felicidade do filho e não corresponder a ela.[1] A sua felicidade a deixa desconfortável, desse modo, em vez de se alegrar com o filho, a mãe passa a se afastar dele e a ser indiferente. Coisa análoga ocorre quando o amigo introvertido se irrita com o amigo expansivo.

---

1 Bettelheim, Bruno. *A Good Enough Parent*. Londres: Thames, 1987, p. 294

Mães revivem suas infâncias através dos filhos experimentam outra vez sensações de confiança, abandono, afeto e conforto.

No entanto, um filho também pode desencadear uma dor profunda em muitas mulheres. Mães que sofreram abuso sexual nas mãos de homens (principalmente nas do pai da criança) enfrentam sérios desafios no relacionamento com o filho. Não é incomum que o nascimento de um filho desencadeie na mãe emoções reprimidas, oriundas de abusos já sofridos, juntamente com um medo e uma ansiedade concomitantes.

Se a mãe teve um bom relacionamento com o próprio pai (e tem um bom relacionamento com o pai do seu filho), são maiores as chances de que ela nutra bons sentimentos em relação ao filho. Se, por outro lado o relacionamento com o seu pai foi conturbado ou se ela é mãe divorciada ou solteira, caso essa mãe não consiga reconhecer o que se passa emocionalmente com ela mesma, acabará transferindo os sentimentos ruins, fruto das más experiências que teve, para o filho e, por conseguinte, seu relacionamento com ele se tornará terrivelmente complicado.

Os sentimentos que as mães nutrem em relação aos filhos podem se emaranhar quando experiências conflitantes, que elas tiveram com outros homens ou talvez com outras crianças, acabam se sobrepondo. O objetivo de uma mãe deve ser sempre manter seus sentimentos em relação ao filho tão íntegros e puros quanto possível. A mãe deve sentir afeição pelo filho e não confundir essa afeição com os sentimentos que nutre em relação a outra pessoa. A mãe deve amar o filho como o ser masculino que ele é e nunca permitir que o amor de outro homem se sobreponha. Qualquer decepção que a mãe possa vir a ter com o filho deve resultar do que o próprio filho tenha feito e não daquilo que outros homens fizeram com ela no passado.

Pela minha experiência, quando uma mãe não é emocionalmente capaz de separar más experiências pretéritas com outros homens do relacionamento que tem com o filho no presente, quatro padrões surgem desse amor materno:

emaranhamento, estranhamento, superdependência e indisponibilidade. Seja divorciada ou solteira, quando se encontra sob essa circunstância uma mãe se torna especialmente vulnerável a um desses padrões.

O emaranhamento entre mãe e filho ocorre quando esta não consegue identificar em que ponto cessam seus próprios interesses e em que ponto começam os do menino. Nesse caso, a mãe sente as emoções do filho. E, do mesmo modo, muitas vezes o filho sente as emoções da mãe. Assim, como sente que está vivendo a vida do filho, a mãe é forçada a consertar não a sua própria, mas a dele. Ela assume as dores do filho como sendo as suas. A ansiedade do filho passa a ser a ansiedade da mãe. Sendo incapaz de "desvelar" o seu próprio eu emocional do eu do menino, ela passa a sentir na própria pele os problemas dele, fazendo tudo o que estiver ao seu alcance para corrigi-los.

Mães que julgam sem sentido a vida que vivem são propensas a sofrer esse emaranhamento, pois precisam se apegar a alguém que dê esse sentido à vida dela. Os sentimentos, as necessidades e os desejos do filho fundem-se na mãe para que assim, quem sabe, ela consiga alcançar um nível mais substancial de satisfação.

O problema é que ela nunca consegue alcançar essa satisfação. O filho não dá o bastante e não é suficiente. Ela não pode moldar a vida do menino, tampouco fazê-lo viver somente de acordo com seus gostos. É aí que o filho passa a se tornar uma constante decepção. Além disso, ele sente esse envolvimento emocional e isso o deixa naturalmente desconfortável. Na narrativa de *The Great Divorce*, de Ilyon Woo, a mãe de Elisha é forçada a deixá-lo. Tanto ela havia atrelado a sua vida à do filho, como um parasita ao hospedeiro, que, quando chega a hora da separação, a mulher grita de angústia. E não consegue se desprender dele. Conforme o filho se afasta, a carne da mãe como que se abre em grande chaga. Os dedos dela arranham as costas dele. A mãe sente, quase que literalmente, a sua pessoa se dividir em duas, por isso grita. Devem ter muita cautela as mães que se sentem ocas, inseguras, ou que lutam com o desejo de preencher um vazio profundo em suas vidas. O vazio pode ser preenchido e a saudade satisfeita, mas nunca através de um filho.

Estranhamento

Embora o estranhamento seja a contraparte do emaranhamento, muitas vezes é o resultado das mesmas causas: ter-se divorciado, ser mãe solteira ou ter histórico de abuso sexual. Nesses casos, a mãe se sente afastada do filho pelo simples fato de ele ser homem. Brincadeiras normais e típicas de um menino podem soar como maldade. Quando o filho quiser seu carinho, ela pode afastá-lo, a fim de evitar que se torne um "maricas". Já adolescente, ela pode repreendê-lo constantemente por um comportamento que a recorda de um ex-marido ou de um pai aproveitador.

Existem maneiras mais sutis, por meio das quais uma mãe pode minar o próprio filho. Dando mais atenção a mulheres — suas amigas, sua filha, sua mãe — e ignorando, com a maior naturalidade, as necessidades dele. Verbalizando afeto por uma filha e raramente por ele. Lançando mão de sarcasmo para brincar com seus defeitos, relacionando-os aos do pai quando mais novo. Quando um menino percebe que está sendo rejeitado por ser homem, ele se afasta e sua mãe, por sua vez, se afasta ainda mais.

Mães que tiveram experiências ruins com homens precisam superá-las e aceitar que seu filho é um ser único, não um representante dos homens que a machucaram.

Mães divorciadas — especialmente aquelas que passaram por um divórcio muito contencioso — devem ter muita cautela. Quando há dissensão entre mãe e pai, muitas vezes ela pode, involuntariamente, descontar no filho o peso do conflito. Muitos filhos, após o divórcio dos pais, acabam em meio a um fogo cruzado. Ao abordarmos o divórcio, cabe aqui outro alerta: com bastante frequência, filhos se tornam superprotetores em relação à mãe, após o divórcio — um filho mais velho, por exemplo, pode sentir-se compelido a se tornar o "homem da casa". Porém, embora a intenção seja boa, ele ainda é um menino e não deve ser obrigado a assumir nenhum encargo, nem mental nem emocional, para o qual ainda não está preparado.

O divórcio é uma tragédia que afeta muito um menino, tanto quanto uma mãe e um pai. Meninos que antes se comportavam de maneira adequada podem, após o divórcio, passar a se comportar de maneira bastante inapropriada, de uma hora para a outra. O melhor presente que se pode dar a uma criança é um lar estável e amoroso, com uma mãe e um pai. Se você tem esse presente para dar, preserve-o.

Superdependência: o filhinho da mamãe

Há uma diferença brutal entre uma conexão emocional saudável e um filho que, extremamente dependente da mãe, transforma-se no protótipo do "filhinho da mamãe" — um modelo da superdependência materna. Infelizmente, muitas mulheres interpretam isso como um estado de conexão emocional com os filhos e acabam afastando-os muito cedo. Há uma diferença bastante significativa entre dependência excessiva e conexão saudável.

A maioria dos meninos recém-nascidos se apega às mães. É claro que, nessa primeira infância, ele vai querer se apegar a ela e na maioria das vezes se apegar fisicamente. Quando crescer mais um pouco, vai começar a se soltar mais, buscando engatinhar, mas sempre correndo de volta para a mãe. Em idade escolar, imitará o modo de andar de uma criança, soltando-se da mãe, mas sempre voltará num movimento de reconexão. A diferença é que, agora, aumentam tanto a distância da mãe como o período sem a segurança que ela oferece. Enquanto crescem, os meninos valorizam muito essa sua crescente independência.

A dependência excessiva surge quando a mãe comunica de modo insistente ao filho que ele precisa dela; e que é ela quem deve vesti-lo, alimentá-lo, levá-lo aonde for, ajudá-lo com a lição de casa, ajudá-lo em todos os sentidos e ninguém pode fazer isso em vez dela. Agir assim é particularmente prejudicial, pois faz que o filho entenda que o pai não tem papel significativo em atender às suas necessidades, o que é terrivelmente doloroso para um pai. Quando a mãe insiste que só ela pode ensinar o dever de casa, a lição que o menino aprende é outra: a de que, sozinho, ele não terá sucesso. É verdade que a maior parte do que uma mãe carente comunica ao filho é sutil demais para captar; tudo o que ele sabe é que parece uma coisa muito ruim.

Uma mãe que teve um relacionamento ruim com o próprio pai ou que passou por um divórcio difícil é muito suscetível a incorporar esse comportamento. Estar atenta a essa suscetibilidade é precaver-se dela. Por sentir-se ferida pelos homens, essa mãe vivencia uma queda considerável em sua autoestima, e pretende compensar essa baixa, sendo tremendamente importante na vida do filho. Quando vê que o filho (um homem) precisa dela, sente que essa necessidade (que o filho tem dela e só dela) é um grande trunfo, com o qual prova a si mesma sua capacidade de se relacionar de forma não hostil com um homem. Lamentavelmente, a dependência excessiva prejudica o desenvolvimento emocional de um menino.

Indisponibilidade

Quando as mães entraram no mercado de trabalho com renovado vigor durante a última metade do século XX, muitas delas foram acusadas de terem abandonado suas famílias. Numerosas pesquisas foram feitas sobre os efeitos da creche na vida das crianças e da ausência materna no seu desenvolvimento psicológico.

Mulheres, tanto as que trabalhavam (sem receber um centavo) em casa, educando seus filhos, como as que trabalhavam fora de casa, por todos os lados sentiam-se pressionadas: as que ficavam em casa para educar os filhos sofriam com sentimentos de inadequação, baixa autoestima e ansiedade, pois não geravam renda para a família; em contrapartida, as que trabalhavam fora conviviam com a culpa e a tristeza por estarem longe dos filhos. A minha geração é feita de mulheres que decidiram, com uma ferocidade nunca vista, mudar o mundo das finanças, o do direito, o da medicina e qualquer outro local de trabalho dominado por homens — era nestes espaços que queríamos entrar. Já estávamos cansadas da limitação das nossas escolhas, do desrespeito contra nós e, muitas vezes, simplesmente entediadas com a tarefa tão trivial de manter nossas casas em ordem e nossos filhos bem cuidados.

Mães sempre podem encontrar estudos e livros que servirão de apoio e incentivo para pautar o estilo de vida que escolherem, seja qual for. No que diz respeito à maternidade, não há pesquisas ou conselhos absolutos. É por isso que lido com o tema livremente. Minha crença é a de que se nós, mães, formos firmes o bastante, a ponto de sermos honestas conosco, saberemos do que nossos filhos precisam. Já estamos cientes de que, no momento em que nascem, nossos filhos precisam formar fortes vínculos emocionais com a mãe ou o pai, a fim de adquirir a confiança de que serão cuidados e de que cuidar deles é algo que vale a pena.

Muitos argumentam — e algumas pesquisas até mostram — que, enquanto um adulto fornecer com firmeza as necessidades básicas de um menino durante seus primeiros dois anos de vida, ele se manterá psicologicamente bem. O problema é que, com a maioria das mães, as coisas não são bem assim, sabemos disso melhor do que ninguém, embora tenhamos convicção de que nosso filho precisa de um vínculo forte conosco e nós, com ele.

Meninos necessitam formar laços emocionais com suas mães ao longo do tempo e de maneira consistente. Sabemos que meninos que não conseguem formar esses vínculos nos primeiros dois anos de vida acabarão sofrendo com problemas afetivos por muitos anos, sob o risco de nunca serem capazes de formar vínculos saudáveis com outras pessoas. Meninos não conseguem formar laços ou aprender a confiar no próximo se sua mãe (ou uma figura materna consistente) não estiver disponível para ele e nem transmitir-lhe confiança.

Observemos a saúde psicológica de meninos que viviam nos orfanatos da antiga União Soviética. Muitos deles foram adotados por famílias americanas, mudaram-se para os Estados Unidos e muitos — os mais velhos, em particular — demonstravam sérios distúrbios afetivos, o que deixava seus pais adotivos assustados e apreensivos: enquanto agiam de forma serena, gentil e doce por fora, eram praticamente ocos por dentro. Muitos estavam tão destruídos emocionalmente, que os únicos sentimentos que nutriam com certo conforto eram a raiva e a animosidade. As circunstâncias pelas quais eles haviam passado durante os anos de infância justificam a naturalidade com que nutriam tais sentimentos negativos.

Quando Andrew, meu paciente, nasceu na Ucrânia, sua mãe era muito pobre e o entregou a um orfanato. Lá o menino ganhou um bercinho e era alimentado constantemente, durante o dia, mas só saía do berço uma ou duas vezes por semana para ficar no colo de alguma cuidadora, segundo disseram a sua mãe adotiva. Foi só aos dois anos que Andrew andou, pois antes disso não teve a oportunidade de sair do berço.

Em suma, ele experimentou uma profunda sensação de abandono. E passar por isso, creio eu, é a experiência humana mais dolorosa que existe. Andrew foi privado de toque, afeto, contato visual e amor; mas recebeu os valores calóricos mínimos e necessários para sobreviver. Ele experimentou um profundo vazio, pois ninguém estava disponível, nem fisicamente, nem psicologicamente, nem mentalmente. Para mim, já nesses primeiros meses de vida a criança é capaz de entender, em alguma medida, seu próprio valor. Se suas necessidades são atendidas por outra pessoa, ela se sente valorizada; caso contrário, em sua essência, ela se sente dispensável.

Andrew não tinha ninguém à sua disposição. Ele se tornou invisível, provavelmente até para si mesmo. Sem segurança emocional, não conseguia sorrir, tampouco dar uma risada. Conforme ia crescendo, não era capaz de demonstrar ou sentir nenhum afeto, pois nenhum afeto lhe havia sido oferecido quando era mais novo. Então ele se privou de receber qualquer afeto de outra pessoa (até porque provavelmente nunca lhe tenham oferecido), pois sentir qualquer afeto, qualquer carinho, o faria lembrar do afeto que ele não recebeu.

Reconhecia-se seguro ao sentir raiva e hostilidade, dado que esses sentimentos não pressupõem uma sensação prévia nem de segurança, nem de apreço; em vez disso, oferecem uma sensação de controle, um ímpeto de "se vingar" — a raiva é uma maneira segura de liberar a tristeza, a solidão ou a dor.

Como Andrew não tinha uma mãe para lhe dar contato físico e emocional nos seis primeiros anos de sua vida, ele se fechou numa redoma de vidro emocional — dentro dela, se achava seguro. E por estar lá desde tão tenra idade e de um ponto tão crucial no desenvolvimento da sua confiança, sua mãe adotiva perguntou a si mesma se ele poderia ser liberto daquela redoma. Até o melhor psiquiatra infantil da região fez a si mesmo essa pergunta. No quarto ano, Andrew se tornou fisicamente violento: bateu em outro garoto com tanta força que lhe quebrou uma perna; no sétimo ano, seus pais temiam seriamente que ele pudesse machucar os irmãos — ou mesmo os próprios pais — enquanto dormiam à noite.

A sua educação demonstra o dano extremo causado a um menino quando um dos pais não está à sua disposição. Porém, à nossa volta — nas nossas escolas, equipes esportivas e creches —, há meninos que sofrem de problemas afetivos, bem como de problemas de desenvolvimento emocional, porque tiveram mães que, física ou emocionalmente, não estiveram disponíveis para eles.

Mães alcoólatras, por exemplo, tornam-se emocionalmente indisponíveis para seus filhos; mães workaholics ou que saem para se divertir compulsivamente, a mesma coisa; mães que sofrem de depressão, transtorno obsessivo-compulsivo, transtorno de déficit de atenção e estresse excessivo — também estas às vezes ficam, física e emocionalmente, indisponíveis para seus filhos. Conclusão: muitas de nós não estamos disponíveis para nossos filhos em vários momentos da vida deles.

Toda mãe deve examinar a própria vida, fazer um inventário de toda a energia gasta no trabalho e na maternidade; e então perguntar a si mesma de que modo, como mãe, ela pode fazer-se mais presente na vida do filho. Isso não é nada fácil, pois a cada instante mães lutam com problemas diferentes. Mas educar filhos virtuosos exige que façamos um inventário das nossas forças, pois os meninos precisam de tempo, atenção e afeto maternos.

Há uma boa razão pela qual muitos homens adultos não confiam nas mulheres: agem assim porque nunca experimentaram um vínculo saudável com suas mães. Se um menino cresce com uma mãe alcoólatra, viciada em trabalho ou ausente, logo aprende a se afastar das mulheres. Contudo, a dor não cessa com esse afastamento. Ele se afasta para se proteger de mais ofensas e, então, inconscientemente conclui que a mãe não está disponível para porque ele não vale nem seu tempo nem seu carinho. Por fim, sendo ele tão pouco valorizado por sua mãe, menos ainda há de ser, pensa, por outras mulheres que não têm obrigação nenhuma de amá-lo. Em última análise, sua afeição e respeito por si mesmo se desfazem e ele se sente bastante solitário.

Investir energia física e emocional em um filho é algo crucial. Quando uma mãe opta por ficar longe do filho, não importa qual seja o motivo, o impacto no filho é maior do que imagina. Às vezes, as mães não conseguem evitar a separação. Meu propósito ao lembrar isso não é fazer com que se sintam culpadas — eu mesma sou mãe e trabalho —, mas simplesmente afirmar um fato: ser abençoada com filhos é ser chamada a uma grande responsabilidade. Cada uma das escolhas que fazemos como mães repercute na vida dos nossos filhos de forma mais abrangente do que imaginamos.

As escolhas, os gostos, as crenças da mãe de um menino moldam seu caráter. A mãe é uma presença poderosa na vida dos seus filhos. Saber disso não deve nos assustar, pelo contrário: deve nos motivar. Para serem homens melhores, meninos precisam muito de suas mães. E qualquer mãe que siga seus instintos maternos, examine suas próprias motivações e faça o melhor que puder será uma boa mãe: um garoto não precisa de perfeição; ele só precisa que você se faça presente na vida dele.

Jimmy O'Donnell era um menino malvado. Aos dez anos o garoto já havia, sozinho, botado medo em todos os colegas da rua. As garotas? Todas se esquivavam — bastava que lhe dessem uma breve mirada e saberiam de pronto que Jimmy O. era sinônimo de confusão.

Até a mãe de Jimmy o temia. Ela nunca admitiu, mas isso ficou claro para os professores, o diretor da escola e outros pais da vizinhança. Ela o evitava. Como um dono de cachorro irresponsável, o enxotava para fora de casa, preferia mesmo que ele vadiasse pelas ruas.

Mike, Bobby e Evan, de sete anos, moravam na rua de Jimmy. Quando o garoto se aproximava em seu patinete ou eles se acovardavam e fugiam ou, caso estivessem bem entrosados para bancarem os valentões naquele dia, permaneciam no quintal e resistiam às provocações.

Num desses dias, Jimmy cometeu um erro enorme: subiu no patinete e saiu para botar medo nos garotos.

— Mike, Bobby! — ainda no patinete, ele gritou para os dois. — Ei, venham aqui, seus filhinhos da mamãe! Seus come-bosta!

Os dois meninos congelaram. Já não eram mais um trio: agora eram apenas uma dupla. Apreensivos, um olhava para o outro, sabendo que precisavam decidir o que fazer o mais rápido possível. Correr? Olhar para a frente e arriscar manter contato visual com Jimmy? Talvez, se o fizessem, o dia deles estaria arruinado; ao menos era isso o que pensavam.

— O que você quer, Jimmy? — desembuchou Mike. Bobby estava atordoado, seu rosto moreno de repente corou e logo começou a sentir náuseas.

— Qual é o problema, Mike? — retorquiu Jimmy O. — Você está louco ou coisa do tipo?

— Vamos sair daqui! — Bobby deixou escapar.

Mike então meteu os punhos nos bolsos da calça e começou a encarar Jimmy:

— Não estou, não. Você não me assusta, Jimmy O'Donnell.

O menino saltou do patinete e o lançou no gramado recém-cortado de Mike. Jimmy tinha um cabelo aveludado, como se tivesse sido aparado há poucos dias e Mike viu seu couro cabeludo róseo sob os fios aparados. Havia rumores que Jimmy se barbeava. Contavam que, aos dez anos de idade, a barba dele já crescia e isso fazia com que cada passo de Jimmy na direção de Mike despertasse mais e mais medo no menino de sete anos. Jimmy bradou:

— O que foi que você disse, seu mané? Será que eu ouvi direito?

— Ouviu, sim, Jimmy: eu disse — respondeu Mike. Depois, esticou o pescoço, jogou os ombros ossudos para trás; sem camisa, o corpo esquelético parecia prestes a quebrar que nem um osso de galinha. Bobby, ao lado dele, vestia uma camisa xadrez de manga curta, abotoada até o pescoço. O coitado ainda estava atônito.

— Já estou cansado de você ficar pegando no pé de todo mundo, Jimmy. Eu e Bobby, aqui, queremos que você caia fora... e já!

Ao ouvir esse comando, Jimmy disparou na direção de Bobby, perseguindo-o como um galo atrás de um pintinho: os braços magros de Bobby se agitavam enquanto ele corria e gritava, Jimmy o alcançava sem dificuldades.

— Pare com isso, Jimmy — exigiu Mike. — Por que você não vai atrás de alguém da sua idade?

De repente, Jimmy virou-se para Mike, os cantos da boca espumando de saliva, gotas de suor brotando no couro cabeludo e rolando, em meio a todo aquele agito.

— Você vai se arrepender de ter dito isso. Venha aqui, seu fracote!

Mike correu para fora do seu quintal e entrou no dos McNally, que era ao lado; Jimmy o seguiu. Sem pensar, Mike agarrou um galho do carvalho do sr. McNally e foi subindo apressadamente, em direção ao céu; a pulsação forte, o coração na mão, agora ele sentia o suor escorrer pelas costas despidas, quando chegou a uns galhos mais finos, que não aguentavam seu corpo de vinte quilos, Mike parou e sentiu vergonha de estar com o coração tão acelerado e a respiração tão ofegante.

De repente, Bobby pulou na árvore e subiu até Mike. Ali, ficaram sentados como gatos assustados, enquanto Jimmy rosnava lá embaixo. Mike olhou para baixo e viu Jimmy, de sentinela ao pé da árvore.

Mal sabiam eles que, naquele exato momento, a mãe de Mike via tudo através da janela da cozinha. Ela procurou os meninos por todo o quintal e, como não conseguia achá-los, abriu a porta dos fundos para dar uma olhada melhor: e viu Jimmy, parado na frente do carvalho dos McNally, com os braços cruzados e um sorriso malicioso no rosto.

Ela ficou observando para ver o que os dois fariam. Notou que Jimmy olhou para cima e começou a gritar alguma coisa para os meninos; depois, ele se voltava e ria. "Chega!", pensou ela.

Bateu com força a porta dos fundos e caminhou até a árvore, o olhar fixo no rosto de Jimmy O'Donnell. Mary não era uma mulher grande, mas uma coisa era certa: maior e mais forte do que Jimmy ela era e, além disso, uma mãe muito, mas muito zangada.

Jimmy nem sonhou em vê-la chegando, tão absorto estava na sua alegria. Quando ela o alcançou, Mary agarrou o garoto pelos ombros e, girando-o para ela, vociferou:

— Quem você pensa que é, Jimmy O'Donnell? Você acha que pode vir e intimidar crianças mais novas sempre que quiser? Já chega: acabou a farra! Você não vai mais assustar meu filho nem os amigos dele!

Feito isso, Mary agarrou os cotovelos de Jimmy e trancou os braços dele em forma nas costas, cruzando-os.

— Venham aqui os dois — gritou ela para Mike e Bobby. — Tenho um trabalho para vocês.

Os dois garotos, atordoados, desceram da árvore e viram Jimmy tentando se livrar do laço furioso que Mary lhe dera.

Quando tocaram os pés no chão, Mary tirou os três de perto do carvalho do sr. McNally e os levou para o quintal dela.

— Rapazes — começou a mãe. — Jimmy não vai incomodar mais vocês, porque, se ele incomodar, vai ter que se ver comigo. Agora, eu vou segurá-lo por um minuto. Quero que cada um de vocês dê um murro nele.

A boca de Mike se abriu. Bater em Jimmy O'Donnell? Ela estava fora de si?

— Vamos lá rapazes, sem demora. Deem um soco nele. Mike, você primeiro — insistiu Mary.

Com isso, Mike dobrou os dedinhos, cerrando os punhos, e fez o braço voar como um passarinho na direção da barriga de Jimmy, bem no meio dela. Mary disse:

— Mais um, um pouco mais forte, Mike. Depois é a vez de Bobby.

De novo, o menino aprontou a mira e esmurrou Jimmy na barriga.

Bobby o imitou e deu dois golpes, do mesmo jeito. Jimmy não chorou. Os socos eram muito fracos e seus músculos bem fortes, mas, ainda assim, Mike jurou ter visto lágrimas escorrerem no canto dos olhos de Jimmy.

Depois que Bobby bateu, Mary soltou Jimmy. Ele correu dos três de volta para a o patinete. Enquanto fugia, Mary pensou tê-lo ouvido dizer: "Espere só, sra. Winter. Meu pai vai vir bater em você."

Daquele dia em diante, Jimmy deixou Mike e Bobby em paz — eles e muitos outros meninos da vizinhança.

Esse incidente ocorreu há muitos anos; e, se acontecesse hoje, a sra. Winter provavelmente seria acusada de abuso e agressão. Embora nunca tivesse sido uma mulher violenta, ela sabia que dois garotos esqueléticos não podiam machucar nenhuma parte do corpo de Jimmy, a não ser o ego. Quarenta anos atrás, as mães pareciam entender mais de meninos. Existe uma ordem hierárquica nos grupos masculinos, independentemente da idade; além disso, na zona periférica de cada grupo existe um garoto à espera de uma boa ocasião para abrir caminho e atacar quem puder. Ele não quer se juntar a essa ordem, quer pisar nela e coroar-se rei.

Mary percebeu esse mau comportamento e soube responder muito bem. Sem intenção de negociar, ela identificou um problema e permitiu que seus instintos maternos conduzissem suas ações. Os garotos que praticam bullying devem ser confrontados, e ela percebeu que só ela poderia destronar Jimmy.

Longe de mim querer defender que as mães saiam por aí seguindo os seus filhos e incitando-os a fazer com que os garotos metidos a valentões vejam estrelas. Não. É que nós, mães, ficamos confusas, ouvindo muitos especialistas, lendo demais e pensando demais sobre o comportamento dos meninos. Mãe, siga seus instintos, use o bom senso e lembre-se de que não apenas meninos devem ser meninos, mas mães devem ser mães. Artigos sobre garotos que praticam bullying têm sido publicados em revistas, professores têm dado palestras sobre o tema e pais têm discutido entre si sobre o comportamento dos seus filhos. Apesar disso, esses garotos metidos a valentões têm permanecido em seus tronos espalhados pelos parquinhos infantis de todo o mundo, tudo porque nos eximimos de confrontar verdades bem reais sobre o comportamento durante a infância para, em seguida, fazermos algo a respeito. Num capítulo posterior, examinaremos o comportamento dos agressores e a hierarquia que existe entre os meninos. Por ora, voltemos nosso olhar à resposta que uma mãe dá quando seu filho é agredido, física ou emocionalmente. Nessas horas, cresce um furor dentro dela. Essa raiva é mais intensa quando um filho — em vez de uma filha — é ferido? Sim e não.

Mães enxergam os filhos e as filhas de modos diferentes. Elas têm um desejo instintivo de preservar a masculinidade do filho e isso significa preservar a noção de que seu filho é forte física e mentalmente. Uma mãe nunca permitirá que o filho esteja na parte mais baixa da hierarquia.

CAPÍTULO 8

A diferença que um pai faz

É necessário um homem, para se educar um homem. Do mesmo modo que as mães devem escutar sua própria intuição, os pais devem ouvir os filhos. Se o fizessem, a conversa seria mais ou menos assim:

— Ei, Jack, vejo você mais tarde. Agora estou indo para um seminário sobre como ser um pai melhor para você!

— Ah, isso é fácil, pai. A gente só precisa sair e martelar uns pregos.

Depois das lições que recebeu, o pai de Jack chega dizendo:

— Aprendi que preciso passar mais tempo com você.

— Foi isso o que eu disse, pai, mas você saiu sem mais nem menos.

Para que se torne um homem saudável, o menino precisa ter um pai que lhe mostre como ser homem. Isso significa que uma mãe solteira é incapaz de educar um filho homem? Não, mas uma coisa é certa: se o filho de uma mãe solteira se torna forte depois de crescido é porque, muito provavelmente, conviveu com um homem bom durante a sua jornada e o tomou por referência.

Agora, em relação aos meninos norte-americanos, vejamos em que pé está a convivência deles com seus pais:

- 67% das crianças menores de 18 anos vivem com ambos os pais e 27%, com apenas um (geralmente a mãe).[1]
- 67% dos adolescentes vivem com o pai biológico; 91% dos adolescentes, com a mãe biológica.[2]
- 63% das crianças negras não têm o pai biológico em casa; o mesmo vale para 35% das hispânicas e 28% das brancas.[3]
- 80% das crianças afro-americanas podem acabar passando pelo menos uma parte significativa da infância longe de seus pais.[4]

Muitos de nós já vimos esses números. Sabemos que nossos meninos passam muito tempo da vida apartados da influência paterna e que o nascimento de filhos fora do casamento é uma questão problemática. Sabemos também que o divórcio causou estragos na vida dos meninos, bem como na vida dos pais. No entanto, não conseguimos enfrentar esses problemas. Não faltam pesquisas que versem sobre o impacto da ausência paterna na vida de um menino.

- Um menino que vive em um lar monoparental corre o dobro do risco de sofrer abandono físico, emocional ou educacional.[5]

---

[1] "Dimensions of Fathers' and Mothers' Supportive Behavior: the Case for Physical Affection", *Journal of Marriage and Family*, 48 (novembro de 1986), pp. 783-794. "Household Relationship and Living Arrangements of Children Under 18 Years by Age, Sex, Race, Hispanic Origin: 2004; All Races, White Only, Black only, and Hispanic only." U.S. Census Bureau. Current Population Survey Reports Table C2. Jul. 2005. http//www.census.gov/population/socdemo/hh-fam/cps2004/tabC2-all.csv.

[2] Gallup, George. "Report on Status of Fatherhood In the United States." Emerging Trends, 20 (set. 1998): pp. 3-5. Princeton Religion Research Center, Princeton, NJ.

[3] Kreider, Rose M.; e Fields, Jason. "Living Arrangements of Children: 2001. Current Population reports, 70-104. Table 1". Washington, D.C: US Census Bureau, 2005; Fields, Jason. "The Living Arrangements of Children: Fall 1996. Current Population reports, pp. 70-74. Internet Table 1". Washington, DC: US Census Bureau, 2001.

[4] "Report of Final Natality Statistics, 1996, monthly Vital Statistics Report 46, n. 11, Supplement". Washington, D.C.: U.S. Dept. of Health and Human Services, jun. 30, 1998. Ver também *Father Facts*, National Fatherhood Initiative, 2007. www.fatherhood.org.

[5] *Father Facts*, National Fatherhood Initiative, 2007, p. 125. www.fatherhood.org.

- 63% dos adultos e 68% dos adolescentes disseram que os jovens "são mais propensos a serem violentos e cometerem crimes quando seus pais costumam se ausentar de casa".[6]
- Nas famílias de mães solteiras, meninos mais velhos apresentam maior propensão a cometer atos criminosos do que seus colegas que vivem com mãe e pai.[7]
- Crianças que crescem com apenas um dos pais (geralmente a mãe) correm maior risco de sofrer: problemas comportamentais e educacionais, problemas de hiperatividade e retraimento extremos, pouca capacidade de esperar uma recompensa adiada, mau comportamento e abandono escolares, tabagismo e alcoolismo, atividade sexual precoce e frequente, drogas, suicídio, vandalismo, violência e atos criminosos.[8]

Há muito mais dados sobre isso, mas prefiro poupar meus leitores. Quando nos deparamos com indicativos da situação de meninos por todo o país, nos sentimos mal. Ficamos aflitos e tememos pelo futuro deles. Nossos corações ficam apertados não apenas pela solidão que assalta suas vidas, mas também porque nos preocupamos com a próxima geração, com o futuro do país. Que tipo de vida terão meninos que crescem em circunstâncias tão alarmantes?

À medida que lares sem pai aumentaram drasticamente, a vida dos nossos meninos e da nossa sociedade mudou, também de forma drástica. Agora, invertamos os dados que acabamos de verificar: um menino que vive numa casa com sua mãe e seu pai tem menos probabilidade de sofrer abandono físico, emocional ou educacional; é também menos propenso a cometer crimes violentos e praticar violência na escola; o risco de sofrer problemas comportamentais e educacionais, de hiperatividade

---

6 Ibid., p. 127.
7 Ibid., p. 129.
8 Ibid., pp. 124-143.

e retraimento, é reduzido; ele tem mais recursos para desenvolver a capacidade de esperar por uma recompensa adiada; e é, por fim, menos propenso a abandonar a escola, a fumar, a beber, a ter relações sexuais precoces frequentes, a usar drogas, a cometer suicídio, vandalismo, violência ou qualquer outro ato criminoso.

Não é saudosismo que nos faz pensar que a nossa infância foi melhor, porque se passou na *nossa* época. A verdade é que, sob muitos aspectos, foi de fato.

Podemos encontrar muitos culpados por essa situação terrível: a revolução sexual, o feminismo, a ideia de uma sociedade que professe a "neutralidade de gênero", uma cultura midiática asquerosa e por aí vai. O que posso dizer, como pediatra, é que nisso a ciência é categórica: meninos se desenvolvem com plenitude em famílias estáveis e formadas por um pai e uma mãe, pois ambos são insubstituíveis, cada qual por um motivo diferente.

O que um pai proporciona a um filho

Aos olhos de um filho, o pai é a fonte de todas as respostas corretas. Aquele que, a partir de um dado ponto, sabe o que vai acontecer dali em diante. O mais inteligente, o mais forte e o mais resistente dentre todos os outros. O mundo de um menino é moldado pela forma como seu pai responde aos que estão à volta. Pais são autoridades. São eles que estabelecem as regras, porque são eles que conhecem as regras.

Mas pais também são protetores. Um pai é a esperança de um filho. O futuro será melhor, mais seguro, mais divertido, porque papai pode fazer as coisas ruins desaparecerem. Fogem os monstros que se escondiam debaixo da cama. As duras palavras de um treinador de futebol machucam menos quando o pai conta ao filho sobre seus dias de jogador que já vivenciou fracassos. É graças ao pai que o filho se convence de que as namoradas que o traíram não eram as meninas certas para ele. De forma mais ampla: o filho observa o pai e, inconscientemente, apreende cada uma das qualidades do pai e as mescla com as do seu próprio caráter — e o faz para que, também ele, se torne um homem, como é o pai. Essa dinâmica é tão poderosa que funciona também para atitudes negativas. Meninos que veem seus pais chegarem bêbados em casa todas as noites têm uma grande chance de agirem da mesma forma quando crescerem, bem mais que a dos meninos cujos pais são sóbrios e chegam cedo em casa. Masculinidade gera masculinidade, boa ou ruim.

Não há elogio que soe tão gratificante a um pai do que a certeza de ter feito o filho imitar o seu caráter, a ponto de tomá-lo como seu. Compara-se à atitude do pai que batiza o filho com o próprio nome: o pai, a partir daquele ato, perpetua-se no futuro, pois parte dele continuará presente no filho, muito tempo depois de ter partido.

A beleza do relacionamento entre pai e filho é que, nele, ambas as partes, sem saber, desejam alcançar o mesmo objetivo: um pai quer que o melhor de si seja integrado em outra pessoa, a fim de que, nela, ele se torne "eterno"; um filho, por sua vez, quer que sua personalidade venha a se fundir com a do pai. Ambos os desejos derivam de um saudável orgulho masculino, inerente a todo homem.

Para que todo filho precisa do pai? O que, sozinho, o pai pode lhe dar? O filho precisa de três coisas: primeiro, da bênção do pai; segundo, do amor do pai; terceiro, de um particular ensinamento do pai: o autocontrole.

A bênção

Desde os primeiros anos de sua vida, enquanto ainda é menino, até os últimos, quando a morte já se avizinha, ecoa uma pergunta na mente de todo homem, que o assombra: *Tenho sido bom o bastante?*

Trata-se de um anseio bem amplo e persistente. O homem não quer saber se é bom o bastante em alguma coisa particular — um esporte, uma arte ou qualquer ato utilitário —, nem sequer deseja entender suas próprias capacidades. A questão é muito mais profunda.

Eis a pergunta que todo menino faz a si mesmo: *Tenho sido bom o bastante para o meu pai?* O desejo de um filho de "ser bom o bastante" aos olhos do pai é complexo, porque não se encerra com um simples ponto final. A questão não é, simplesmente, se ele é bom o bastante para que esse pai "goste" dele, "o ame" ou "o aprove". É certo que tal questão pode incluir cada uma dessas coisas, porém é mais profunda, e nem os próprios meninos (os homens tampouco) dão conta de explicá-la. Trata-se de algo que, de fato, vai além da aprovação, por parte do pai, de alguma característica ou comportamento particular do filho. O que aí se anseia é uma anuência paterna em relação à inteireza do menino, à pessoa dele como um todo.

Essa bênção paterna é misteriosa e não pode ser quantificada, mas é um rito de passagem que todo menino deseja. É algo tão pessoal que só um filho sabe quando isso lhe sobrevém. Pode ocorrer em um instante, com o sorriso ou aceno do pai, ou até mesmo cerimoniosamente. Seja como for, um menino quando recebe a bênção do pai, sente que este lhe deu o seu consentimento e que, doravante, poderá viver com coragem e bravura.

Em seu livro *A bênção*, os conselheiros familiares Gary Smalley e John Trent escreveram sobre a importância de um pai dar a sua bênção ao filho.[9] Atentando-se à tradição mantida por judeus ortodoxos em seus lares, que exige que os filhos recebam a bênção dos pais, os autores mostram ao leitor a grande importância desse costume na vida das crianças. Ao longo dos seus muitos anos de aconselhamento, chegaram à conclusão de que meninos que não recebem essa bênção dos pais muitas vezes têm maior dificuldade em estabelecer laços fortes com outras pessoas, como um cônjuge, no futuro. Segundo a sua explicação, os homens que nunca experimentam um profundo senso de aceitação, validação e amor de seus pais se

---

[9] Trent, John; Smalley, Gary. *A bênção*. Rio de Janeiro: Central Gospel, 2012.

sentem incompletos e sua capacidade de se tornar íntimo de outras pessoas se enfraquece.

O contrário também acontece: um homem que obteve confirmações concernentes à sua personalidade (que recebeu a bênção do pai) torna-se confiante e não se deixa abater, por exemplo, quando perde um emprego, acreditando sempre que poderá conseguir um emprego novo ou quando enfrenta outras circunstâncias difíceis. Esse saberá amar sua família e seus amigos com facilidade, não sem vigor; saberá, ainda, se adaptar, sem maiores complicações, às mudanças que a vida vai requerer dele.

Meninos que sentiram essa bênção recebida do pai entendem o que é isso; os que não a receberam, em contrapartida, sentem falta. Os primeiros a descrevem assim: "Eu sei que, aos olhos do meu pai, sou alguém que vale a pena ser amado", ou então: "Não sei bem explicar, mas eu sabia; simplesmente sabia!" Ou, ainda: "Embora meu pai não aprovasse tudo o que eu fizesse, ele me fez saber que gostava de mim por quem eu era e que tinha orgulho de mim, um orgulho especial. Quando percebi isso, senti que podia voar."

Com isso, a pergunta à qual, naturalmente, um pai terá de responder é a seguinte:: como você garante que seu filho tem a sua bênção?

Um pai de menino deve perscrutar, sem medo, os verdadeiros pensamentos e sentimentos que nutre em relação ao filho. O filho é uma decepção para ele? Se sim, *por quê*? Ele sente apenas orgulho e afeição pelo filho? Sente raiva do filho constantemente?

Esse é um dos exercícios mais difíceis que um pai pode fazer, mas é também um dos mais libertadores. Pais não devem ter medo de confrontar os verdadeiros sentimentos que nutrem em relação aos filhos. Por quê? Porque ainda que um pai não seja capaz de articular esses sentimentos, tão profundos, o filho será.

Meninos são tão carentes de saber como o pai se sente em relação a eles que tentam extrair essa informação prestando atenção em cada comportamento do pai. Eles observam o humor, a linguagem corporal e o tom da voz do pai; e, todos os dias, muitas vezes ao dia, eles se perguntam: "Como meu pai se sente em relação a mim?", "O que meu pai pensa sobre mim?"

Uma característica maravilhosa dos filhos é que eles não podem ser ludibriados. Se um pai mente, o filho sabe que o pai mentiu. Portanto, o pai precisa examinar honestamente o que pensa sobre seu filho e encontrar uma maneira de se reordenar para conceder a ele uma bênção sincera. Esse pode vir a ser um processo fácil ou difícil, mas uma coisa é certa: é um processo necessário.

Nunca me esquecerei de uma conversa que tive com Ben quando ele cursava o nono ano. Sua mãe o trouxera para um exame físico anual, no início do ano letivo. Assim que entrei na sala, senti no ar um silêncio, fruto de alguma tensão. Nem mãe, nem filho falavam um ai, não conversavam, não liam uma revista. Sentaram-se lado a lado com os cotovelos afastados um do outro para não se tocarem.

A mãe de Ben me cumprimentou, depois disse:

— Não vou poder ficar muito tempo na sala, doutora. Afinal, Ben já tem treze anos. Eu só queria saber se você poderia falar com ele. Discutimos o tempo todo. Desde que o irmão foi para a faculdade, somos apenas nós dois e, imagine só, o negócio ficou esquisito, nada divertido. Ben nunca quer ficar em casa, não faz as tarefas e, toda vez que tento perguntar por que não faz, ele começa a gritar comigo, ou vai pro quarto dele e bate a porta com força. Vou ser sincera: já faz uns bons meses que a gente não tem uma conversa minimamente agradável.

Enquanto ela falava, por vezes eu deixava de olhá-la para prestar atenção em Ben e fitava o seu rosto; depois, voltava a olhar a mãe: ela estava comovida e assustada. Ben não olhava para mim nem para ela. Seus olhos estavam concentrados nos próprios sapatos. Eu podia sentir que ele também estava pesaroso e magoado. Fiquei feliz quando pude ver suas bochechas corarem e seus olhos se encherem de lágrimas — eu sabia que ele não estava endurecido pela raiva: ele também queria mudar as coisas em casa. Perguntei à mãe:

— Onde está o pai, em meio a isso tudo?

— Bem, dra. Meeker... nós nos divorciamos no ano passado. Ben fica comigo a maior parte do tempo. O pai viaja; mas, quando está em casa, quer ficar com o Ben, em sua casa. Ele mora a uns oito quilômetros de nós, só. Mas não acho que seja justo fazer isso com Ben. Passar os fins de semana com o pai já está de bom tamanho. Ben precisa de uma boa noite de sono durante a semana por causa da escola e o pai o deixa todo agitado.

Quando fiquei a sós com Ben, pedi-lhe que me falasse do seu pai. Imediatamente, o rosto dele se iluminou:

— Sabe, eu realmente sinto falta dele. A casa fica péssima sem ele. Minha mãe diz que agora ele viaja mais, mas eu sei que não. Ele sempre viajou assim. Ele tem que viajar, é o trabalho dele. Eu só quero ficar com ele sempre que ele estiver em casa.

Ben começou a chorar baixinho. E então lhe perguntei:

— Conte para mim um momento especial que você teve com seu pai, coisa recente.

— Ah, não sei, a gente faz coisas juntos, para se divertir. Coisa de homem. Só isso.

— Você e seu pai vão a jogos de futebol ou de beisebol?

— Não.

— Vocês fizeram alguma viagem neste verão?

— Fiz.

— Então me conte.

— É que todo verão nós costumamos sair para acampar, eu e ele. Dessa vez foi na Península Superior e foi muito legal.

Eu o esperei falar e ele finalmente continuou:

— Acho que essa viagem teve algo de especial. Papai deixou muita coisa para eu fazer e foi muito bom.

— Que tipo de coisa?

— Todo verão nós acampamos e pescamos. Adoramos pescar. Papai monta a barraca e o equipamento. Eu embrulho a comida. Ah, e ele cozinha. Enfim. Quando chegamos lá, ele disse que queria que eu montasse a barraca sozinho enquanto ele ia buscar madeira. Fiquei meio tenso. Fui lá e montei, só que não muito bem.

As bochechas e o nariz de Ben começaram a ficar vermelhos e eu podia ver as lágrimas no olho do menino. Disse-lhe:

— Parece que foi bem divertido mesmo.

— Foi sim. Na primeira noite choveu muito forte. Moscas entravam na barraca e começou a chover dentro. Corri para fora e vi que não tinha armado direito e, por isso, a água da chuva entrou. Achei que meu pai ia ficar bravo, mas até que não. Não parava de chover. Tudo o que meu pai disse foi que precisávamos ir para a parte de trás, porque estava mais seco. A pesca foi no dia seguinte. A gente pegou umas trutas e ele me perguntou se eu queria assá-las. Eu não sabia por que ele me pedia para fazer tanta coisa. Talvez estivesse passando mal, mas na hora não pensei nisso. Então tentei assar as trutas, mas estraguei tudo. Elas caíram no fogo.

— Seu pai ficou bravo?

— Não — disse ele, soluçando, só de lembrar. — Não, ele apenas sorria para mim, achando graça. Ele não ria, de gargalhar. Mas parecia muito feliz. Ele me disse que não estava muito a fim de comer peixe, então comemos marshmallows e salgadinhos no jantar. Continuei cometendo um monte de erros estúpidos pelo resto da semana. O vento quase levou a barraca embora no final da viagem.

O corpo de Ben relaxou e suas lágrimas diminuíram.

— Eu realmente sinto falta do meu pai. Ele me entende. Minha mãe sempre me diz o que fazer e acaba me deixando louco. Eu não suporto minha mãe, às vezes. Quero ficar com meu pai.

Eu não conhecia o pai de Ben, mas, depois de ouvi-lo contar da viagem que fizeram naquele verão, comecei a respeitá-lo. Ben tinha treze anos e o pai queria que o filho soubesse que podia fazer as coisas, mesmo que de forma atrapalhada, mas que também poderia aprender a fazer bem. Era uma maneira que tinha de dizer ao filho que ele estava crescendo e que seu pai o aprovava. Com isso, o pai estava dando sua bênção. E Ben entendeu isso. Era óbvio que a viagem para acampar com o pai tinha feito bem ao filho, mas também fez com que a separação dos pais, terminada a viagem, doesse demais.

Falei com a mãe de Ben em particular e lhe disse que o menino precisava passar mais tempo com o pai. Lembrei-lhe da importância de um pai na vida de um filho e disse-lhe ainda que ela precisava colocar os interesses de Ben na frente dos seus.

Cerca de um ano depois, conheci o pai. Era um homem miúdo e lamentavelmente tímido. Fiquei surpresa. Imaginava um homem de porte maior. Mas tão grande ele era aos olhos do rapaz, que isso por si bastava para que eu o respeitasse. Contei-lhe que Ben me havia descrito a viagem para acampar durante o verão e que eu o admirava por tudo que ele havia oferecido naquela semana. Ele sorriu.

— De verdade, dra. Meeker, eu amo esse menino. Ele é meu único filho. Meu pai deixou minha mãe quando eu tinha oito anos. E, desde então, me senti destruído. Tudo dava errado. Passei anos tentando conseguir um emprego melhor ou fazer algo especial que, a meu ver, daria orgulho ao meu pai, ou que pelo menos fizesse com que ele me notasse. Eu me matava tentando agradá-lo, mas, infelizmente, nunca funcionou. Não queria que meu filho vivesse assim. Ele é um bom menino, dra. Meeker, um menino muito bom. Não importa o que ele faça, quero que ele saiba que, aos meus olhos, está tudo certo.

A bênção paterna assume muitas formas e pode ser dada uma ou várias vezes. Alguns filhos a recebem aos dez anos; outros, aos vinte e cinco. Mas advém e deve sempre advir do pai, por se tratar de algo que se passa de um homem para um menino. Aos olhos do filho, a mãe não pode conceder essa bênção, porque o papel dela é amá-lo. O respeito de um pai, por outro lado, é algo a ser conquistado pelo filho. Faço aqui uma ressalva: se o menino não tiver um pai à sua disposição, ele pode se aproximar de um padrasto, de um tio ou mesmo de um mentor adulto do sexo masculino. O pai é o ideal, mas, se as circunstâncias tornarem isso impossível, outro homem adulto pode assumir essa função paterna.

Dr. Smalley e dr. Trent afirmam que existem cinco elementos para que a bênção paterna seja saudável. São eles: ter um contato significativo com o filho; comunicar-se com ele através de mensagens verbais; tê-lo em altíssima conta; imaginar um futuro especial para ele; e, finalmente, mostrar-lhe um compromisso ativo em lhe conceder essa bênção.[10]

Em relação ao primeiro elemento, o do contato, muitos pais são avessos à ideia de abraçar o próprio filho (principalmente se esse filho for adolescente). Acontece que, em quase todos os outros países, o toque físico é uma prática comum, e bem mais frequente do que entre os norte-americanos. Desconsiderando os hábitos culturais, cabe a mim dizer que as pessoas respondem muito bem a esse tipo de contato, por ser ele um ato de afirmação. Pais não deviam ter medo de abraçar seus filhos, ou se isso for demais para eles, que lhes deem, no mínimo, um tapinha viril nas costas. Quando se trata de uma bênção verbalizada, por mais irônico que possa parecer, muitos pais acham mais fácil falar com as filhas do que com os filhos, pelo menos quando se trata de sentimentos. Talvez isso se dê, pelo fato de que meninas verbalizam suas emoções com mais frequência e de que isso, no caso delas, não aparenta ser embaraçoso. O mais importante, contudo, é entender que meninos precisam de um pai que, verbalmente, lhes abençoe. Um pai precisa dizer ao filho o quanto ele o valoriza, o quanto ele o aprova.

Pais geralmente presumem que seus filhos sabem que são amados por eles. Mas não tenha tanta certeza disso. Um homem pode até saber, em seu coração, que, como pai, valoriza o filho, mas as crianças são egocêntricas — elas precisam de palavras afirmativas e caso não as recebam, serão rápidas em culparem a si mesmas por isso. De fato, muitos meninos nutrem fortes sentimentos de desprezo por si mesmos, devido às suas debilidades, que podem ser atléticas, acadêmicas ou práticas;

---

10 Gardyn, Rebecca. "Make Room for Daddy". *American Demographics June*, junho de 2000, pp. 34-35.

e muitos pais não conseguem ver porque os meninos não verbalizam seus sentimentos livremente. Além disso, muitos deles tentam "criar coragem" nos filhos, torná-los mais "duros", especialmente à medida que envelhecem e, para isso, fazem uso do sarcasmo, das críticas e de uma linguagem que visa a humilhá-los, mesmo que de modo sutil, por mais que um pai enxergue um comentário seu como inofensivo. E diz essas coisas, porque o rapaz "é adulto, não, uma criança e muito menos, um filho, cujo anseio é agradar o pai." As palavras que um pai diz a um filho são dotadas de um peso bem mais significativo que as palavras de qualquer outra pessoa. Por isso é tão importante que um pai diga a um filho o quanto ele o valoriza.

Filhos olham para os pais querendo encontrar esperança. Todo menino quer saber que sua vida tem significado e propósito, que, futuramente, poderá testemunhar a realização desse propósito. O pai dá ao filho uma noção de como pode ser bem-sucedido no futuro, já que é o adulto mais significativo na sua vida. Um menino precisa saber que, na concepção do pai, ele pode ter um futuro de sucesso e que há uma razão muito maior para ele estudar a fim de ganhar uma bolsa de estudos, de se candidatar a um estágio ou de aceitar um emprego de meio período que vai lhe ensinar valiosas habilidades de negócio. Um menino precisa saber que, enquanto se trabalha arduamente para alcançar esse futuro, seu pai está comprometido em ajudá-lo. Um menino sabe que, se um pai está disposto a assumir esse compromisso, é porque ele, como seu filho, deve valer a pena. Assim, cria-se uma conexão entre pai e filho que visa a preparar seu futuro.

Receber a bênção do pai não é um evento insignificante na vida de um homem. Se ele nunca a receber, sofrerá uma dor lancinante, uma sensação de fracasso, um vazio que pelo resto da sua vida não será preenchido.

Isso significa que vacilar na concessão dessa bênção é também um problema, pois outra experiência dolorosa pode recair sobre o menino caso sejam mal executadas as boas intenções que o pai tem para com ele.

Há vários anos, Timmy veio me ver para uma consulta. Ele tinha dezesseis anos, estava passando por dificuldades na escola e seus pais estavam preocupados com sua "má conduta".

Eu tinha visto Timmy crescer, então conhecia seu histórico. Ele me disse que não gostava mais de fazer nada. Perguntei-lhe qual foi a última vez em que gostou de fazer alguma coisa. E então seus olhos se iluminaram:

— Aí é fácil — disse ele. — Quando eu era criança, costumava brincar ao ar livre o tempo todo. Tinha uma brincadeira que eu e meu pai fazíamos sempre que ficávamos meio entediado. Era um jogo. Vamos supor: na casa dos meus primos, todos conversando ou vendo televisão e, então, de repente meu pai olhava para mim, era um olhar de: *vamos sair daqui*. E isso era um segredo nosso. Aí, saíamos para o quintal da frente, por exemplo, e lá procurávamos uns galhos, uns gravetos, só para fingir que era um bastão e poder rebater as pedras; e dali do quintal rebatíamos as pedras, querendo que elas chegassem até o quintal do vizinho, o objetivo era acertar a caixa de correio ou uma árvore.

Timmy calou-se abruptamente. Eu lhe perguntei:

— Você ainda brinca assim?

— Não. Alguns anos depois, meu pai me disse que queria que eu jogasse na liga juvenil de beisebol e queria porque ele me achava um bom rebatedor. Por mim, eu não me importava muito em jogar ou não jogar. Mas quando ele me inscreveu, virou meu treinador e me ensinou a segurar o taco para que a bola fosse mais longe. Só que aí deixou de ser divertido. Era como se eu fosse um troféu e ele não brincava mais comigo. Ele só me dizia como fazer as coisas direito e, depois, me criticava, a mim e ao resto do time.

— Você ainda joga beisebol?

— Não. Parei há alguns anos. Eu sei que meu pai ficou chateado, mas eu simplesmente deixei de gostar.

A experiência de Timmy é corriqueira na vida dos meninos, principalmente à medida que amadurecem durante a adolescência.

Enquanto o pai de Timmy brincava com ele, os dois compartilhavam um vínculo especial. Tinham uma atividade divertida que gostavam de fazer juntos. Entretanto, quando rebater pedras se tornou um jogo mais sério, o que antes era fonte de prazer e proximidade com o pai tornou-se algo maçante: Timmy começou a ser observado e cobrado. As intenções do pai eram as melhores, seu objetivo era excelente: reforçar a autoestima do filho, fazendo com que, no beisebol, ele se desenvolvesse "mais", tornando-se melhor, pois via que o filho tinha potencial para ser jogador e que, se ele, o pai, o ajudasse a desenvolver esse potencial, viria a se sentir melhor consigo mesmo. Mas na visão do filho, usufruir da companhia do pai era o mais importante. Ele adorava o fato de seu pai simplesmente querer estar consigo. Se Timmy e o pai continuassem a escapar da presença dos que estavam conversando ou vendo televisão e fossem para o quintal brincar com galhos e pedras, pode apostar que, aos dezesseis anos, o menino teria se sentido abençoado pelo pai, teria entendido que recebeu a bênção dele e teria compreendido: *a sua companhia me agrada, eu o aprovo, meu filho.* A partir do momento em que essa dinâmica se tornou um compromisso de jogar na liga juvenil, com treinos e cobranças, a diversão acabou e a sua autoestima diminuiu, pois o garoto passou a ter a sensação de que a aprovação do pai dependia daquilo que fizesse.

Pais devem ter muito cuidado. Não se pode conceder a bênção ao filho, condicionando-a a treinamentos, críticas ou competições. Trata-se de algo, a um só tempo, mais simples e profundo: é algo que se concede unicamente por meio da expressão sincera, por parte do pai, de que o filho o agrada por ser exatamente quem ele é.

Amor de pai

Pais não são apenas figuras de autoridade que oferecem bênçãos aos filhos, eles precisam ser sobretudo pais amorosos. Sabemos, por meio de dezenas e dezenas de estudos, que um pai amoroso é crucial para a felicidade, o bem-estar e o sucesso de uma criança. Além disso, que crianças que não têm um pai amoroso correm um risco muito maior de recorrer ao uso e abuso de drogas, de cair em depressão e de sofrer muitos outros problemas. Filhos necessitam da expressão do amor paterno de três maneiras: o pai precisa ofertar-lhes tempo, mostrar-lhes afeto e recusar-se a desistir deles.

Tempo

A boa notícia é que os pais em geral vêm se esforçando mais para amar os filhos. Atualmente, eles passam em média cerca de quatro horas por dia com seus filhos, o que corresponde a mais de uma hora em relação ao tempo que os pais de quarenta anos atrás passavam com os filhos.[11]

Nada aumenta mais a autoestima de um menino do que ver seu pai demonstrando que quer estar com ele. Filhos precisam ter certeza de que são valiosos para seus pais, bem como dignos da sua atenção. Um menino que vê o pai abrindo mão do tempo de trabalho, dos hobbies ou do lazer para estar com ele sabe-se importante. Quando os pais parecem não valorizar os filhos, estes também sentem que não podem valorizar a si mesmos.

Sob muitos aspectos, um menino relaciona o tempo que passa com o pai ao amor que esse pai sente por ele, o que lhe traz toda sorte de benefícios. Quando os pais se comprometem com a educação de seus filhos, estes tendem a ser mais empáticos. Outrossim, quando o pai demonstra empatia e amor, o menino faz a mesma coisa. Sabemos que, quando um pai passa mais tempo com o filho, suas notas melhoram. Meninos que têm pais fortes, amorosos e comprometidos são menos propensos a sofrer bullying na escola. Se permanecem inteiramente comprometidos com eles, desenvolverão, conforme forem crescendo, maior autoestima, obterão nível mais alto de educação e conseguirão melhores empregos futuramente.

---

11 *Father Facts*, National Fatherhood Initiative, 2007, pp. 159-163.

A National Fatherhood Initiative, no volume *Father Facts*, publicou uma extensa revisão de pesquisas que abordam os efeitos que os pais exercem sobre os filhos. Constatou-se que meninos que passam mais tempo interagindo com seus pais fazem menos birra, têm menos riscos de delinquir conforme crescem, são psicologicamente mais saudáveis e menos suscetíveis ao abuso de drogas e à atividade sexual precoce.[12]

Em suma, quanto mais tempo um pai passa com um filho (partindo do pressuposto de que esse pai não seja abusivo, é claro), mais o menino se sente amado e maiores são suas chances de ter saúde mental e de ser bem-sucedido não só no âmbito escolar, mas na sua vida como um todo.

Afeto

A maioria dos pais e dos filhos se sente mais confortável com o afeto físico quando a criança é jovem. E quando os filhos crescem, chegando à puberdade e à adolescência, os pais tendem a demonstrar afeto de outras maneiras.

Mães muitas vezes querem que os pais conversem com os filhos, a fim de que descubram o que os filhos pensam e querem. Os pais, no entanto, sabem que o que realmente ajuda os homens a se relacionar é fazer atividades juntos — trabalho, exercício ou hobbies. De fato, brincar pode ser uma grande fonte de demonstração de carinho do pai pelo filho, bem como um meio que o pai tem de ensinar ao filho. Dr. William Pollack escreve, em seu livro *Meninos de verdade*, que brincar com o pai ajuda o filho a desenvolver importantes habilidades de autocontrole emocional.[13] À medida que um filho brinca, muitas emoções vão despertando dentro dele: animação, competição, raiva, decepção, felicidade e conquista. Brincando com o pai, o filho aprende a lidar com essas emoções.

---

12 Pollack, William. *Real Boys*. Nova York: Owl, 1998, p. 115. Publicado no Brasil com o título *Meninos de verdade: conflitos e desafios na educação de filhos homens*. Rio de Janeiro: Alegro, 2000.

13 Ibid., p. 121.

A recreação também aproxima o filho do pai. Jogos e brincadeiras físicas oferecem oportunidades para pai e filho interagirem um com o outro de maneira afetuosa, fisicamente e sem se sentirem estranhos. A luta olímpica, por exemplo, é confortável para eles, por ser ao mesmo tempo uma atividade competitiva e atlética; quando praticada entre pai e filho, torna-se, ainda, uma expressão de afeto.

Amar é dar suporte e permanecer junto

Pais costumam perguntar quais são os maiores erros que cometem na educação dos filhos. Não tenho dúvidas de que o maior e mais prejudicial erro que um pai pode cometer é desistir dos seus filhos. Quando um garoto faz quinze ou dezesseis anos, os pais (em sua maioria) já passaram por tantas dificuldades que se sentem esgotados de tudo — das questões do casamento, das tensões no trabalho e dos problemas de saúde. Tudo isso suga a energia dos pais. Muitos homens já ficam satisfeitos, se conseguem terminar um dia bem e depois a semana; sentem que não têm energia para mais nada. Frequentemente entregam seus filhos a aparelhos eletrônicos — e é aí que todos saem perdendo. Passar um tempo na companhia do filho requer do pai energia mental, física e emocional, mas também enriquece a vida não só da criança, mas também dele mesmo. O esforço vale a pena. Sempre vale se esforçar pelo filho, mesmo quando chega aos primeiros anos da adolescência, idade na qual, provavelmente, dará respostas grosseiras, usando-se de palavras e expressões faciais que dão a entender que o pai é um idiota. Meninos têm suas birras durante a adolescência, e os pais as levam para o lado pessoal. Se o filho e o pai têm personalidades semelhantes, a tensão entre eles pode ser grande, à medida que o menino vai amadurecendo; ambos podem se tornar competitivos, estabelecendo rixas um com o outro; assim, os ânimos podem se alterar e, infelizmente, quando essas tensões aumentam, muitos pais renunciam à tarefa de amar e apoiar os filhos

Com a proliferação de livros sobre paternidade, casamento e relacionamentos nos últimos quarenta anos, as expectativas dos relacionamentos foram elevadas a um nível excessivamente alto: maridos desejam felicidade em seus casamentos e esperam que as mulheres satisfaçam suas necessidades; elas, por sua vez, querem cônjuges compassivos que trabalhem arduamente em seus empregos, mas que também estejam altamente envolvidos com seus filhos; pais esperam que o seu relacionamento com os filhos seja agradável, profundo e único em relação a outros.

Embora seja ótimo acalentar grandes aspirações, todo relacionamento saudável precisa ser capaz de lidar com decepções, porque elas são inevitáveis, embora seja essa uma verdade tão simples, não raro vem sendo contestada. Dizemos a nós mesmos que, com tanta pesquisa, tanta reflexão feita sobre esse assunto, tanto enfoque dado aos relacionamentos humanos, deve haver uma solução que resolva cada um dos problemas oriundos dos nossos próprios relacionamentos, queremos crer que o amor seja algo mágico, que deve "funcionar melhor" e "ser sentido melhor"; caso contrário, teremos de pôr a culpa em alguém. Se não conseguimos corrigir o nosso erro, renunciamos às nossas próprias emoções e desistimos. Mas não é assim que a vida real funciona. Relacionamentos exigem compromisso e trabalho árduo, exigem que superemos os momentos difíceis. O relacionamento exige do pai a percepção de que seu filho precisa dele por perto, mesmo quando o menino tenta empurrá-lo para longe (o que ele pode fazer apenas para ver se o pai vai reagir ou não).

A boa notícia é que um pai tem força, sendo capaz de resistir aos momentos mais penosos, por ser grande o bastante para deixar a culpa de lado; obstinado o bastante para perceber o que se passa na realidade; e leal o bastante para ficar com o filho, não importa o que aconteça. Nada faz um menino entrar na idade adulta com tamanha força e segurança quanto aprender essas lições de caráter com seu pai.

Autocontrole

À medida que um menino amadurece e sente seu corpo se fortalecer, sua energia e novas emoções surgem e ele começa a ter uma sensação de poder, até então inédita. Mais uma vez, jogos e brincadeiras passam a ser um meio maravilhoso com o qual um menino pode confrontar seu próprio poder. Quando brinca na companhia do pai, pode se sentir livre para levar sua força física ao limite, porque sabe que não consegue machucar seu pai. William Pollack escreve: "os pais fornecem uma superfície flexível para seus filhos baterem; um espaço de jogo com limites elásticos, mas firmes, um sentimento seguro de amor, expresso não apenas em palavras, mas em ações."[14]

O que há num pai que passa tal sensação de segurança e proteção a um filho? É a força: ora força física, ora emocional.

Como diz Shawn Johnston, psicólogo forense: "A pesquisa é absolutamente clara... o ser humano mais capacitado para conter a agressividade antissocial de um menino é seu pai biológico."[15]

Era uma tarde como outra qualquer, o pai de Jesse mudou a vida do filho. Enquanto discutia com a mãe, Jesse, de dezessete anos, tornava-se cada vez mais hostil. A mãe exigiu, então, que ele parasse de gritar. Ela tinha percebido que a raiva do garoto começava a ficar fora de controle e me confessou depois que o filho sempre teve um temperamento inconstante, mas estava pior, porque, como tinha dormido pouco na noite anterior, estava cansado e um tanto aborrecido por ter terminado recentemente com a namorada. Lynn, sua mãe, sendo a mulher forte e assertiva que é, insistiu com calma que Jesse saísse da sala e que os dois terminassem a "conversa" quando ele estivesse mais tranquilo. Enquanto me contava a história, várias semanas depois, ela nem conseguia se lembrar do motivo da discussão, por ter sido um incidente muito trivial. No entanto,

---

14 Ibid.
15 Johnston, Shawn. *The Pittsburgh Tribune Review*, 29 de março de 1998. Ver também: *Father Facts*, National Fatherhood Initiative, 2007, p. 127.

quando ela pediu que Jesse se calasse, ele a atacou: "Sua vadia!", gritou ele na cara da mãe.

Assim que as palavras escaparam da boca do garoto, o pai apareceu. Ele estava no sofá da sala contígua, de lá voou em cima do garoto e o encarou bem de perto, grudando seu rosto no dele. Stan era bem mais baixo que Jesse e agarrou o rapaz de dezessete anos pelos ombros e o empurrou com força, contra a geladeira. "Nunca mais chame minha esposa desse nome!", ordenou ele. Jesse emudeceu: estava em pânico. Toda aquela gritaria cessara; e, no momento em que seu pai o soltou, ele correu para o quarto como um cachorrinho, de uns 1,80 de altura. Depois disso, Jesse nunca mais ousou nem mesmo levantar a voz para a mãe.

Um menino pode aprender a ter autocontrole em coisa de segundos, se o seu instrutor for um homem que ele respeita e que também demonstra ter autocontrole. O pai de Jesse não gritou, tampouco bateu nele. Ele não se exauriu, não insistiu na sua demanda em favor da mãe, não perdeu o controle. Ele simplesmente flexionou os músculos e ensinou ao filho que era bom tratar de ter autocontrole, até porque, sozinho, Jesse não saberia como fazer isso. A testosterona do pai deve se colidir com a do filho para que este aprenda a ter domínio sobre si mesmo e sobre suas paixões. Aprender a dominar as emoções dá aos meninos uma sensação de segurança e não há quem esteja melhor posicionado para ensinar isso ao filho do que seu próprio pai. O menino observa o pai para ver o que ele faz com a força que tem, para ver como controla seu temperamento quando está com raiva e como dirige a palavra às pessoas quando está irritado com elas. O menino observa de que modo o pai gasta tempo e dinheiro, observa-o para ver o quanto o pai está comprometido com seus entes queridos. O pai disciplina a si mesmo para ir trabalhar quando está doente? O pai continua sendo paciente com a mãe quando os dois estão discutindo? Quando o menino vê quão benéfico é ter autocontrole, para o pai e para toda a família, ele aprende uma importante lição.

Pela minha experiência, meninos que crescem sem pais vivem com medo. De si mesmos e da própria masculinidade. A intensidade dos seus sentimentos os assusta e pode conduzi-los a caminhos pouco saudáveis. Temem tanto de sentir demais como de sentir pouco. Ficam assombrados com sua própria força física porque sabem que pode lhes causar problemas. Em suma, se assustam, porque não têm um pai que os ajude a canalizar sua masculinidade, que os ensine os limites adequados, que forje neles o autocontrole. Quando adolescentes sentem medo e não têm um pai que os confronte, podem causar danos incalculáveis a si mesmos e às pessoas ao seu redor.

Felizmente, o inverso também é verdadeiro. Um filho que cresce com um pai aprende a não ter medo de si mesmo. Aprende a se firmar no amor do pai e passa a ser cingido pela aceitação e aprovação do pai. Aprende a ser um líder, porque seu pai o liderou. Aprende a se tornar um provedor, porque o pai o nutriu com os componentes necessários para se ter um bom caráter. Aprende a se tornar um protetor, porque o pai lhe mostrou como a força deve ser usada e como o autocontrole deve ser praticado. Torna-se, enfim, um homem, porque foi criado por um homem.

CAPÍTULO 9

Da infância para a idade adulta: um salto fundamental

Você já conheceu alguma vez um homem de cinquenta e tantos anos que tenha se esquecido de crescer? É claro que já. Todos nós conhecemos alguém assim. É aquele tipo de indivíduo que não para de falar dos seus "bons e velhos tempos de faculdade", época em que aguentava grandes doses de álcool, quando se gabava de beber por ele e pelo amigo e, ainda assim, ficar de pé. Ou aquele vizinho que não consegue esquecer a namoradinha da faculdade e constantemente reclama dos defeitos da esposa. Fica berrando enquanto assiste ao seu time juvenil de futebol americano (aquele pelo qual seu filho de onze anos joga) e torce como se os meninos estivessem treinando para disputar o Super Bowl. Ou então fica paquerando as amigas da sua filha de dezenove anos.

Você já conheceu algum homem assim e talvez parte de você se identifique com esse tipo de homem. A verdade é que a maioria dos meninos não é bem instruída nessa matéria chamada crescer. Quem é que instruiu você? E quem é que vai instruir nossos meninos?

A maioria dos homens, ao refletir sobre sua transição para a idade adulta, evoca a imagem de outro — de um pai, de um professor, de um avô, de um treinador —, que foi um modelo de masculinidade. Alguns desses homens mais velhos os desafiavam, os pressionavam ou simplesmente passavam na frente deles e lhes diziam: "Preste bastante atenção no que eu digo." Mas uma coisa é certa: ao deixar a infância, meninos devem ter em seu imaginário bons referenciais masculinos, capazes de prepará-los para o que há de vir; assim, eles vão se sentir seguros em sua transição, confiantes de que sabem o necessário para amadurecer e se tornar homens.

A transição

Meninos são impulsivos. Explodem, perdem a cabeça, gritam. Quando sentem medo, se revoltam e saem correndo em disparada. Quando estão tristes ou quando alguém feriu seus sentimentos, eles fogem e, mau humorados, ficam escondidos em qualquer canto.

Homens adultos não fazem (digo, não deveriam fazer!) essas coisas. Um homem só se torna completamente maduro quando é capaz de reconhecer uma infinidade de emoções intensas e, em seguida, tomar uma decisão assertiva de como reagir (se é que precisa mesmo reagir a elas). Muitas vezes, estando enraivecidos, homens querem responder com gritos a quem gritar com eles, mas como aprendeu o domínio de si mesmo, não o faz: ele sabe muito bem separar seus sentimentos de suas ações.

Meninos não aprendem tal habilidade de modo espontâneo: tem de ser ensinada. Para um garoto, não é instintivo abster-se de uma discussão quando ele acha que está certo e que a outra pessoa está errada, tampouco deixar de ir atrás de uma namorada que ele sabe que será má influência. Na adolescência, as mudanças hormonais e sociais pelas quais um garoto passa dificultam a devida separação entre emoção e ação. É exatamente por isso que todo menino necessita de alguém mais velho e bem-sucedido em sua transição da infância para a idade adulta, capaz de ajudá-lo.

Infelizmente, muitos meninos nunca recebem essa capacitação, nem sequer têm contato com pais ou mentores maduros; ou acontece de estes serem homens desorientados. Mesmo pais inteligentes e amorosos às vezes falham, por descuido, em ensinar o filho a separar seus sentimentos do seu comportamento: esses pais erram quando cedem às vontades do filho e assim fazem do prazer o objetivo principal. Entretanto, todo esse esforço para fazer o filho feliz só o impede de amadurecer e se tornar um homem.

Isso acontece com frequência durante a adolescência. Acabamos dando ênfase aos desejos dos meninos: ganhar um carro, comprar um novo par de esquis, viajar durante as férias escolares, dar uma festa com os amigos, abandonar a escola ou arranjar um emprego — a lista é grande. Buscamos satisfazê-los, crendo que isso contribuirá para a sua felicidade; temos plena consciência de que nada disso exercerá efeito intelectual positivo, mas ainda assim o fazemos — e não deveríamos. Sei que já disse isso antes, mas direi outra vez: quando se trata de bens materiais, meninos não precisam de mais, mas de menos. Quando se trata de satisfazer sua ânsia por prazer, eles não precisam mais disso, mas *menos* disso. De que eles mais precisam? De pais dispostos a dar um passo à frente, passar tempo com eles, mostrando-lhes as virtudes oriundas da maturidade e do autocontrole.

Trocar "o responsável é você" por "sou eu o responsável"

O egocentrismo das crianças é uma faca de dois gumes. É o que faz os meninos se sentirem culpados diante do divórcio dos pais, mas também é o que os faz pôr a culpa nos outros quando as coisas dão errado. Quantos de nós já não ouvimos esse falatório de "a culpa foi toda sua!" ou então o do aluno do quinto ano que, por ter tirado nota baixa, põe a culpa na professora, alegando que "a prova dela é que estava muito difícil"; ou, ainda, o do pequeno jogador de futebol que, só porque tomou um cartão amarelo, fica reclamando que "o árbitro é que não sabe apitar o jogo"? A incapacidade de assumir a própria culpa quando de fato se tem é marca registrada da imaturidade de um menino. Não desanime, se seu filho fizer isso. Não é necessariamente uma falha de caráter. É mais provável que seja um problema de desenvolvimento, que, no entanto, ele deve superar. Um menino é mesmo autorreferente durante os anos da pré-puberdade e da puberdade porque ele foi feito para ser assim. É normal, tratando-se de um menino ou de adolescente, mas não é nada apropriado para um homem — o que o seu filho precisa se tornar.

Muitos pais caem em armadilhas enquanto criam meninos. É que acreditamos piamente neles. Se o treinador dele fosse outro, com certeza ele jogaria a partida mais tempo. Se os professores dele soubessem o que estão fazendo, as notas do meu filho refletiriam todo o seu talento. Compramos essa ideia, vendida pelos nossos filhos, de que não são eles os verdadeiros culpados pelos próprios insucessos, erros e decepções, mas os outros; então sentimos ter o dever de corrigir tais problemas para que, assim, possamos livrar nossos filhos da culpa, abrindo o caminho para que se destaquem.

É isso que nos leva a trocar o treinador, matriculá-los em outra escola... E quando eles realmente fazem bagunça, chegamos mesmo ao ponto de culpar os coordenadores, os diretores da instituição ou quaisquer outras figuras de autoridade, encarregadas de os disciplinarem. Defender maus comportamentos na infância tornou-se procedimento típico dos pais pós-modernos, mas é uma armadilha terrível que impede os meninos de se tornarem bons homens.

Certa vez, fui chamada por um treinador de luta olímpica do ensino médio para ajudar a resolver uma disputa: aparentemente, sete rapazes veteranos da equipe de luta saíram e ficaram bêbados durante a noite. Um aluno que não fazia parte da equipe deixou o diretor ciente do fato e este, por sua vez, levou-o ao treinador. De modo bem apropriado, por sinal, o treinador de luta olímpica deixou os meninos no banco durante um mês, por terem violado o acordo verbal entre os lutadores da equipe: nenhum membro poderia fumar ou beber durante a temporada e, caso o fizessem, seriam cortados da equipe.

A escola de ensino médio era pequena e os meninos eram um exemplo para os alunos mais novos. A situação do treinador era a seguinte: tinha pegado leve com os meninos, apenas os deixando no banco durante um mês, em vez de expulsá-los do time, porque, segundo dizia, tinham chance de ir às finais estaduais. Além disso, afirmou, os lutadores da equipe no geral eram bons meninos — ele realmente gostava deles.

Punidos, os meninos foram para casa e contaram aos pais o que se passara; estes ficaram revoltados com o treinador: estava prejudicando a carreira dos filhos, privando-os de correr atrás de uma oportunidade única na vida deles (embora estivessem apenas no ensino médio), a de competir a nível estadual! Vários pais foram até o diretor da escola e não apenas exigiram que os alunos fossem autorizados a lutar, mas também que o treinador fosse demitido. O que os meninos tinham a dizer sobre isso? Até seus pais se envolverem, eles reconheceram que a punição sofrida era razoável. Depois, furiosos, eles ajudaram os pais a entoar o coro contra o treinador. Eis aí um caso de pais que tornam *pior* o comportamento dos seus próprios filhos.

Esse cenário é bastante comum e prejudica de modo severo o desenvolvimento emocional dos meninos. Garotos adolescentes instintivamente culpam os outros por seu mau comportamento, porque lhes falta maturidade cognitiva e emocional. Eles naturalmente resistem a assumir responsabilidades, tudo porque muitos deles não têm (ou temem não ter) a capacidade de corrigir um erro grave. Ademais, como não têm maturidade cerebral completa, dar esse salto e trocar a fala dos meninos de "o responsável é você" por "eu sou o responsável" às vezes requer habilidades cognitivas que eles não possuem. Muitos meninos, no entanto, as têm: acontece que, apesar disso, eles simplesmente não querem utilizá-las.

O cérebro masculino passa por um tremendo crescimento durante a adolescência e responde muito bem à capacitação — capacitação que os pais devem fornecer. Para falar em termos metafóricos, os pais detêm a capacidade ou a responsabilidade, de guiar um adolescente na tarefa de preparar seu cérebro para a maturidade. Se um adolescente não for desafiado a fazê-lo, seu cérebro pode nunca ser adequadamente conectado ao de um adulto funcional e padrões imaturos de pensamento podem permanecer no lugar. É por isso que os pais que se apressam em justificar o mau comportamento de um menino o prejudicam além do que podem imaginar. Não apenas passam a mensagem de que desejos superam regras, como também dizem que ele não precisa assumir a responsabilidade por seu comportamento. Estes pais criam meninos que, emocional e psicologicamente, correm o risco de nunca mais sair da adolescência, e não saindo dela, como consequência levarão uma vida de constante frustração e descontentamento, sempre pondo a culpa nos outros e nunca percebendo o controle que efetivamente têm sobre suas próprias vidas.

Deixe seu filho entender que assumir a responsabilidade por seu mau comportamento o ajuda bem mais do que apontar o dedo para os outros. A vida é mais feliz, quando ele está no comando, livre para optar entre uma boa ação e uma má ação. Não apenas o cérebro aprenderá a pensar de forma diferente, como também ele mesmo viverá com uma liberdade imensamente maior. Quão cruel é fazer com que um menino se comprometa a viver uma vida na qual acredita que poderá ser feliz e bem-sucedido, ainda que outras pessoas ajam no lugar dele. A menos que seja estimulado e pressionado a abandonar esse pensamento infantil, o menino nunca aproveitará a vida com a mente de um homem de verdade.

Os homens assumem a responsabilidade por sua própria felicidade. Eles percebem suas próprias limitações, bem como os limites das outras pessoas. Ao assumirem as consequências de suas escolhas, tornam-se menos dependentes de seus cônjuges, filhos, colegas de trabalho ou chefes; desenvolvem um forte senso de responsabilidade por sua própria felicidade; aprendem a reverter as questões da infância; não perguntam como os *outros* podem melhorar a sua vida, mas sim como *eles mesmos* podem melhorar, não só a sua própria vida, mas também a dos que estão à sua volta.

Todo menino merece a liberdade de desfrutar de uma vida adulta masculina. Ele precisa do seu auxílio para chegar lá. Durante a adolescência, ajude-o a fazer perguntas a si mesmo e não aos outros. Não perpetue a propensão que ele já tem de ser autorreferente e irresponsável, ressignificando as dificuldades que ele mesmo cria para si. Quando você faz isso, você o condena a viver toda uma vida com mentalidade adolescente.

Fazer o que é certo

Os homens vivem com um conjunto ordenado de princípios, os quais, certamente, podem variar de um para o outro, mas algo se aplica a todos: quando um homem sai da adolescência, seu sistema de crenças começa a se cristalizar. A incerteza evapora durante seus primeiros anos de vida adulta e ele se vê pressionado a tomar decisões sobre sua vida não a partir de sua mera motivação de momento, mas de algo exterior a si; ou ele terá de escolher viver de acordo com seus desejos, os quais se baseiam nas suas crenças. A questão é que, internamente, começa a optar conscientemente por um padrão de vida e por uma forma de viver.

Meninos não conseguem fazer isso de uma hora para a outra. Seus sistemas de crença e seu raciocínio moral são provisórios, flutuantes e ainda facilmente influenciáveis. Em tudo, meninos absorvem influências de pais, professores e treinadores, desde trejeitos e maneirismos a crenças políticas.

Os pais os ajudam a filtrar as mais diversas influências, mas todo pai se prepara para um período de rebeldia do filho adolescente.

Muitos meninos adolescentes que crescem num lar onde são obrigados a ir à igreja ou à sinagoga de repente anunciam que não irão mais, porque querem tomar suas próprias decisões sobre aquilo em que acreditam. Eles declaram solenemente que não precisam mais de orientação espiritual de um padre, rabino, pastor ou mesmo dos pais; e, por fim, ressaltam que a mente é sua.

O irônico (embora ele não perceba) é que talvez não haja momento, em toda a sua vida, no qual a mente dele seja menos *dele* do que durante a adolescência. Quando tinha oito anos, tomar decisões era coisa fácil; aos dezessete, já não sabe mais o que pensar: não sabe quem está certo nem quem está errado, não sabe no que acreditar e no que não acreditar.

Por fora, um garoto adolescente agirá com confiança, seguro de si; por dentro, porém, pode estar acontecendo um desastre: ele pode estar se sentindo inseguro, confuso e com raiva de si mesmo, porque não consegue descobrir no que quer acreditar — embora ele sempre vá assegurar o contrário, tanto a você como aos colegas, de maneira bem convincente.

São grandes demais as decisões que, na mente adolescente, estão em jogo; nada ali é pueril ou trivial: que tipo de pessoa ele quer ser? Ele pode se parecer com seu pai ou isso o quer dizer que ele não consegue ser ele mesmo?

Tem medo de ser muito parecido com o pai e muito pouco parecido consigo próprio.

Não se contenta mais em ouvir sobre da importância de ser honesto, quer ver se ser honesto realmente serve para alguma coisa. Ele sabe que alguns acreditam que Deus existe e outros pensam que os fiéis são estúpidos; quer descobrir por si mesmo se Deus é real. Fará bem para ele agir de modo diferente dos amigos? O que ele pensa sobre álcool, drogas e sexo? Seus pais dizem não, mas alguns de seus amigos dizem sim a tudo isso.

Garotos adolescentes lutam para estabelecer um sistema de crenças, precisamente porque tudo na vida se intensifica: seus sentimentos ficam mais fortes e entram em conflito com a sua vontade, com aquilo que quer fazer; mas agora, vivenciando o conflito, percebe que precisa tomar decisões — e que os outros não farão isso por ele. Os homens querem liderar e, na adolescência, garotos ficam tentados a descobrir de que modo irão liderar a si mesmos.

O raciocínio moral na infância tem duas cores: preto e branco — e, nessa fase, a autoridade dos pais não representa ameaça à identidade do menino; contudo, durante a adolescência, ele acha que sua masculinidade é posta em xeque se seus valores e suas crenças não forem seus.

A melhor ajuda que um pai pode dar a um menino é aproveitar a receptividade do filho enquanto é criança. Portanto, durante a infância, ensine-o as suas crenças e diga por que você crê no que pratica, dê-lhe uma base moral sólida e depois ajude-o a colocá-la em prática. Assim, quando chegar à adolescência, terá uma estrutura clara sobre a qual possa trabalhar — ele precisa disso, pois, caso chegue à adolescência vazio, sem essa estrutura, acabará encontrando certas coisas que não são nada boas.

Quando seu filho se tornar adolescente, não se sinta ameaçado por suas perguntas, porque elas não dizem respeito a você, mas a ele — ele está descobrindo as coisas, ordenando sua estrutura moral e testando o seu sistema de crenças (ou o dos pais); deixe-o livre para questionar, porque, se o que você lhe ensinou for verdadeiro e bom, ele resistirá a esse teste que aplica a si mesmo.

Seja uma caixa de ressonância. Faça perguntas sobre o que pensa, gosta ou quer. Então deixe-o falar. Pergunte o que pensa a respeito de certo candidato político ou da confissão de culpa de um jogador de beisebol condenado à prisão por uso de drogas. Faça-lhe perguntas que exijam reflexões morais. Ele pode sentir a necessidade de encontrar respostas diferentes das suas; às vezes, tentará irritá-lo intencionalmente com suas respostas e você, pondo freio à sua própria expressão diante da dele, vai ensinar uma lição bem melhor do que respondendo à provocação, porque o que ele realmente quer saber é se você o respeita e acha que vale a pena considerar suas opiniões.

A partir do momento em que percebe que você faz isso, é bem provável que suas crenças, ao menos eventualmente, se não imediatamente, coincidam bastante com as suas.

Pode ser gratificante para você que as crenças dele reflitam as suas, mas o mais importante é que ele tenha um sistema de crenças para ajudá-lo a esclarecer seu próprio senso de moralidade. Meninos, adolescentes e homens precisam de uma estrutura moral com a qual possam operar, uma que lhes permita colocar não interesses próprios em primeiro lugar (como fazem as crianças), mas os alheios (como fazem os adultos maduros). Em outras palavras, durante a adolescência — período em que pais se preocupam tanto com filhos que se metem em problemas —, garotos precisam saber como fazer o que é certo, como descobrir que a virtude é boa em si mesma, que é a própria recompensa, pois quando dão esse salto, o resultado vem a ser satisfatório, até porque essa transição é uma das mais determinantes para a felicidade de um menino.

A decisão mais importante que um homem toma na vida (além das questões fundamentais sobre Deus) não é escolher em que faculdade vai estudar, qual carreira vai seguir ou em que cidade vai morar — nada disso. Mas escolher com quem se casar. Se o casamento de um homem é bom, a vida dele é boa. Ele pode perder o emprego, um filho, uma casa, mas se tiver um relacionamento sólido com o cônjuge, desse relacionamento esse homem será capaz de extrair forças que o farão suportar as dificuldades. Se, por outro lado, o relacionamento é atribulado e penoso, a vida se revela ruim: seu trabalho o deixa menos satisfeito, seus interesses nos seus próprios hobbies diminuem e é mais provável que ele perca a esperança em todas as outras áreas da vida.

Um dos maiores presentes que podemos dar aos nossos filhos é a preparação para o casamento, se eles vierem a se casar; mas, mesmo que um filho nosso não se case, ainda assim se beneficiará tremendamente da capacitação que lhes demos, vivenciando-a em relacionamentos adultos saudáveis.

Todos os meninos, incluindo os meninos adolescentes, procuram modelos e figuras de referência. E o que eles veem? Garotos não são tão influenciados pelo estilo de vida das celebridades quanto as garotas, o fato é que eles apenas escolhem outro tipo de celebridades, apesar disso, a influência segue sendo igual: o que a cultura pop ensina às crianças é que os relacionamentos são intensos, mas transitórios. Acontece que essa não é uma receita recomendada, se se quer preparar uma vida saudável, embora seja isso o que milhões de jovens respeitam como norma. Tom Cruise deixa Nicole Kidman e os filhos, ambos em lágrimas, para seguir em frente e ser celebrado por encontrar uma mulher mais jovem e atraente. As esposas, isso para não mencionar os filhos, são descartáveis para a elite de Hollywood e nossos meninos têm absorvido isso. Há quarenta anos, eles vêm recebendo tais influências, também de outras fontes culturais. Você mesmo pode ter sido vítima de um pai e marido que comprou o ideal de Hollywood, ou que teve a chamada "crise da meia-idade" (lê-se: de adolescência contínua).

Meninos agem de acordo com seus sentimentos, mas homens de verdade não. Os "homens" da elite de Hollywood não são os homens que a maioria de nós deseja que nossos filhos aspirem a ser. Esses "homens" se comportam como meninos que nunca cresceram e que nunca foram ensinados a crescer, pois suas paixões e desejos, não importa quão transitórios sejam estes e aqueles, que dirigem suas vidas. Eis a tragédia: um homem que vive desse jeito não vence — nunca vence, já que nunca encontra paz nem alegria e na sua vida sem rumo leva muitos outros com ele.

Nossos filhos têm visto a norma dos relacionamentos ser redefinida e somos nós quem devemos corrigir isso. Caso contrário, eles não crescerão: o seu comportamento os levará a uma espiral negativa, a uma queda vertiginosa e, então, eles se sentirão sozinhos e miseráveis. Temos de ensiná-los a viver; e a melhor maneira de ensinar a um menino o modo correto de se viver é dar a oportunidade de ver um bom homem trabalhando.

Quando Henry tinha dez anos, seu avô foi levado para morar num lar de idosos. O garoto dizia que odiava visitá-lo, primeiro porque isso o deixava triste e segundo porque o cheiro de mofo do asilo lhe dava dor de cabeça. Henry era o filho único dentro de um lar desfeito e, como resultado dessa dissolução familiar, acabou ficando próximo do avô. Ele não estava totalmente pronto para cessar de ver o avô e, às vezes, ia por achar que, quem sabe um dia, seu avô pudesse melhorar — nem que fosse só um pouquinho. Talvez eles pudessem jogar poker novamente, assim como nos velhos tempos. Foi essa esperança que fez Henry suportar o cheiro de mofo.

Numa das visitas, acabou conhecendo outro idoso, um senhor chamado Bill, cuja esposa estava na casa de repouso — ela parecia ter uns cento e doze anos, mas Bill parecia ter setenta. Henry e Bill se deram bem imediatamente. Bill era como seu avô costumava ser: um homem gentil e sereno, que gostava de contar piadas.

A mãe de Henry disse que, desde que fizera amizade com o velho Bill, o menino começou a ir ao lar de idosos para visitas semanais sem hesitar tanto. Bill não morava lá, mas Henry sabia que, sempre que fosse ao asilo, o amigo estaria andando pelos corredores com a esposa, alimentando-a na hora do jantar ou lendo para ela no quarto.

Henry estava fascinado com Bill. "Ele não tinha vida," comentou o garoto com a mãe. "Tudo que ele fazia era cuidar da mulher." Às vezes, Henry ficava visivelmente chateado, porque a esposa de Bill gritava com ele, chegando mesmo a agredi-lo. Depois, ela se desatava em prantos e chorava muito.

O comportamento da velhinha irritou o menino. O garoto então decidiu que ia ajudar o velho e passou a ser seu protetor. Henry perguntou à mãe se eles poderiam convidar Bill para jantar. Sentia pena daquele homem.

Certa vez, a mãe de Henry o ouviu conversando com Bill. Ela estava sentada ao lado do pai, avô do garoto, ajudando-o a comer, e Henry se sentara próximo de Bill, enquanto este alimentava a esposa. Era hora do almoço. A mulher de Bill tinha um babador e naquele dia estava triste: não queria comer. Bill tentava persuadi-la a comer, implorava com a velhinha. Henry ficou chateado. E disse:

— Bill, como você continua fazendo isso? Porque, na verdade, você nem está ajudando mais a sua mulher.

Henry fez uma pausa, percebendo que havia ido longe demais; porém, estava chateado e odiava ver Bill desperdiçando seu tempo.

Bill olhou para ele e, então, se voltou para a esposa. Ele pareceu sorrir.

— Desculpe, Bill. Desculpe mesmo. É que, toda semana, você só fica fazendo isso. Mais nada. É tão chato. Como você pode aguentar isso?

— Ouça bem, meu filho. Vou lhe dizer uma coisa. Bev e eu estamos juntos há cinquenta e oito anos. Isso é mais tempo do que você pode imaginar. Este é um momento difícil, com certeza, mas tivemos tantos outros... até que, através dos anos, os momentos bons passaram. É sempre assim: os bons momentos passam.

Ele se virou para a esposa e limpou a salada de ovo da bochecha dela.

— Nunca se esqueça de uma coisa, pequeno Henry: ficar junto, quando tudo de bom está acontecendo, é fácil; agora, isso aqui é amor. É amor, meu garoto, é amor.

Henry nunca se esqueceu de Bill. E o principal é que, naquele dia, ele entrou na casa de repouso um garoto e saiu outro: era um menino mudado. A mãe disse que ele nunca mais foi o mesmo. Ele passou a rir mais e brigar menos com ela. Ele tinha, então, esperança. "Espero que a vida dele possa ser diferente da do pai e da minha", disse a mãe. Bill deu a Henry uma imagem da vida cheia de frustrações, tristezas e... amor — algo digno de toda a admiração. Ele viu um homem fazer escolhas difíceis, fazer o que era certo apesar dos interesses próprios, e viu que quando um homem fazia isso, todos os envolvidos saíam ganhando.

Homens seguem em frente

Talvez a maior marca de uma transição bem-sucedida da infância para a idade adulta seja a perseverança. Meninos perdem o fôlego e querem parar; homens perdem o fôlego, fazem uma pausa para recobrá-lo e logo seguem em frente.

Uma das maiores qualidades do caráter masculino é a tenacidade: conduzir a vontade numa direção que o homem sabe ser a necessária. Um menino, por razões várias, não consegue fazer isso.

Primeiro, meninos não têm recursos mentais e emocionais para manter o foco em um objetivo por um longo período: ficam entediados, mudam de ideia; estão ocupados demais, descobrindo o mundo, para se concentrar num objetivo.

Segundo, não têm noção do que é esperar por uma recompensa adiada, nem sequer podem conceber a ideia de que economizar dez dólares por semana, guardando-os na sua poupança, lhes fará render mais de cinco mil num período de dez anos — aliás, sua incapacidade de reconhecer as consequências futuras os impedem de ter qualquer incentivo para perseverar: na mente de um menino de treze anos, só o dia de hoje, talvez no máximo o dia seguinte, é tudo o que importa; ele não tenta pensar assim, é esse o modo como o seu próprio cérebro funciona (e é por isso que os pais precisam garantir que ele faça essa contribuição semanal).

Viver com tenacidade requer motivação. Meninos só se motivam, se puderem ver benefícios imediatos e direcionados a eles. Modelar uma inclinação para a perseverança exige que os pais lhes concedam benefícios relativamente imediatos quando seus filhos se comportam bem. Tal imediatismo dos benefícios pode ser diminuído à medida que o menino amadurece: uma criança de dez anos pode economizar dinheiro por um mês para comprar um taco de beisebol e se manter motivada ao longo desse mês, um adolescente de dezesseis anos pode economizar dinheiro por três ou quatro meses e

Da infância para a idade adulta: um salto fundamental

ficar motivado para comprar, se ele pudesse, até o céu, no qual já estava de olho.

A tenacidade também requer profunda convicção. Meninos apreciam e acreditam em certas coisas, mas são facilmente influenciados: suas crenças e gostos são maleáveis.

Outra marca característica de um homem maduro é que ele sabe no que acredita e o porquê. Assim, pode agir de acordo com suas crenças, mesmo quando outros discordam. Ele permanece firme em levá-las a cabo, porque elas são inabaláveis.

Rudyard Kipling resume isso em seu brilhante poema intitulado *Se*:

> Se consegues manter a paciência, mesmo
> que todo o mundo a perca e ainda te aponte o dedo,
> se ante a suspeita alheia pões fé em ti mesmo,
> porém levando em conta a dúvida, sem medo;
> se consegues ficar à espera, conformado,
> e, ao seres injuriado, não injuriar,
> nem dar lugar ao ódio, ao seres odiado...[1]

Na sequência do poema, conclui Kipling, é assim que um menino se torna um homem.

Colegas não podem ensinar a um menino a tenacidade, porque estão no mesmo barco, mas você pode. Quer seja você um pai, quer seja uma mãe, ensine-o a buscar o que é certo, a persegui-lo e, então, a segurá-lo. Dê a ele pequenas tarefas que o forcem a seguir em frente. Se ele começar a fazer aula de tuba, proposta para seis semanas e, em seguida, odiar tocar tuba já na segunda semana, faça-o pelo menos completar as seis semanas. Se ele convida uma garota para um baile, mas logo muda de ideia — isso é muito feio: ele deve levá-la, não tem desculpas. Se ele se comprometer com um trabalho de quinze horas por semana depois da escola e ficar irritado com o chefe, você deve garantir que ele não deixe o trabalho.

---
[1] Kipling, Rudyard, *"If"*.

Pais cuidadosos e entusiasmados muitas vezes privam seus filhos de se tornarem adultos, permitindo que eles abandonem seus compromissos. Se seu filho começar algo e, de maneira impulsiva, decide que odeia o que começou, faça-o esperar pelo menos duas a quatro semanas antes de optar pela desistência, pois, assim, todo o processo será decepcionante. Desistir nunca deve ser uma atitude tomada com o ânimo leve nem deliberada com muita facilidade.

> [...] Se consegues fazer das tripas coração
> e pôr os nervos para trabalhar à vera
> em teu favor quando já não te resta nada
> salvo a Vontade que te ordena: "Persevera!"[2]

Matthew Benton aprendeu a perseverar bem antes de qualquer um dos seus amigos. Quando tinha nove anos, seu pai morreu, após uma longa batalha contra uma forma rara de doença pulmonar. Sua mãe ficou arrasada. Ela amava o marido. Depois que morreu, ela nunca mais tocou no tema da sua morte, porque, segundo Matthew, ela não queria acreditar que aquilo realmente tinha acontecido.

Certa manhã, antes de seu pai morrer, ele se aprontou para ir à escola e tomou o café da manhã. Olhou para o quarto, a fim de se despedir do pai, que estava se vestindo para ir ao hospital, onde faria mais um exame.

— Até mais, parceiro — disse-lhe. — Mesmo lugar, mesmo horário. Matthew adorava essas brincadeiras familiares. Tinham várias piadas internas, frases que só faziam sentido para eles. Eles usavam "mesmo lugar, mesmo horário" como que assinalando a expectativa que tinham de fazer alguma coisa legal juntos. Quando seu pai usava frases como essas, o mundo inteiro desaparecia. Por apenas um instante, ambos viviam num particular, única e tão somente deles. Especialmente naquela manhã, o menino saiu correndo de casa e entrou no ônibus escolar; e, dali em diante, nunca mais viu seu pai. O garoto

---

2 Ibid.

estava no quarto ano. Quando voltava da escola, as roupas do pai estavam penduradas no armário e sua tigela de cereais pela metade estava em cima da pia. Seus sapatos estavam na sala, sujos de lama e sua jaqueta cheirava a lenha, mas ele não estava em lugar algum.

Durante vários meses depois da morte do pai, a mãe de Matthew mal proferiu uma palavra. Dormia muito e começou a fumar. Nunca mais cozinhou uma refeição sequer. O menino teve de fazer sanduíches de manteiga de amendoim e geleia.

Sua avó, certa vez, estava na casa e ele a ouviu gritando com a mãe durante a noite. De repente, ele começou a chorar e sentiu que chorou por um ano inteiro.

Quase dezoito meses depois, a mãe se casou com um homem que ela mal conhecia. Ele tinha uma filha três anos mais velha que Matthew. O rapaz queria que o homem e a filha fossem embora. Aquela era a casa *dele*.

Toda vez que passava pelo quarto de seus pais, o garoto se recusava a olhar lá dentro. Depois daquele dia horrível, ele nunca mais entrou lá. Tinha sido mentira o que, de dentro daquele quarto, o seu pai lhe contara. Ele não pisou mais ali, em momento nenhum.

Ao longo dos anos que se seguiram, Matthew deu as costas para o mundo que até então tinha conhecido e fechou-se num microcosmo interior que ele mesmo criou. Ouvia música, via muita televisão sozinho no quarto e raramente saía para brincar com os amigos.

Vez ou outra, seu padrasto o convidava para ir a um jogo de futebol ou ao cinema; e, na maior parte das vezes, Matthew recusava. Diante de tais recusas, o padrasto o chamava de mimado e grosseiro. O menino não se importava. Durante o nono ano, foi fazer parte de uma equipe da liga juvenil de beisebol. Ele adorava ficar longe de casa e tudo o que fosse relacionado ao esporte — o uniforme, o cheiro da luva de couro, até mesmo a dor que sentia nas mãos quando rebatia a bola com força. Mas gostava da liga juvenil, conforme me dissera, principalmente porque Brian também jogava lá.

Brian era treinador. Recém-saído de uma liga da segunda divisão, ele tinha 25 anos e viera para auxiliar o treinador de Matthew. O garoto viu nele um homem parecido com seu pai. Desde que Brian se juntou à equipe, Matthew afirmou que, por um tempo, tudo parecia bem, mas não soube explicar por quê.

Sem demora, Brian percebeu que Matthew gostava da atenção que lhe dava. Sabendo disso, deu ainda mais atenção ao menino: passou a buscá-lo em casa e levá-lo para centros fechados de treinamento, onde os dois pudessem praticar o beisebol. Quase toda semana eles faziam algo juntos e geralmente era algo relacionado a esportes.

Quando Matthew tinha dezessete anos, certo dia foi para o treino de beisebol. Brian estava lá e, no instante em que o viu, soube que havia algo errado; o jovem treinador auxiliar foi então para perto do garoto e sentiu um cheiro estranho exalando do seu suéter: era cheiro de maconha. Brian olhou bem nos olhos do rapaz — eram olhos vagos e avermelhados. Além disso, Matthew estava meio abobado, rindo à toa.

Brian não disse uma só palavra até o fim do treino. Depois, levou Matthew ao seu carro e ficaram sentados lá dentro conversando por horas. Brian perdeu a paciência: "O que estava fazendo? Ele estava pensando o quê? Por que andava por aí com esses idiotas? Por que jogava fora a própria vida?"

Matthew começou a falar soluçando. Mais tarde, naquele mesmo dia, ao relembrar a conversa que teve com Brian no carro, percebeu que o havia desapontado — e isso doeu. Mas tinha mesmo de doer. Por anos, Brian preenchera um enorme vazio emocional que havia em Matthew, ajudando-o de inúmeras maneiras; e, agora, se dava conta: havia traído o jovem treinador.

Naquele carro, algo havia mudado dentro de Matthew: o garoto cresceu. Durante anos, odiou a mãe, o padrasto e até mesmo a casa em que morava; e culpava a mãe e o padrasto por terem lhe roubado o pai; por isso, o garoto não queria nenhuma relação com eles. Brian, por sua vez, não lhe roubara ninguém; pelo contrário: veio para somar, tornando-se um segundo pai para Matthew. Portanto, merecia bem mais e o menino sabia disso. Ele precisava assumir a responsabilidade por suas ações, precisava assumir o controle de si mesmo e de sua vida.

— Percebi naquele dia no carro que eu tinha que fazer uma escolha. Ou eu colocava a culpa nos outros ou eu assumia o comando — disse ele. — Ele me fez perceber que eu tinha condições de assumir o comando. E que estava tudo bem.

Brian apresentou a Matthew a liberdade de uma vida adulta. É isso que um mentor do sexo masculino pode proporcionar a um menino. Todo menino que não tem acesso a um pai precisa de um homem em quem possa se inspirar — um treinador, um professor, um padrasto, um tio —, um homem que esteja ao seu lado, enquanto ele salta por sobre o abismo que há entre a infância e a idade adulta. Dar esse salto requer energia, coragem e, às vezes, um grande empurrão; e um menino é mais receptivo ao empurrão de outro homem do que ao de uma mulher. Um garoto confia mais em homens para isso, porque os homens já tiveram de passar pela mesma situação que ele.

O maior erro que cometemos na educação de meninos adolescentes é esquecer que todos eles precisam de ajuda para *sair* da adolescência. Milhões de meninos envelhecem, mas poucos se tornam homens. Nenhum quer ficar preso no mundo bobo de uma puerilidade perpétua, ele precisa de alguém que o guie no caminho de saída desse mundo. Seus anseios mais profundos o pressionam em direção à idade adulta; ele precisa responder, o menino quer, só que não sabe como fazer. Portanto, ajude-o. Esteja presente para desafiá-lo. Deixe-o um pouco desconfortável, exigindo que o intelecto dele trabalhe e que amadureça. Como em qualquer outro processo de crescimento, será doloroso para ambos, mas a vida dele depende disso.

Se você é treinador, ajude um ou dois jogadores. Se é tio, volte a fazer parte da vida dos seus sobrinhos. Se você é pai solteiro, empenhe-se na vida do seu filho.

Todo menino no mundo precisa de um homem para que também se torne um homem.

CAPÍTULO 10

Um fator chamado Deus

Meninos precisam de Deus. Todos eles. Quer tenham três, quer tenham vinte e três anos, a maior lacuna que pode acontecer na vida de um menino não é a falta de estudo, nem a falta de oportunidades, tampouco a falta de uma presença paterna estável, mas a fé num Deus que se importa com ele.

Os garotos, principalmente os mais novos, sabem disso. Meninos pequenos são bem mais abertos à ideia de um Deus invisível e poderoso do que seus irmãos mais velhos e seus pais. Isso pude descobrir, observando meus pacientes do sexo masculino em idade infantil; e minha experiência faz eco ao que o grande psiquiatra Robert Coles também pôde notar. Repetidas vezes, testemunhou seus pacientes mais jovens relatarem (sem que ele os incitasse a isso) a natureza de Deus. Sendo o psicanalista experiente que era, escritor vencedor do Prêmio Pulitzer e professor da Harvard Medical School, Coles reproduz, com imensa sensibilidade, centenas de conversas que teve com crianças sobre Deus. Ele ilustra isso em seu livro *The Spiritual Life of Children*,[1] e o faz sem nenhuma intenção de atender a uma agenda proselitista. E, de fato, embora não traia suas próprias crenças religiosas, concentra-se apenas no que as crianças dizem a ele. Vejo razão no que diz o psiquiatra,

---
1   Coles, Robert. *The Spiritual Life of Children*. Boston: Houghton, 1990.

porque eu mesma, do outro lado do país, já ouvi as mesmas palavras que ele narra, a mesma fé espontânea e exuberante sair da boca dos meus próprios pacientes.

Meninos que falam comigo sobre Deus fazem uma coisa interessante: descrevem o modo como Deus reage suas ações. "Acho que quando sou mais gentil com minha mãe, Deus se alegra comigo." Ou: "Sei que Deus fica realmente desapontado quando minto." E quando os meninos descrevem a aparência divina, cogitam sobre Sua face, nunca sobre Seu corpo: "Ele deve ter um rosto grande — enrugado, barbudo, amável, mas um pouco severo." O rosto, dizem eles, é o que há de mais importante acerca d'Ele, porque Ele não é um ser humano, Ele é espírito, mas os meninos precisam saber como é a Sua face para que possam descobrir como Deus se sente em relação a eles. Apontamentos como esses são fruto de diálogos que, ao longo de décadas, tenho tido com meus pacientes do sexo masculino.

Acho fascinante e encorajador que os meninos deem enfoque à face de Deus. Garotos querem saber como Deus é, e parecem compreender melhor o Seu caráter, a Sua natureza imaginando como Ele sorri, como franze a testa, como expressa aprovação ou desaprovação. Meninos são naturalmente simples e diretos, e um pouco utilitários. Se Deus é real, então eles querem saber como Ele é. Se Deus for um sujeito sensato, logo eles se aproximarão um pouco mais d'Ele; se for mau, eles se afastarão. Mas o principal é: querem saber se Deus vai ajudá-los de alguma forma. Deus os ouvirá? Deus realmente vê o que eles fazem na escola, em seus quartos, em suas conversas telefônicas? Quando eles estiverem passando por algum problema, Ele irá resolver esse problema para eles? Deus carrega uma varinha mágica?

— Não, claro que não — Matt comentou comigo outro dia. — Só fadas têm varinhas.

E depois assegurou que Deus pode fazer as coisas com rapidez bem maior — num só instante.

Deus faz sentido para os meninos. Para eles é fácil imaginar que Deus existe em estado invisível e sem forma definitiva; que

Ele possui qualidades masculinas e femininas (tão autoritário quanto um pai e tão amoroso quanto uma mãe); e que Ele é capaz de ver tudo no universo de uma vez só.

Uma das razões pelas quais os meninos acham tão fácil crer em Deus é que eles conectam seu mundo interior, de pensamentos e sentimentos, ao exterior. Em outras palavras, seus comportamentos externos refletem seus sentimentos internos. Garotos, na infância, se sentem menos inibidos e mais livres socialmente, por isso essa desinibição em compartilhar sua crença, tão espontânea, em Deus. Contudo, a coisa muda quando vão chegando aos últimos anos do ensino fundamental, período em que eles começam a querer acessar as camadas mais "subterrâneas" do seu eu interior — quando os colegas de classe se tornam cruéis, os pais se divorciam, começam a tirar notas baixas, precisamente aí os meninos aprendem a forçar seu mundo interior para um lugar cada vez mais escondido e privado.

É por isso que, à medida que crescem, os meninos expressam seu imaginário com menor franqueza. Johnny, de seis anos, é um exemplo: o pequeno gostava de passar horas e horas brincando com a sua sofisticada locomotiva no porão. Um belo dia, enquanto brincava, sua irmã o ouviu conversando com alguém. Quando ela perguntou com quem ele estava brincando no porão, seu rosto ficou vermelho que nem uma beterraba. "Com ninguém," respondeu. Mas a irmã sabia que ele estava falando com alguém — era um amigo imaginário.

Sem dó, mas em voz baixa, a irmã o repreendeu — e eis que o amigo imaginário dele foi-se logo embora ou, pelo menos, o menino passou a manter as conversas que tinha com o seu amigo dentro dos recantos mais profundos do seu cérebro. O comportamento exterior de Johnny se descolou do seu mundo interior.

Quando amadurecem e ouvem adultos ridicularizarem a sua fé ou os representantes da sua fé, meninos se sentem mais desconfortáveis com sua própria crença em Deus. Uma das maiores agressões que um adulto pode perpetrar contra um menino é destruir sua crença pura, sincera e bastante real, em Deus. Muitos adultos esmagam a fé de uma criança muitas vezes sob o pretexto de querer que ela "decida por si mesma". Ironicamente, isso tira o poder de decisão das mãos do menino.

No que creem os meninos

Muitos rapazes já me contaram suas experiências com Deus. Eu acredito no que dizem, porque geralmente tratam de temas comuns, sempre positivos e edificantes, nunca assustadores ou desanimadores. Nenhum dos meus pacientes meninos (não que eu saiba) chegou a compartilhar suas experiências entre os outros, por isso é improvável que elas tenham vindo de alguém que tenha semeado ideias na mente de todos.

Com dez anos, Georgie teve um tumor cerebral bem raro. Não era maligno, mas sua localização impossibilitava uma operação. Como se pode imaginar, os pais dele ficaram devastados. O menino passou por tratamentos de quimio e radioterapia; perdeu o cabelo e muito peso, mas, surpreendentemente, nunca perdeu o ânimo. Após cerca de dezoito meses de tratamento, o oncologista informou à família de Georgie que não acreditava que o garoto fosse capaz de sobreviver: o tumor continuava se espalhando em torno do tecido cerebral. Nos meses seguintes, disse o oncologista, Georgie provavelmente entraria em coma.

Sua mãe ficou muito abatida e chorava sem cessar; o pai, por sua vez, fez o melhor que pôde, trabalhando mais e mais para que o plano de saúde do filho não estivesse em risco. Devido ao trabalho do pai e à dor da mãe, o menino passou muito tempo sozinho durante aqueles meses. Jamais esquecerei, no entanto, de uma experiência que descreveu para seus amigos e sua família. Uma tarde, quando reinava um silêncio em toda a casa, Georgie estava sentado no sofá da sala de estar, sozinho, montando um quebra-cabeça, enquanto a mãe cochilava.

De repente, sentiu que Deus falava com ele. O garoto não via ninguém, não percebia voz audível, mas me garantiu que, sem sombra de dúvida, ouvira algo dentro de si: ele sabia que era Deus ou um anjo. Segundo conta, Deus lhe dissera para não se preocupar com a morte, com seus pais nem com o céu. Essa era a mensagem e nada mais.

Mas a mensagem foi suficiente. Daquela tarde em diante, Georgie não era a mesma pessoa. Agora estava feliz e sereno; à noite, dormia bem. E ainda insistia em tranquilizar seus pais, todos os dias, garantindo que todos, incluindo ele próprio, ficariam bem. Os pais disseram que jamais tinham visto alguém tão seguro.

Já faz alguns anos que Georgie morreu e até hoje seus pais perpetuam a experiência vivida pelo filho. A verdade é permanente e eu creio que a realidade da experiência vivida por Georgie se atesta na permanência dela: se o menino tivesse tido um sonho, um pensamento ocioso ou simplesmente uma superstição infantil, não teria mudado vidas, especialmente com tão notável convicção. Creio ter sido uma experiência real, não apenas por causa da força ou da sinceridade, mas porque muitos pacientes já me descreveram encontros semelhantes: Deus lhes falava, dava-lhes esperança e uma profunda segurança. Talvez Deus se comunique com mais frequência com as crianças porque elas têm ouvidos abertos.

Vejam só o que estudos médicos revelam sobre o atual estado da fé entre os meninos nos Estados Unidos. (Esta informação é do *Journal of Adolescent Health* e a idade média das crianças estudadas foi a de dezesseis anos.)

- 89% relataram crer em Deus.
- 77% afirmaram que a religião era importante.
- 80% relatam que Deus ama e cuida deles.
- 63% sentem ter um relacionamento significativo com Ele.

Diante disso, concluímos que, embora a fé possa diminuir em alguns, se compararmos com os primeiros anos do ensino fundamental, a crença em Deus ainda é uma verdade esmagadora para adolescentes.[2]

Crer em Deus faz bem aos meninos

Analisar estudos médicos sobre os efeitos que a fé de um menino exerce em seus sentimentos, pensamentos e comportamentos é uma experiência extraordinária. As descobertas são bastante consistentes, e o impacto que a crença de um menino em Deus desempenha em seu completo bem-estar é impressionante.

Muitos pais leem livros, procuram aconselhamento profissional e estabelecem limites à mídia eletrônica em casa, a fim de manter os filhos no caminho certo. Com fervor, desejam fazer tudo o que puderem para mantê-los longe das drogas, da bebida e da pornografia. Eles querem evitar que a depressão faça parte de suas vidas, querem que tenham sucesso escolar, artístico, atlético; no fundo, pais querem que os filhos sejam felizes.

Estudos médicos mostram que a melhor maneira para que os pais consigam tudo isso é ensinando o filho a crer em Deus.

Agora, vejamos com mais detalhes de que modo Deus ajuda os meninos.

Primeiro, pais religiosos têm melhor relacionamento com seus filhos, o que os torna mais saudáveis e felizes. Na revista acadêmica *The Journal of Marriage and Family*, Valerie King afirma que pais, cuja prática da religião é ativa, tendem não apenas a investir mais no relacionamento com os filhos, como também a ter maior expectativa de relacionamento saudável com os filhos no futuro.[3]

---

[2] Cotton, Sian, Larkin, Elizabeth, Hoopes, Andrea, Cromer, Barbara A., e Rosenthal, Susan L. "The Impact of Adolescent Spirituality on Depressive Symptoms and Health Risk Behaviors." *Journal of Adolescent Health* 36.6 (2005): 529.e10.

[3] King, Valerie, "The Influence of Religion on Fathers' Relationships with Their Children." *Journal of Marriage and Family*, v. 65, n. 2 (mai. 2003).

A pesquisa também mostrou que mães com uma fé sólida têm relacionamentos mais saudáveis com os filhos. Além disso, as mães costumam relatar que seu relacionamento com os filhos melhora, quando participam regularmente de cerimônias ou cultos religiosos.[4]

Meninos religiosos são menos propensos a manter uma vida sexual ativa desde muito cedo, não se tornando promíscuos durante a adolescência nem em uma fase mais tardia de suas vidas. Garotos que têm uma fé religiosa apresentam menos chance, e de forma expressiva, de fumar, beber álcool, deixar de estudar, usar maconha e sofrer de depressão; e têm maior propensão a ter uma autoestima mais elevada também. Meninos cujos pais são religiosos serão menos inclinados a se envolver em atividades criminosas. A religião ajuda crianças de origem pobre a superar as desvantagens físicas, psicológicas e comportamentais frequentemente associadas à pobreza infantil.[5]

Pesquisadores das universidades de Princeton e da Pensilvânia analisaram a melhor literatura disponível sobre o impacto da religião na vida das crianças. Eles também concluíram uma pesquisa própria a esse respeito, na qual descobriram que as evidências sobre os benefícios que a religião traz à saúde física e emocional das crianças eram tão grandes que "com base nessas descobertas, é apropriado sugerir que programas de prevenção que colaboram com congregações religiosas locais (ou mesmo apoiados ou propostos por estas) devem receber atenção e acolhimento por parte da comunidade como um todo, quando se trata de apoiar o desenvolvimento saudável da juventude."[6]

Muitos de nós mantemos nossa religião apartada do nosso trabalho profissional. O problema é que, como pais, mas também como médicos, professores e treinadores, quando se trata de transformar meninos em homens mental, física e psicologicamente fortes, não podemos ignorar o fator "fé".

---

4   Ibid.
5   Ibid.
6   Sinha, Jill W.; Canaan, Ram A.; e Gelles, Richard J. "Adolescent Risk Behaviors and Religion: Findings from a National Study." *Journal of Adolescence* 30 (2007), p. 246.

Não temos esse direito. Dados científicos atestam isso. Independentemente de nossa filosofia e fé pessoais, a conclusão é que Deus é tão bom para os meninos que não podemos ignorar essa realidade.

Para os meninos, o que é a fé?

A maioria dos estudos descreve a fé em Deus como religiosidade. Mas o que é religiosidade? Sabemos, através do *Journal of Adolescence*, que 89% dos adolescentes diz que rezam uma vez por semana e mais da metade frequenta a igreja semanalmente;[7] 32% deles, de acordo com o grupo de pesquisa Barna, reúne-se em grupos de jovens durante a semana, para além do culto regular de domingo.[8]

Embora isso nos dê uma imagem bastante tradicional da vida religiosa dos meninos norte-americanos, também é verdade que a sua espiritualidade mudou drasticamente nos últimos quarenta anos.

Hoje, muitos fiéis — principalmente adolescentes — não veem mais na religião uma prática destinada sobretudo a conhecer e adorar a Deus, mas a usam como um meio de autodescoberta. Dizer isso, claro, é uma generalização, considerando que muitos homens, meninos e jovens levam vidas religiosas tradicionais: decoram orações, estudam as escrituras sagradas, participam de ofícios religiosos e buscam compreender um Deus que os criou para um propósito mais profundo.

Mas as mudanças sociais, que ao longo dos últimos quarenta anos vêm afetando nossos meninos em cada parte da vida, não poderiam ter deixado de afetar também sua vida espiritual. Historicamente, muitos pais da geração dos baby boomers são menos religiosos do que os seus próprios pais e algumas instituições religiosas refletiram essa mudança. Nos capítulos anteriores, tivemos a oportunidade de discutir esse assunto, ao observamos o impacto negativo disso na vida dos nossos

---

7   Ibid., p. 232.
8   Ibid.

meninos: a escalada do índice de divórcios, o acentuado aumento de famílias monoparentais, a propagação considerável de atividade sexual pré-marital (e a crescente proliferação de doenças sexualmente transmissíveis). A religião tradicional se opunha a tais comportamentos; hoje em dia, contudo, o faz com bem menos eficácia.

Para os meninos, o arrefecimento de tal oposição é duplamente prejudicial. As consequências das mudanças sociais — lares sem pai, DSTs atingindo, de forma desenfreada, pacientes cada vez mais jovens etc. — já são ruins o bastante; para piorar, o número de meninos que vivencia a prática da religião tradicional só despenca e, sem isso, os meninos passam a viver imersos num estado de vazio espiritual que, sendo ineficaz e decepcionante, não os leva a nada. Meninos precisam adquirir profundidade espiritual. A religião tradicional não é só mais desafiadora ou rigorosa, é também mais reconfortante, por ser mais correta, por se preocupar mais com definições, com regras, com teologia (ou seja, com a tentativa de entender a verdade sobre Deus) do que com autoconhecimento.

Digo isso não como teóloga, mas como pediatra; e me baseio no que tenho observado em minha prática clínica. Meninos que aderem a uma religião tradicional são muito mais propensos a suportar as pressões da vida, a ter um senso de integridade e de quais são os seus propósitos neste mundo, do que meninos que foram criados fora da fé ou com uma fé vaga e mal alicerçada, na qual eles mesmos eram seus guias. Ter uma estrutura é importante para os meninos — também para muitas pessoas: uma religião tradicional fornece estrutura, regras e autoridades: padres, pastores, rabinos — uma referência a quem o menino pode recorrer quando tiver dúvidas.

Setenta e cinco por cento dos adolescentes de treze a dezessete anos nos Estados Unidos se identifica como protestante ou católico e 1,5%, como judeu.[9] É assim porque grande

---

9   Smith, Christian; Lundquist-Denton, Melinda. *Soul Searching: The Religious and Spiritual Lives of American Teenagers*. Nova York: Oxford University Press, 2005, p. 31.

parte dos adolescentes quer se comprometer com práticas religiosas específicas e bem delimitadas. Nesse sentido, esses jovens são, por isso, descritos como "religiosos" em vez de, no corrente uso expansivo da palavra, "espiritualizados". Quando olhamos a frequência com que adolescentes vão à igreja, tal anseio por uma prática religiosa específica e balizada se evidencia ainda mais.

Conforme apontado no livro *Soul Searching: The Religious and Spiritual Lives of American Teenagers*, do dr. Christian Smith e da candidata a ph.D. Melinda Lundquist-Denton, 52% dos adolescentes de treze a dezessete anos relatou participar de ofícios religiosos pelo menos duas vezes por mês. Quando interrogados sobre a frequência com que eles *escolheriam* ir à igreja ou à sinagoga, 60% afirmou que iria *pelo menos* duas vezes por mês.[10] Será que em todo o país os pais estão de fato desencorajando seus filhos a participar de ofícios religiosos? Acredito que sim. Muitos pais preferem extirpar a igreja ou a sinagoga da sua lista de tarefas, seja porque estão cansados, porque preferem gastar esse tempo fazendo outra coisa, porque são religiosamente mornos ou descompromissados.

O resultado disso é uma ignorância religiosa que se instala entre muitos meninos. Eles gostariam de ver respondidas as grandes perguntas que têm sobre a vida, mas os pais se sentem desconfortáveis para responder seus questionamentos. Muitos, aliás, se recusam a levar seus filhos à igreja ou à sinagoga, justamente onde há respostas para essas grandes questões. Uma vez mais, digo isso não como defensora de uma fé em detrimento da outra — embora, é claro, eu tenha minhas próprias crenças —, mas porque, como médica, encontro confirmação na minha própria experiência clínica ao que todas as pesquisas nos revelam: que a religião faz bem aos meninos. E entendo que muitos pais foram enganados sobre quais são suas responsabilidades a esse respeito. Nós, da geração baby

---

10   Ibid., pp. 37-39.

boomers, que lemos páginas e mais páginas de livros sobre cuidados infantis e psicologia, todos repletos de dicas sobre como não reprimir a autoestima e a personalidade, sempre única, dos nossos filhos, na hora de trabalharmos na formação da vida espiritual, desaparecemos discretamente. Querendo evitar, a todo custo, que nossos filhos sigam determinada corrente educacional, psicológica e espiritual, só porque os forçamos a isso, acabamos nos tornando lenientes, quando deveríamos agir, para os conduzir na direção certa. Muitos pais me dizem que querem que os filhos cresçam, para tomar suas próprias decisões sobre Deus. Eles entendem que os filhos devem escolher a religião que querem seguir, caso optem por seguir alguma. De certa forma, essa é uma atitude nobre. Nosso trabalho como pais de fato deve ser educar e estimular nossos meninos a ler e pensar por conta própria.

O problema é que meninos não poderão escolher, se sua lista de opções estiver vazia; e esse erro é fatal. Pedir a uma criança que escolha sua própria fé é como levá-la de avião a Praga, conduzi-la ao centro da cidade e, lá chegando, dizer que pode escolher onde quer ficar e o que quer fazer. Ela não tem a menor ideia porque não sabe quais são suas opções. Nunca esteve lá antes e a cidade é grande demais.

Se os pais realmente querem ajudar os filhos nessa escolha, a atitude mais responsável a se tomar seria lhes fornecer uma vasta instrução sobre as religiões do Ocidente (ou talvez de todo o mundo). Mas, francamente, não creio haver tantos pais dispostos a despender tempo, energia e recursos para que o filho escolha qual religião seguir, embora esses pais professem tal desejo — o que, além do mais, não me parece ser muito firme. Na realidade, o que acontece é que os meninos acabam não recebendo nada. E, quando isso acontece, tenha muito cuidado, porque não ter uma estrutura religiosa como referência os deixa completamente vulneráveis ao envolvimento com seitas e outros "tipos de fé" dos quais nenhum pai gostaria que seu filho se aproximasse. A bem da verdade, muitos de nós nos privamos de oferecer ensino religioso aos nossos filhos porque sucumbimos à pressão dos pares. Deixar que escolham — e quanto mais escolhas, melhor — a própria fé, algo tão sensível e pessoal, é uma conduta politicamente correta.

Mas, se você quer mesmo ajudar seu filho, não faça isso. Ensine-o sobre a sua fé. Se você não tem uma, trate de descobrir no que você acredita. E depois descubra o porquê das suas convicções sobre Deus. Todas as evidências que temos dos nossos filhos nos dizem que eles não apenas *querem*, mas sobretudo necessitam de respostas detalhadas, meticulosas e bem pensadas sobre Deus, pois essas respostas tornam sua vida melhor. Ir à igreja com frequência mantém as crianças longe de problemas. Pais que levam seus filhos ao templo têm um relacionamento melhor com eles. Deus faz bem às crianças. Portanto, não temos o direito de colocar barreiras entre Ele e nossos filhos. Muitos óbices têm sido erguidos nos dias de hoje, como demonstra muito claramente a recente onda de livros best-sellers que promovem o ateísmo. Entretanto, essa animosidade em relação à religião é antiga. Em seus *Pensamentos*, publicado postumamente em 1669, o matemático e filósofo Blaise Pascal abordou-a, dizendo: "Os homens desprezam a religião; odeiam-na e temem que ela seja verdadeira. Para remediar isso, devemos começar, mostrando que a religião não é contrária à razão, mas que é venerável, a fim de inspirar respeito por ela; então, devemos torná-la amável, para fazer com que os homens bons esperem que seja verdadeira; finalmente, devemos provar que é verdade. Venerável, porque detém perfeito conhecimento do homem; amável porque promete o verdadeiro bem."[11]

Seus filhos precisam conhecer a Deus e ser ensinados sobre Ele da maneira prescrita por Pascal.

---
11   Pascal, Blaise. *Pensées*. Campinas: Kírion, 2023

Por que os meninos precisam de Deus

Primeiro motivo: a esperança

O ex-jogador de futebol americano Chris Godfrey tem uma presença bem marcante. Se ele entra numa sala cheia de homens, do jovem de dezoito anos ao idoso de oitenta, todos interrompem suas conversas e silenciam. Já cheguei a ver executivos, professores e padres ficarem acuados, quando adentrou ao salão. Presenciei até mesmo um proeminente arcebispo esquivar-se de uma conversa, quando viu o ex-jogador no recinto. Godfrey é o que muitos homens querem (ou queriam) ser: é o dono de um anel — um anel reluzente e robusto de campeão do Super Bowl.

A vida de Chris, porém, nem sempre foi tão glamourosa assim. Certo dia, quando jovem, jogando na defesa do Green Bay Packers, ele recebeu um telefonema; estava num quarto de hotel. Era o treinador. Estava sendo cortado da equipe. Ficou devastado: era o terceiro corte em um ano. Chris então ajoelhou-se no chão daquele quarto de hotel — sendo ele um católico praticante, era esse um movimento instintivo. Como ele mesmo afirma, a diferença é que, daquela vez, precisava da ajuda de Deus mais do que nunca; devia ter esperança de que sua vida não tinha acabado, mesmo sentindo que a base havia ruído.

Chris recorda: "Fiz a mim mesmo, perguntas fundamentais como 'Quem sou eu?' e 'Para onde estou indo?'" O futebol americano era a sua vida. Ele havia disputado o Rose Bowl em três equipes diferentes pela Universidade de Michigan e recebeu uma oferta contratual de livre agenciamento com o Washington Redskins. O futebol era seu passado; e pensava que seria seu futuro.

Chris disse a Deus que faria a Sua vontade e iria para onde Ele quisesse. Abriu mão do controle. Aquele jogador de futebol vigoroso e fenomenal, de joelhos sobre um tapete de um quarto de hotel, implorava pelo auxílio divino e o fazia com toda a seriedade.

Depois, ele saiu do quarto e foi limpar seu armário. Até que, inesperadamente, como relembra, Bart Starr se aproximou e lhe pediu desculpas por tê-lo cortado da equipe; em seguida, convidou-o para se juntar novamente. Chris ficou atordoado. Um ano depois, porém, sofreu uma lesão no ombro e a liga de futebol teve uma paralisação. De repente, se viu de volta a Detroit, desempregado e lesionado. Seu mundo parou mais uma vez.

Outra equipe foi montada em Michigan, em uma nova liga, a U.S. Football League, e Chris se juntou aos Panthers. Ele mudou da defesa para o ataque. Sua equipe venceu o Campeonato USFL e, no ano seguinte, ele retornou à NFL, assinando com o New York Giants como titular do time, atuando na posição de *guard* pelo lado direito. Dois anos depois, ajudou os Giants a vencer o Super Bowl XXI.

Chris reitera que, naquele dia dentro de um quarto de hotel, sua vida havia mudado: cresceu. E passou a enxergar a Deus de forma diferente, deixando que Ele assumisse o comando da sua vida. Os problemas de Chris persistiram, mas, no fim das contas, superou-os. "Deus cumpre Sua palavra e, se você agir de acordo com a Sua vontade, tudo dará certo. E, ainda que seja maravilhoso ter um anel de campeão do Super Bowl, ter uma identidade como filho de Deus é muito melhor".

Quando, naquele triste dia em que fora cortado dos Packers, todas as portas pareciam fechadas e Chris não conseguia enxergar nenhuma expectativa em seu horizonte, Deus lhe deu a Sua esperança. Chris havia se esforçado o máximo que pôde, mas fora cortado; e não apenas uma, mas três vezes; mal sabia Chris, contudo, que o melhor ainda estava por vir.

A esperança é um elemento crucial. Apesar disso, centenas de milhares de meninos, em todo o mundo, não têm. Ter esperança é crer no futuro. Um menino esperançoso pode passar por uma dor extraordinária e, ainda assim, agarrar-se à crença de que algo melhor ainda está por vir. Assim, sua dor diminuirá. Caso seus pais se separem, suportará o divórcio. Terá esperança de ser alguém na vida, mesmo que não consiga entrar no time de futebol americano do colégio em seus anos de calouro e veterano. Sem esperança, um garoto que sofreu algum revés ou foi afetado por experiências traumáticas, com frequência sente que grande parte da sua vida nunca mais poderá ser restaurada.

Victor Frankl, psiquiatra judeu que foi encarcerado num campo de concentração nazista durante a Segunda Guerra Mundial, sobreviveu, e, em seu famoso livro *Em Busca de Sentido*, registrou que aqueles que sobreviveram ao campo de concentração só alcançaram tal feito por causa de um fator: a esperança. Aqueles que se fixavam num evento futuro e positivo não só encontraram sentido em seu sofrimento, como também eram capazes de sair dos imundos alojamentos onde ficavam, dia após dia, arrastando seus corpos esqueléticos até o pátio, para cumprir mais uma jornada de trabalho forçado.

Em contrapartida, aqueles que viviam imersos no presente (ou apegados à vida que levavam antes de serem presos) passavam a crer que a vida não tinha sentido. Esses homens iniciavam, assim, um itinerário interior do seu próprio declínio.

Frankl escreve:

...a palavra latina finis *tem dois significados: fim (conclusão) e meta (objetivo). Aquele que não consegue enxergar o fim de uma forma provisória de existência torna-se incapaz de almejar um objetivo final para a sua vida. Ele deixa de se voltar para o futuro, ao contrário daquele que vive uma existência normal. Por conseguinte, toda a estrutura da sua vida interior é alterada e sinais de declínio, que ele já percebia em outras áreas da vida, começavam a surgir...*

Essas pessoas acabam esquecendo que, muitas vezes, é somente por meio de uma situação exterior extremamente penosa que o homem tem a oportunidade de crescer espiritualmente para além de si mesmo... Elas preferem fechar os olhos e viver no passado. A vida dessas pessoas torna-se sem sentido.[12]

Embora os meninos norte-americanos não sofram com a fome, a tortura ou a humilhação, como sofriam os prisioneiros que viveram junto a Frankl no campo de concentração, muitos têm de lidar com males menores, sofrendo na pele a solidão, a falta de sentido, o tédio e a angústia emocional.

Contudo, a resposta que cada um desses meninos deve dar às suas circunstâncias é a mesma de Frankl: viver com os olhos fixos em algo que lhes dê esperança, pois, sem isso, vão provocar em si mesmos um processo de declínio interior.

Frankl escreveu: "O prisioneiro que perde a fé no futuro — no seu futuro — condena-se com antecedência. A partir do momento em que abdica de crer, ele deixa de ter também sustentação espiritual e então se entrega ao próprio declínio e fica sujeito à falência mental e física."[13]

Nenhum menino que vive sem esperança durará muito tempo. Muitos desses garotos que ingressam em facções criminosas não esperam chegar aos trinta anos. Aceitam o fato de que serão assassinados ou de que morrerão de overdose de drogas. Ninguém nunca lhes mostrou que suas vidas podem ser transformadas. Se tivessem pais ou outros adultos preocupados com eles, totalmente dispostos a ensiná-los, a amá-los e a perseverar na sua educação, poderiam se sobrepor às circunstâncias. Entretanto, muitos desses meninos infelizmente não conseguem encontrar um adulto cuidadoso, não podem imaginar uma vida diferente da desgraça em que vivem, não podem encontrar esperança.

O professor de filosofia Dallas Willard certa vez escreveu: "a única esperança da humanidade reside no fato de que, do mesmo modo que foi formada, nossa dimensão espiritual

---

12 Frankl, Viktor E. *Man's Search for Meaning*. Boston: Beacon Press, 2006, pp. 70-72.
13 Ibid., p. 74.

também pode ser transformada".[14] Essa transformação ocorre sem demora aos meninos que se voltam para Deus, que é o Pai supremo. É assim, portanto, que a religião fornece esperança que falta a tantos garotos. Deus não se limita a nada, não falha, nem nunca morrerá — ninguém pode fazer jorrar esperança no coração de um garoto melhor do que Ele, que é a própria fonte.

Segundo motivo: o amor

Nossos meninos vivem em um mundo que "degrada o sagrado para proteger o profano", segundo o Dr. Ravi Zacharias.[15] É exatamente isso que acontece quando não ensinamos aos meninos quem é Deus. Resultado disso são as ideias que eles acabam desenvolvendo sobre o amor. Para garotos cujos referenciais são profanos — como os da cultura pop —, o amor se baseia em sexo, é transitório e superficial. Jovens que encaram o amor dessa forma se sentem vazios, pois adquirem uma noção fragmentada do que o amor realmente seja.

Garotos com uma forte crença religiosa tradicional, por sua vez, são bem mais propensos a considerar Deus como representação do amor consumado, logo, veem o amor em imagem mais ampla e completa. Eles sabem que amor não se trata de sexo, puramente, nem mesmo de romance, mas de cuidado e empatia — e também de fazer aquilo que é certo. Para alguns, viciados em droga ou cujos pais são ausentes, Deus, além de ser amor, é a única possibilidade de amor. Experiências religiosas tradicionais revelam que o fiel vivencia um amor que transcende a todos os outros, o de Deus. Todos querem a sensação de serem alvos de um amor incondicional, sendo amados simplesmente por existirem. Aos meninos, no entanto, ocorre um problema: é difícil encontrar um amor incondicional. Muitos pais querem

---

14 Willard, Dallas. *Renovation of the Heart: Putting on the Character of Christ*. Colorado Springs: NavPress Publishing Group, 2002. Publicado no Brasil com o título *A renovação do coração*. São Paulo: Mundo Cristão, 2007.

15 Zacharias, Ravi. *Can Man Live Without God*. Nashville: Thomas Nelson, 1996. Publicado no Brasil com o título *Pode o homem viver sem Deus?* São Paulo: Mundo Cristão, 1997.

amar assim, mas falham porque se trata de uma tarefa árdua e emocionalmente complexa: só é capaz de oferecer um amor absoluto quem tem sanidade emocional e não espera receber nada em troca.

Em outras palavras: para que ame o filho incondicionalmente, o pai deve pôr de lado qualquer afã de que o filho retribua, bem como de que seja bem-sucedido em algo ou atenda às suas expectativas de um modo predeterminado. Não obstante sejam boas todas essas coisas, um pai deve expressar ao filho que irá amá-lo, não importa o que aconteça. Se dizer isso já não é fácil, imagine pôr em prática. A maior parte das mães e dos pais moldam sua identidade como tais baseados nas respostas que recebem dos filhos e dos "sucessos" que testemunham nas suas vidas. Essa necessidade que têm podem impedi-los de oferecer aos filhos a completude de um amor incondicional.

E todo menino anseia por esse amor. Quando o procura e não o acha, em vez de concluir que o amor dos pais é imperfeito, o menino encontra falhas dentro de si mesmo: se não pode ser absolutamente amado, deduz, é porque há algo de errado com ele. Diante disso, a quem se voltará?

A Deus. Pois se há Amor incondicional, certamente é o próprio Deus.

Meninos precisam saber que são merecedores de um amor perfeito. O que pode parecer banal para alguns adultos, como a frase "Deus te ama", pode ser poderoso para os meninos que ouvem e creem; e lhes causa um grande benefício: a validação da sua própria autoestima, coisa que todos nós buscamos.

Terceiro motivo — a verdade

Todo garoto anseia por encontrar a verdade. Meninos pequenos querem saber o que é certo e o que é errado. Quando ficam um pouco mais velhos, querem saber o que é real e o que é falsificação. E, quando se tornam mais maduros, querem saber o que é verdadeiro e o que é falso. Assim como usufruir do amor, conhecer a verdade é uma necessidade primordial. A maior questão de verdadeiro ou falso com que um ser humano pode se deparar concerne a Deus. A luta para se descobrir a verdade acerca da existência de Deus talvez seja a questão filosófica mais amplamente debatida ao longo da história humana e a maioria das pessoas nos Estados Unidos e ao redor do mundo conclui que Deus existe, sendo minoria aqueles que não creem na Sua existência.

O Dr. John Stewart, do Seminário Teológico da Universidade de Princeton, expõe duas razões principais pelas quais os homens são tentados a renunciar à crença na existência de Deus: primeiro, o sofrimento humano; segundo, não quererem ouvir o que Ele, caso creiam, tem a lhes dizer.

Pela minha experiência, meninos que se esforçam para discernir a verdade acerca sobre a existência de Deus lutam com esses dois pontos. A existência do sofrimento humano é extremamente difícil de conciliar com a ideia de um Deus benevolente. Também eu já ouvi o relato de garotos que têm medo do que Deus poderia lhes dizer, caso cressem n'Ele. Este último ponto os afasta da busca pela verdade, porque temem o que podem encontrar. Mas algo no espírito de um menino se agita e o move a descobrir a verdade divina. Pascal fala nestes termos: "O coração tem suas razões, as quais a razão desconhece: percebe-se isso em milhares de coisas."[16] Continua, afirmando que o coração humano ama a Deus naturalmente, mas também a si mesmo e, em algum momento, se endurece, contra este ou contra Aquele: "Rejeitas Àquele e aceitas a este: amar desse modo é amar com razão?"[17] Dr. Stewart se refere a essa agitação interior como uma resposta humana aos "ecos" que há no universo e afirma que, quando um homem sente tais sussurros universais, é sinal de que seu coração demanda por quatros coisas.

---

16 Pascal, citado em *The Great Ideas, A Synopticon of Great Books of the Western World*, vol. I. Chicago: University of Chicago Press, p. 1052.
17 Ibid.

A primeira: os homens sentem que existe uma ordem transcendente, que os conduz a uma busca pelo seu Criador. A segunda: têm uma admiração natural e universal pela beleza, que os leva a buscar o significado que há escondido. A terceira: a busca por um relacionamento significativo, necessário à sua sobrevivência, os faz concluir que este é precioso, porque lhes oferece um sentimento mais profundo de pertencimento, de "estar em casa", de índole universal, que lhes coloca uma questão: isso provém de Deus? A quarta: todo homem tem uma noção de certo e errado, de justo e injusto, que o faz se perguntar se essa lei moral universal escrita no seu coração é a lei de Deus.

Uma das consequências mais graves sofridas por meninos que não receberam educação religiosa é o embotamento, ou mesmo a restrição, da busca pela verdade. Se não aprende que a existência de Deus é uma questão importante, ou se lhes empurram goela abaixo que a resposta a essa questão é Sua inexistência, arrancam-se as raízes de uma das buscas intelectuais mais importantes e maduras que um menino pode empreender. Encontrar a verdade através do embate acerca desse tema abre a sua mente de como nenhum outro exercício intelectual. Grande parte do mundo secularizado de hoje em dia apequena a mente de um garoto ao descartar, negar ou proibir a busca por essa verdade. Agindo assim, estamos não só reprimindo seu pensamento, mas também sufocando seus desejos mais profundos. Não temos esse direito.

Quarto motivo — a graça

Assim como a esperança, nada oferece a um menino a oportunidade de receber uma graça como a pessoa de Deus. Todo garoto precisa de uma nova oportunidade. Ele precisa saber que, quando toma decisões erradas e causa dor a si mesmo ou aos outros, não importam os motivos que o levaram a isso, ele tem a possibilidade de enfrentar seus erros, abandonar os maus comportamentos e começar de novo.

Só a graça lhe abre a porta para recomeçar; e, assim como o amor, a graça é, para os pais, um bem de difícil concessão, por parecer confusa e causar certo apego emocional. Mas nós, que amamos nossos meninos, queremos ter certeza de que eles perceberam seus erros e que destes irão aprender: desejamos garantir que não caiam nos mesmos equívocos. Quando os disciplinamos, mostramos a eles que a memória dos seus fracassos serve para evitar novos erros.

Mas toda vez que os pais falham em conceder graça aos filhos, Deus a concede. Sei que, nesse ponto e em alguns outros dos quais já tratei aqui, as religiões diferem na sua abordagem. Contudo, como a maioria dos meninos norte-americanos são cristãos, pelo menos culturalmente, cabe, para efeitos de uma religião geral, ter em mente os princípios do cristianismo. E uma das crenças distintivas do cristianismo é essa concepção de graça: as ofensas — isto é, pecados, erros e toda sorte de angustiante sordidez que os adolescentes cometem ou pensam ter cometido — são perdoadas.

Se os meninos americanos carecem de uma coisa significativa em suas vidas, essa coisa é a graça. Muitos estão profundamente conscientes de suas incapacidades e os consequentes fracassos.

Eles precisam de garantias de que seus erros podem ser deixados para trás. Deus é quem pode lhes conceder tal garantia.

Quinto motivo — a segurança

Todo menino precisa de um meio para encontrar estabilidade em sua vida, um meio de encontrar equilíbrio. Depois que os pais se divorciaram, o melhor amigo morreu num acidente de carro, a namorada o trocou pelo zagueiro do time de futebol americano da escola, o rapaz que tem meios de se voltar a Deus tem uma grande vantagem sobre o que não tem, pois ele se sabe seguro consigo mesmo e compreende que nem tudo está perdido, pois nunca estará só.

Durante a adolescência, muitos meninos começam a depender menos dos pais psicologicamente. Devido a essa saudável mudança, a maioria dos meninos se sente extremamente vulnerável. Isso atinge o pico, quando eles são surpreendidos por situações dolorosas; e, por não serem homens totalmente maduros, facilmente ficam destruídos emocionalmente. O que os ajuda a se reerguer? Quem vai segurá-los pelos ombros e colocá-los de pé enquanto, desafiando a si mesmos, eles relutam para não ter de pedir ajuda a um pai ou a uma mãe? Os amigos podem conseguir colocá-los de joelhos, mas para que se levantem completamente um adulto deve estar à sua disposição. Milhares de meninos esperam e nunca recebem a ajuda da mãe, nem do pai, nem de qualquer outro adulto. Mas estamos sempre ocupados: os pais costumam viajar muito, as mães ficam exaustas depois das suas longas jornadas de trabalho, os avós vivem a centenas de quilômetros de distância... e a verdade é que alguns adultos são egocêntricos demais para que se importem com isso.

E mesmo que um se preocupe, muitas vezes seu amor e apoio não bastam, porque se se trata de um adolescente saudável e maduro, sabe que nem sempre pode ser dependente da mãe e do pai, que precisa superar isso. À medida que nossos meninos crescem, percebemos que não podemos ser responsáveis por atender todas as suas necessidades. Mas precisamos ter um plano B, alguma outra forma de oferecer respostas, apoio e vivos sentimentos de amor aos nossos filhos. Se falharmos em lhes oferecer Deus, como a fonte suprema de amor, bondade e sabedoria, para onde irão? Na vida de um adolescente, grandes são as possibilidades de se trilhar uma rota errada e aqui está o problema: muitos tomam um mau caminho e ficam reféns daquilo que pode prejudicar suas vidas para sempre.

Quando os meninos têm medo e ficam confusos, é aí que precisam de respostas — e não obtê-las pode levá-los à depressão. Quando passam por infortúnios na adolescência — um drama social, um fracasso acadêmico, uma derrota no esporte —, precisam de um meio por que possam liberar a crescente tensão que há dentro deles. Garotos podem ser muito bons em esconder suas dúvidas dos pais (sabem que precisam ser "um homem"), mas essa habilidade pode fazer com que seu eu interior se sinta abandonado e solitário. E, também aqui, saem em vantagem os que possuem meios de se voltar a Deus. Estes não se sentirão sozinhos. Apesar de todo o fracasso, sabem qual é o seu lugar no universo. Que Deus se importa com eles e é capaz (mais do que qualquer outro!) de compreender o que pensam, bem como seus medos.

Ressuscitar o espírito abatido de um menino é uma tarefa monumental e todo garoto sabe disso. Dar-lhe a segurança que provém de Deus, que sempre o vê e sempre o ama, é a defesa que os pais podem oferecer ao filho. Um pai dá segurança, mas quando apresenta Deus ao seu filho, está lhe entregando algo muito maior. Pais cometem erros. Deus, não. Um pai nem sempre estará por perto. Deus, sim. E Ele ama a ambos. Todo garoto merece saber disso.

CAPÍTULO 11

Como vamos ensiná-los a viver?

Todos nós concebemos uma imagem do tipo de homem que gostaríamos que nossos filhos se tornassem. Ora os imaginamos como profissionais conceituados com uma carreira lucrativa, ora como ótimos cônjuges que vivem um casamento bem-sucedido; e então sonhamos com a chegada dos netos. Mas o que a maioria dos pais quer saber, no fundo, é de que modo podemos educar nossos filhos para que eles se tornem homens de verdade: aquele tipo de pessoa que respeitamos, quando nos deparamos no nosso dia a dia — que tenham caráter. Todo pai pode fazer certas coisas para de auxiliar o filho a se tornar um homem desse tipo, começando por ensinar a eles as virtudes que mais admira, não sem vivê-las, é claro. Porém, nos sentimos incapazes e tememos fracassar diante de tão grande desafio.

Não tenha medo. Todo pai é capaz de educar o filho para que ele seja gentil, sincero e corajoso.

Comece por aqui: primeiro, crie uma imagem mental do homem que você quer que seu menino seja. Para isso, você pode assimilar vários caracteres externos e relacioná-los a ele: dê-lhe um peso e uma altura, escolha uma profissão, selecione até mesmo sua noiva. Feito? Ótimo.

Agora, retire todos esses componentes superficiais: remova o emprego, a esposa, a casa, o carro, os hobbies... Sem tudo isso, que homem resta?

E então continue a construí-lo. Recrie o seu eu interior. O que você quer encontrar lá dentro?

Você quer formar um homem que viva honestamente e trabalhe arduamente? Ou um canalha disposto a passar por cima de quem quer que seja para se dar bem? Só podemos saber do que um homem realmente é feito, quando o despojamos de tudo e, então, vemos se ele tem ou não caráter. Diante de uma situação difícil, mostrará coragem ou falta de convicção? Se for preciso optar entre si mesmo e os filhos, quem colocará em primeiro lugar? Será respeitado por seus amigos como um homem de caráter ou será visto como aquele fanfarrão conhecido por não agir de maneira correta?

Se você deseja que seu filho se torne um homem de coragem, comece a educá-lo agora mesmo. Se acredita que ele vai viver uma vida mais feliz, se for um sujeito honesto, destrua qualquer traço de desonestidade nele imediatamente. Se quer que ele seja respeitado e honrado por fazer um uso construtivo da própria masculinidade, ensine a ele que força, gentileza e respeito fazem parte de uma mesma estrutura.

Todo menino precisa incorporar virtudes para se tornar um grande homem. E todo pai pode ensinar isso ao filho, pois a intuição masculina tem uma capacidade natural de acessar o âmago de cada virtude. Pais não precisam elaborar virtudes e depois empurrá-las aos filhos. As virtudes estão aí e foram feitas para serem apreendidas por partes, sendo aos poucos elucidadas, moldadas e aperfeiçoadas.

A grande dificuldade para os pais é encontrar tempo. A pressa é inimiga da perfeição e também da virtude, porque nos impede de discutir, pensar, admirar e orar. A pressa faz com que forcemos atividades aos nossos filhos, ao passo que nós devíamos colaborar com eles. Dê tempo ao seu filho, para sonhar. Incentive-o a questionar e pensar. Meninos devem ter tempo para pensar nas virtudes antes de abraçá-las. Caso contrário, elas se tornam apenas uma camada externa e descartável, como se fossem uma simples peça de roupa, que o homem pode vestir ou não, a depender do seu humor no dia. Mas as verdadeiras virtudes não são descartáveis — elas se tornam parte do menino.

Para começar, simplifique a vida do seu filho. Dê a ele espaço para ficar entediado, para encontrar maneiras de preencher esse tempo. Quando ele fizer isso, será forçado a pensar. Se você quiser incentivá-lo, dê-lhe um exemplar de *Ética* ou de *Política*, de Aristóteles; dos *Diálogos*, de Platão; dos *Pensamentos*, de Pascal — clássicos que o farão pensar na virtude: no que ela é, em como defini-la e em como vivê-la.

Refletir sobre as grandes questões requer tempo: para pensar é necessário o ócio. Não deixe que a pressa roube de você o tempo para conversar com seu filho sobre as coisas boas da vida. Reserve um tempo no dia dele para que, juntos, vocês dois se exercitem na busca da verdade, dialogando sobre a sua importância. E quando você vir seu filho praticar a virtude, não deixe de elogiá-lo.

Meninos buscam a virtude, a verdade e o seu próprio valor pessoal. E fazem isso porque qualquer um deles em fase de crescimento tem no fundo do coração o desejo de conhecer aquilo que é verdadeiro e bom, de saber que tem ótimos motivos para fazer a coisa certa. É por isso que meninos são famosos por estabelecerem regras e padrões de conduta para si mesmos. Meninos derivam um código moral todo próprio das pessoas que eles admiram (geralmente seus pais). Uma vez estabelecido seu código, o garoto considera este o melhor e mais elevado regramento que um rapaz (ele mesmo) tem para seguir, comportando-se a partir dele e, se consegue cumpri-lo, passa a respeitar a si mesmo, sendo capaz de crer que os outros também o respeitarão. Respeito e honra são importantes para os meninos — e para os homens.

Integridade

Na maioria das listas de boas condutas, a honestidade está no topo. Meninos estão sempre atentos à honestidade daqueles que estão ao seu redor e quando alguém se afasta dela, logo percebem. Se a consciência de um menino é bem alicerçada, suas sobrancelhas e narinas, seus cabelos e boca não o deixarão mentir, caso tente, pois saberá que viola o seu próprio código de conduta. Garotos consideram a honestidade uma qualidade masculina; portanto, traí-la significa ser menos homem. Heróis, aos olhos de um garoto, merecem honra porque defendem o que é certo e justo; e isso se chama honestidade.

Viver honestamente é melhor para os garotos do que levar uma vida de mentiras, mesmo que essas mentiras os ajudem a conseguir o que querem. Eles gostam de se sentir fortes e corajosos; e dizer a verdade exige força e honestidade. Mentir lhes parece algo sujo. Deixa-os com medo, porque sabem que é sinônimo de fraqueza. Um mentiroso sempre tem medo da verdade.

É por isso que meninos aceitam, de bom grado, ser instruídos para dizer a verdade. Eles sabem que aprender a dizer a verdade é aprender a ser forte. Conhecem garotos bons e interiormente fortes, meninos que dizem a verdade. Mentir? Isso é coisa de fracote. Ninguém precisa lhes dizer isso; eles mesmos sabem.

Portanto, saiba que, ao ensinar honestidade, você já tem um público pronto para ouvir. Não estrague tudo encorajando seu filho a contar mentiras inofensivas, mesmo que sejam bem intencionadas. Não esqueçam que nossos rapazes veem as coisas em duas cores: preto e branco. Para eles, uma afirmação ou é falsa ou é verdadeira. Quanto mais moço, menos nuances de cinza haverá no seu pensamento. Quando os pais o convencem a contar "mentiras inofensivas", fica confuso. Na retórica, o nome disso é oximoro. A fim de se acomodar aos desejos dos pais, o garoto então coloca uma mentira no balaio de algo aceitável dentro do seu discurso. Submeter o filho a uma instrução ambígua como essa, já tão cedo, é conduzi-lo por caminhos escorregadios.

Mesmo as menores e mais inofensivas mentiras são capazes de criar uma grande confusão na cabeça de um menino. Se Sam diz a Bob que não pode ir à noite do pijama porque tem de ir para a casa da tia, quando na verdade está indo para a casa do seu amigo Ricky, inevitavelmente o tiro sairá pela culatra, pois, se um descobre que o outro mentiu — e, mais cedo ou mais tarde, ele acabará descobrindo —, o anfitrião da noite do pijama terá uma dupla mágoa: foi trocado e ainda seu amigo mentiu. Mas Sam também não se sentirá, porque mentir é péssimo. Não instrua os garotos a contar mentiras, por menores que sejam, porque mentiras só contribuem para a sua infelicidade. Um menino que com sete anos de idade conta pequenas mentiras, com dezessete contará mentiras maiores e com trinta, mentiras enormes.

Todos sabemos que viver uma vida pautada pela verdade é muito difícil, por isso, temos de auxiliar nossos filhos. Todo menino quer dizer a verdade; só que, para ele fazer isso, é preciso que alguém — uma mãe ou um pai, um professor ou um treinador — o ajude a colocar em prática a propensão que ele mesmo tem para a honestidade e não o desvie, encorajando a contar pequenas mentiras ou a mascarar a verdade. Não queira bagunçar o senso moral do seu filho ou fazê-lo pensar que viver honestamente, se torna tarefa mais difícil à medida que ele envelhece. Garotos devem ver os pais como modelos de honestidade. É honroso ser honesto. E a honra é a autoconsciência das outras virtudes, é o primeiro patamar desse edifício de virtudes que você pretende construir na mente do seu filho.

Todo garoto precisa ter uma noção de honra pessoal. Pense na vida que, diariamente, seu filho leva. Pode ser que, na escola, mais precisamente na turma do segundo ano do ensino médio, durante a aula de História, um coleguinha tenha pagado a outro para que este último redigisse, no lugar do pagante, um trabalho que a professora passou. Acontece então que o espertinho tira um 9. E o seu filho, que lutou para fazer o trabalho, tira 8,5. Não era melhor ter contratado também os "serviços" do outro coleguinha? Ora, um aluno fez isso e ninguém descobriu!

Enfim. Supomos agora que uma garota do segundo ano do ensino médio ache seu filho, do primeiro ano, um rapaz atraente. Ela lhe diz isso por alguma rede social ou aplicativo de mensagem, sugerindo alguma brincadeira sexual. Por que seu filho não aceita as propostas dela? Foi ela quem deu em cima dele, afinal!

Mas seu filho é um bom rapaz. Ele sabe que é errado e desonesto ter outra pessoa fazendo trabalhos por ele. Contudo, para que não ceda à tentação, precisa ter, em si, noções de honra.

E a menina? Seu filho não quer uma namorada. Ele não se sente pronto para isso, ainda. E, verdadeiramente, acha as mensagens um pouco esquisitas; por outro lado, não quer ferir sentimentos: ele quer ser legal. Talvez não houvesse mal nenhum em ir à casa dela hoje à noite para estudar...

Meninos devem ser espertos e sábios ao lidar com o comportamento dos amigos. Viver honestamente significa ver as pessoas — inclusive a si mesmo — com olhos bem abertos. Manter-se íntegro pode ser cansativo, principalmente durante a adolescência; e, se surgirem ocasiões nas quais o garoto precise afirmar seu valor pessoal, caberá a ele aprender a se conhecer bem. Ele deve ser honesto em relação aos seus objetivos e deve também obter ajuda para cumpri-los. Quando alcançar isso, vai se sentir bem, porque se sentirá honrado, honesto e forte.

Coragem

A virtude da coragem garante que outras virtudes — como a integridade, a mansidão, a humildade e a bondade — possam entrar em ação. Manter-se honesto pode ser difícil, bem como colocar as necessidades dos outros na frente das próprias; e não se aprende a ser bom ou humilde assistindo à MTV. Nada contra a maré, o garoto que pratica a virtude; e para praticá-la é preciso coragem.

Os benefícios que podem advir de uma virtude muitas vezes podem ser imediatos. Ao se mostrar corajoso, o menino já se orgulha de si mesmo. Um menino que, sob pressão, faz a coisa certa, sabe que pode dominar a si mesmo, tal domínio é uma fonte de honra e respeito por si próprio. Todo menino quer ter a coragem de ousar — chutar para longe toda a cautela e correr na direção do que é certo. Todo garoto quer ter algo para lutar, alguma coisa pela qual possa arriscar a vida, sabendo que valerá a pena. Ele quer ver se tem coragem de correr esse risco. A decisão de arriscar a própria vida em prol de um amigo, agindo com valentia e coragem, é uma atitude totalmente masculina — eis a razão pela qual meninos querem tomá-la.

Geralmente, a vida moderna não exige que os garotos arrisquem suas próprias vidas pelos amigos ou para salvar meninas de dragões, mas certamente requer coragem, só que em outra roupagem.

Nos dias de hoje corajoso é o menino que entra numa sala, encontra os amigos, todos fumando maconha, e sai, mantendo-se firme, sem resistir aos apelos dos que querem que ele experimente a droga. Também o rapaz honrado que, durante um encontro, se recusa a tirar vantagem da moça que bebeu demais; e, em vez disso, leva a garota para casa e a deixa lá, sã e salva. Garotos como esses defendem valores que a maior parte da nossa sociedade faz questão de desprezar. Mas ele é seu filho — o que você gostaria que ele fizesse? Que tipo de homem você quer que ele seja? Meninos corajosos estão à nossa volta, mesmo que os covardes recebam mais atenção. Ajude seu filho a entrar para o time dos corajosos.

Humildade

Preste atenção no modo como um rapaz humilde conversa com seus amigos. Melhor: converse você mesmo com ele. Meninos e homens humildes são excelentes companhias para qualquer um, desde o reitor de uma universidade até a idosa que faz compras no supermercado, pois sabem fazer as pessoas se sentirem bem em relação à vida e a elas mesmas.

A razão disso é bastante simples. Meninos que têm uma boa percepção da vida e que sabem quem são gastam pouco tempo se preocupando consigo mesmos. Olham para fora, não para dentro. Não apenas desfrutam de um respeito saudável pela pessoa que são, como também pelo que os *outros* são. Eles veem a humanidade intrínseca de cada um, seu valor, e não têm medo nem de si mesmos nem da vida. Eles sabem lidar com as fragilidades, a falta de equilíbrio e o sucesso alheios porque o senso de valor que possuem não vem dos outros, mas de dentro.

Já fomos melhores em guiar nossos meninos no caminho rumo à humildade. É tempo de focarmos nisso novamente, pois lhes faz um bem imenso. É a humildade que os impede de serem arrogantes e os livra de se afundar num mar de autocomiseração e inutilidade. A humildade é a virtude do equilíbrio.

A força de um garoto humilde é silenciosa. Ele sabe o que faz um homem ser valoroso e o que não faz. E isso não é se gabar, não significa nem triunfar, nem conquistar. Meninos humildes não se preocupam muito se são bons ou não são, nem se excruciam com o próprio fracasso. Podem ver o egoísmo de longe e fecham a porta para ele. Ou seja, amadureceram. Quando é humilde, um garoto recolhe os papéis do colega caídos no chão, vai para o final da fila, abre a porta para o professor e não faz questão de ser notado — embora o seja, na maioria das vezes, já que seu caráter sempre brilhará em meio aos demais rapazes. É um deleite ficar perto de jovens humildes.

C.S. Lewis escreveu, certa vez: "Se você conhecer um homem humilde, ele não será o que a maioria das pessoas chama de 'humilde' hoje em dia. Não será aquele tipo de pessoa grudenta e aduladora, que está sempre lhe dizendo que, oh não!, ele não é ninguém. Provavelmente, tudo o que você vai pensar acerca dele é: aí está um sujeito inteligente e agradável, que realmente se interessava pelo que *você* lhe dizia. Se você não gostar dele, será porque sente um pouco de inveja de alguém que parece aproveitar a vida com tamanha espontaneidade. Ele não pensa em si mesmo: ele não pensa em si mesmo sob hipótese nenhuma."[1] Talvez seja por isso que todo pai quer que a sua filha se case com um homem humilde, pois desejam que ela seja amada por alguém que coloque o valor e as necessidades dela acima dos seus, que cuide dela e a edifique, sem pisar nela.

A verdade é que meninos humildes vencem na vida. Em contrapartida, meninos que crescem acreditando que são melhores do que os outros têm uma percepção tão distorcida do seu próprio valor que pisam nos outros que estão ao seu redor, principalmente nos seus entes queridos e próximos. São homens como esses que, graças ao senso de superioridade, acabam isolados, imersos em raiva e autodestruição, levando vidas solitárias. Por quê? Porque uma verdade simples lhes escapou: nenhum homem vale mais do que outro. Cada pessoa possui talentos, habilidades e traços diferentes, mas cada uma é valiosa à sua maneira. Conforme vamos vivendo com pressa, sob um espírito de competição, acabamos nos esquecendo dessa realidade — e nossos filhos acabam não aprendendo aquilo que era nosso dever ensiná-los, sendo certo que instruí-los sobre o valor infinito de cada ser humano é para um lembrete do seu próprio valor.

Meninos humildes gozam de amizades mais duradouras e proveitosas, amizades feitas de amigos verdadeiros, que não vivem focados em si. O resultado? Eles nutrem respeito uns pelos outros. E todo pai quer ver o filho sendo respeitado pelos seus pares.

Entretanto, há um erro sério que costumamos cometer. No afã bem-intencionado de engendrar a autoestima dos nossos filhos, ensinamos a importância de dar sempre o seu melhor, de melhorar seu desempenho, com vistas a se tornarem pessoas

---

1 Lewis, C.S. *Mere Christianity*. Nova York: Macmillan, 1952, p. 114. Publicado no Brasil com o título *Cristianismo puro e simples*. Rio de Janeiro: Thomas Nelson Brasil, 2017.

melhores. Mas é aí que mora o erro. Devemos, sim, ensiná-los a se tornarem pessoas melhores — mas com o intuito de que, sendo melhores, possam melhorar a vida dos outros. Grandes homens não podem ser grandes em meio a um vazio total. Os homens que respeitamos — homens que realmente merecem nosso respeito — são aqueles que realizaram grandes coisas na medida em que se dedicaram aos outros.

Teake era um desses meninos humildes. Na China, quando era criança, contraiu poliomielite e perdeu as funções mais importantes das pernas. Mudou-se para os Estados Unidos com seus pais quando começara a cursar o ensino fundamental. Ainda pequeno, decidiu que não viveria numa cadeira de rodas: aprendeu a andar de muletas. No começo, o menino forçava uma muleta para a frente, cravando-a no chão, depois cambaleava, girando os quadris, suas pernas bambas acompanhavam seu movimento; em seguida, forçava a outra para frente, e repetia todo processo. Com admirável determinação, Teake aprendeu sozinho a andar, a jogar boliche e golfe. Nos fins de semana, ainda adolescente, competia em corridas com cadeira de rodas na estrada. Quando chegou à idade adulta, tão musculoso Teake se tornara que a parte superior do seu corpo formava um V perfeito.

Teake foi para a faculdade de medicina sem cadeira de rodas. Ele preferia as muletas para apoiar suas pernas frágeis, porque, segundo ele, gostava de olhar diretamente para o rosto das pessoas. Era um rapaz quieto, gentil e um rapaz brilhante. Com seu comportamento, Teake tinha um tino especial para lidar com crianças enfermas, especialmente as que estivessem em estado crítico. Talvez ele gostasse mais dessas, porque elas nunca notavam as suas muletas.

Durante a residência, Teake se tornou próximo de muitos pacientes. Lilly era uma com quem o rapaz mais simpatizava. Ela era uma menina de onze anos que sofria de fibrose cística. Seus pulmões muitas vezes se enchiam de um muco espesso; assim, não raro ela contraía pneumonia e tinha de ser internada. Teake sempre se oferecia para cuidar dela.

Lilly precisava passar por horas de tratamento na região do tórax devido à pneumonia: de hora em hora, um terapeuta respiratório parava ao lado do leito, enchia o respirador de remédio e a menina começava a inalar. Em seguida, deitavam-na de bruços e batiam nas suas costas, para que o muco se soltasse dos pulmões. Para ela, tudo isso era muito difícil de suportar.

Durante certa semana, o terapeuta teve muitos pacientes para atender. Era época de proliferação da gripe e houve internação em massa de crianças com asma no hospital.

Lilly então começou a se ausentar de um tratamento aqui, outro ali... Quando Teake soube que ela não comparecia mais às sessões, procurou um terapeuta e perguntou se poderia vê-lo realizar manobras respiratórias em outros pacientes com fibrose cística. Ele aprendeu a administrar os medicamentos prescritos e a realizar fisioterapia, trabalho que nunca foi da alçada de médicos.

Quando o expediente noturno terminava e todos os médicos, exceto os que estavam de plantão, iam para casa, Teake permanecia no hospital. Seu colega de quarto se perguntava aonde tinha ido se meter. O seu carro ficava estacionado na garagem do hospital, mas ninguém no prédio parecia ter ideia de onde ele estava. Numa dessas noites, o colega vasculhou os corredores em busca do rapaz.

E, então, o encontrou no quarto de Lilly às nove e meia da noite: a televisão ligada, mas sem som; as muletas encostadas na parede, Teake estava sentado ao lado do leito da menina, as pernas magras e pesadas, penduradas na beirada da cama: o rapaz batia com as mãos nas costas de Lilly para fazer a menina expelir o muco. Ela gemia de dor. Teake continuava a dar verdadeiros golpes de karatê na pobrezinha, dizendo-lhe que aguentasse — estava quase no fim.

Por uma semana inteira, exausto, o jovem médico, de manhã cedo, tendo ficado acordado durante todas as noite do plantão, terminou sua jornada e foi silenciosamente até o quarto de Lilly. As muletas rangiam a cada movimento. Todas as noites ela ouvia, religiosamente, o rangido e o estalo das muletas de metal descendo, sem falta, o corredor em direção ao quarto dela.

Se todo o trabalho do jovem médico salvou a vida da menina? Vários anos depois, foi acometida por uma doença atroz, que infelizmente lhe custou a vida. Mas durante o tempo em que Teake cuidava de Lilly, o rapaz pôde evitar que a infecção pulmonar da menina piorasse ainda mais, pelo menos por um dia, e depois por mais outro. Antes de morrer, ela falou sobre Teake com a mãe. Disse que tinha cuidado dela, sempre como médico, é claro, mas também — o mais importante — como o rapaz humilde que era: Teake cuidou de Lilly, como teria cuidado de sua irmãzinha.

Quando um garoto aprende a valorizar a vida do outro como valoriza a sua própria, ele é capaz de mudar a vida das pessoas que estão ao seu redor. A vida de Lilly — bem como a de seus pais — foi mudada por aquele jovem. Isso não teria acontecido se Teake fosse orgulhoso, arrogante demais para fazer um trabalho que não era seu, mais baixo na hierarquia, e, ainda por cima, depois de um turno longo e cansativo.

Ensine seu filho a valorizar a humanidade que há em cada uma das pessoas que passem por ele, estando sempre disposto a se doar em benefício do próximo, sem medir esforços. Nenhum de nós é importante demais para tomar uma atitude como essa.

Mansidão

Todo menino deve saber o que é a mansidão. O termo significa aceitar que o poder e as forças do homem são limitados. É o estado em que fica um cavalo selvagem ao ser domado: um animal feroz, cheio de energia e força, sendo selado e dominado.

A mansidão é a antítese da fraqueza. Embora a palavra nos leve a imaginar um homem frágil e calvo, curvado sobre sua bengala, falando de forma tão suave, que mal se consegue ouvir suas palavras; mansidão está longe de ser isso.

Um cavalo alto, atlético, com músculos bem definidos, galopando firmemente pelos campos, sempre sob controle — eis a imagem que devia nos ocorrer quando pensamos nessa virtude. Ele pode parar em questão de segundos e, projetando-se para a frente, retomar seu galope: cada fração da sua energia é canalizada da maneira adequada; nada é desperdiçado, quando ele balança a cabeça ou move as patas traseiras contra o vento. Você não gostaria que seu filho adolescente fosse assim?

Embora meninos não sejam animais, a analogia se encaixa. Todo menino chega à puberdade com níveis elevados de testosterona, energia de sobra, musculatura enrijecida e a sensação de aumento das próprias forças: agora, a criança cresceu e pode gritar mais alto, intimidando as pessoas.

É precisamente durante essa sensação de poder explosivo que um menino deve aprender a mansidão. Assim como nas outras virtudes, ele deve ser instruído — sei que isso pode não parecer algo muito natural ou intuitivo, talvez até mesmo contraintuitivo, mas ele precisa ser ensinado a canalizar sua energia e sua força numa direção saudável.

O primeiro passo é garantir que seu filho compreenda que ter autocontrole é importante. Muitos meninos só não entendem isso, porque seus pais evitam ensinar disciplina aos adolescentes. Nem é preciso dizer que adolescentes indisciplinados são um perigo para si mesmos e para os outros. A bem da verdade, um menino só conseguirá incorporar a virtude da mansidão, quando compreender a importância do autocontrole.

Em segundo lugar, antes que ele se torne um adolescente, você precisa ensinar a seu filho que, quando ele usar a própria energia de maneira negativa — agindo com agressividade desproporcional, machucando os outros —, terá de se ver com uma força maior que a dele: você. Se ele estiver fora de controle, segure-o e o coloque no lugar dele. Discipline seu filho de forma consistente, justa e amorosa. Esse é o primeiro exercício que fará, para alcançar a mansidão. Durante o ensino fundamental, os garotos precisam do controle paterno, por serem imaturos demais para controlar a si mesmos. Esses primeiros anos de orientação podem facilitar muitíssimo, e muito, o seu trabalho, quando ele chegar à adolescência, não só: pode tornar mais suave o seu comportamento em relação a ele. O ideal é que seu filho cresça observando você e aprendendo sobre como é viver sob controle. Você precisa ensiná-lo que ter energia, força e entusiasmo é maravilhoso, mas que ele deve aprender a direcioná-los e usá-los de modo benéfico, não para o próprio mal.

Garotos ativos, enérgicos e irrequietos não são "bad boys", nem devem se sentir assim. Meninos são ativos por natureza. Eles têm energia para queimar. É por isso que precisam de lugares abertos onde possam ser ativos e testar os limites das suas forças. Meninos precisam praticar exercícios. Não é um luxo, é uma necessidade. Videogames não promovem exercícios, nem a televisão, nem os computadores. Todo garoto precisa brincar e compreender que mesmo nas brincadeiras mais frenéticas existem regras e ordem. Por meio de esportes e exercícios, meninos aprendem a controlar os músculos, o corpo e até mesmo as emoções e os pensamentos. À medida que cresce, um menino pode transferir essas habilidades aprendidas para outras áreas da vida. Sem que o permitam ver na prática até que ponto sua força aguenta, um garoto nunca poderá aprender a controlar a própria energia.

É óbvio que as necessidades dos meninos não são apenas físicas. A mansidão também é uma virtude de caráter intelectual. Quando um menino superdotado começa a identificar seu potencial, logo constata que tem habilidades que seus colegas não têm: ele se vê capaz ou de ler mais rápido, de fazer contas de cabeça ou, ainda, de memorizar palavras com facilidade. Quando o garoto possui inteligência acima da média, sente a mente fervilhar de curiosidade intelectual: seus pais devem reconhecer isso e fornecer meios para que ele faça uso das suas capacidades. Vale ressaltar que, comumente, meninos criativos demais podem apresentar dificuldades de concentração, sendo penoso para eles prestar atenção em algo específico, dada a avidez com que suas mentes operam. Dê-lhes livros, instrumentos musicais, projetos para desenvolver. Alimente a vontade de conhecimento, que eles já têm, mesmo a inclinação que têm de devanear. Mas lembre-se de que garotos brilhantes assim ficam atrofiados, quando se tornam escravos da televisão, do computador e dos fones de ouvido. Dispositivos eletrônicos os mantêm isolados do mundo; com eles, os garotos não conseguem aprender a humildade. Esse aprendizado se adquire mediante o envolvimento com as pessoas reais, com os grandes clássicos da literatura ou com o desafio de tocar um instrumento. Do mesmo modo que a crescente força física de um menino pode assustá-lo um pouco, o poder de uma mente em expansão também pode lhe causar certo espanto. Crianças superdotadas precisam aprender a mansidão com intuito de concentrar e dominar seus talentos.

Assim como devemos nos esforçar para ensinar aos meninos o autocontrole, nós adultos temos de apontar o caminho às crianças com inteligência acima da média. Pais e professores podem ajudar crianças superdotadas a encontrar a melhor maneira de direcionar e expressar suas aptidões. Para muitos outros meninos, pais e treinadores são os que melhor podem ensinar autocontrole — ou não, infelizmente. Eles deveriam encorajar os garotos a terem a saudável mansidão do cavalo treinado que se apresenta ao público, mas muitas vezes os encorajam a se comportar como o cavalo selvagem que mete esporas e dá coices no primeiro que se coloca em seu caminho. Todo treinador que ensina que se deve vencer a todo custo, nem que para isso precise violar as regras, está destruindo o caráter de quem está sob sua responsabilidade. Um bom treinador, um homem de verdade ensina aos meninos que o autocontrole e a autodisciplina vão torná-los jogadores melhores e que, sendo assim, formarão uma equipe mais forte; ensina que os meninos precisam jogar com garra, mas de modo justo, sempre buscando a vitória, sabendo perder, contudo.

Joey era um atleta extraordinário. Ele tinha treze anos e estava no nono ano quando o treinador de futebol do time do colégio perguntou se gostaria de fazer parte da equipe. Numa escola de ensino médio com cerca de mil e quinhentos alunos, esse convite era uma honra. Mas Joey recusou. O motivo? O menino não queria deixar seus amigos do time de juniores.

Toda vez que Joey tocava numa bola, mergulhava numa piscina ou pedalava uma bicicleta, era certeza de vitória. Ele raramente perdia uma disputa, fosse uma corrida, fosse uma partida. Quando tinha sete anos, seus pais reconheceram seus talentos e sonhavam com o futuro do filho, sempre cuidando, porém, para que isso não os atrapalhasse, na tomada de decisões acertadas. Decidiram, então, deixar o filho jogar o que quisesse e quando quisesse; e nunca tentaram convencê-lo a praticar esportes ou atividades das quais não gostasse; não contrataram treinadores particulares; não o puseram em programas de desenvolvimento olímpico — em vez disso, o que fizeram? Simplesmente deixaram o garoto praticar esportes por puro amor. Estou convencida de que suas decisões ajudaram Joey a se destacar mais quando ele atingiu a maioridade.

No ensino médio, decidiu jogar futebol no time do colégio, para deleite de seu treinador. Muita gente foi vê-lo jogar. Seu time geralmente ganhava, os torcedores iam ao campo, simplesmente pelo prazer de ver o garoto jogar: e, partida após partida, Joey parecia jogar mais e melhor.

Certa noite de outono, o time jogaria contra um outro especialmente difícil. O colégio de Joey ficava num bairro de classe média, um pouco mais afastado do centro da cidade — de onde vinha a equipe adversária; os rivais de Joey tinham fama de jogar futebol com a mesma brutalidade com que se joga hóquei: partiam para cima dos oponentes praticamente atacando-os, davam cabeçadas e violentas entradas de carrinho; e pior: sabiam trapacear sem que o árbitro visse. O time não estava muito motivado para enfrentá-los.

Joey era o mais jovem do time, mas, apesar da idade, tinha uma constituição física fora do comum. Mesmo sendo o caçula, o garoto já tinha 1,85 de altura. Iniciada a partida, entrou como zagueiro e, como era de se esperar, jogou muitíssimo bem. Acabado o primeiro tempo, contudo, o time de Joey ficou desmoralizado: estavam perdendo e um dos seus companheiros teve de deixar o jogo, por causa de uma lesão.

Do seu time, Joey tinha sido o artilheiro. Logo a equipe adversária viu nele uma grande ameaça e escalou um jogador casca-grossa para marcá-lo. Em dado momento do segundo tempo, Joey corria furiosamente pelo campo conduzindo a bola em direção ao gol adversário. Outro do time tinha ficado livre de marcação, Joey o viu, mas também viu um defensor correndo para cobrir o seu companheiro cheio de vontade, com sangue nos olhos; Joey tocou a bola, não sem tirar o olho do marcador adversário, que tinha o dobro do tamanho do seu companheiro de equipe. Nosso garoto então teve medo de que seu amigo se machucasse; foi então que ele fez algo fabuloso: correu atrás do defensor, a fim de bloqueá-lo; este, por sua vez, investiu contra o amigo de Joey, porém errou o movimento e, com as travas da chuteira, acabou atingindo no joelho o nosso destacado jogador, que lá ficou caído: ele tinha se sacrificado em prol do companheiro de equipe; entretanto, como se não bastasse, o zagueiro grandalhão deu-lhe um chute, estando ele já no chão; nisso, o árbitro apitou, marcando a falta; Joey então deu uma cambalhota e ficou de pé: era a hora perfeita para revidar, já que, agora, o zagueiro grandalhão é quem tinha caído... O árbitro não estava nem prestando atenção... a bola já tinha passado por eles... e, por maior que fosse o defensor, não era maior que Joey: seria fácil dar uma resposta àquele oponente metido a valentão. Olhou bem para ele, viu maldade no seu rosto, mas se conteve e, segurando o joelho inchado, cuja rótula tinha se contundido, nosso jogador apenas se levantou e foi saindo do campo, pulando com um pé só.

Os espectadores — e mesmo os pais do outro lado do campo — provocaram uma verdadeira chuva de aplausos. Eles gritavam, batiam palmas e, dessa vez, não porque uma briga tivesse se iniciado, mas porque, graças a um menino, a paz prevalecera. Em Joey — aquele garoto tão forte, alto e talentoso — todos viram mansidão.

Bondade

Vivemos num país que tem a maior porcentagem de meninos e homens bondosos do mundo, homens que são o coração de organizações internacionais de ajuda humanitária, destinadas a levar moradia, comida, roupas e suprimentos de água potável a milhões de pessoas vitimadas pela pobreza nos quatro cantos do globo. Em regiões devastadas pela guerra, temos soldados que, fazendo bem mais do que lutar, levam prendas, doces, bolas de futebol a crianças tão sofridas, construindo escolas e clínicas. Ao contrário de certos homens de outros cantos do planeta, o homem americano valoriza as meninas tanto quanto os meninos; aqui, não temos problema de "aborto seletivo por sexo". Nossos homens tratam as mulheres com cortesia e a respeitam como seres humanos. Todos os dias, vemos atos viris de bondade, como o que vi, certa vez, de um jovem dentro de um aeroporto: o voo estava lotado e o rapaz cedeu seu assento a uma mãe para que, junto ao filho, não precisasse passar a noite no aeroporto de Detroit. Quem passou a noite no aeroporto foi ele. Lembro também de um adolescente que conheço: durante as férias escolares, que passou na Jamaica, tendo travado contato com uma menina órfã de nove anos; o rapaz tentou, pelos dois anos que se seguiram à viagem, trazê-la aos Estados Unidos para lhe dar uma vida melhor — e, quando viu que não ia conseguir, foi aos prantos.

Trabalhei durante anos numa área dominada por homens, por isso os vi atuando — com bondade, compaixão, devoção. Já vi médico no alto dos seus 72 anos sair dos Estados Unidos para cuidar — como voluntário! — de paciente em um país pobre, dentro de um hospital improvisado, sem eletricidade (às vezes, sem nada), trabalhando, semana após semana, em condições complicadíssimas; tudo isso, sem reclamar. Já vi obstetras darem nova vida a recém-nascidos. Já vi médicos ao pé do leito daqueles que estão prestes a morrer. Todos nós, se olharmos à nossa volta, encontraremos homens bondosos trabalhando como heróis.

Os homens americanos são bondosos porque foram assim ensinados. É parte da nossa cultura e remonta há bastante tempo. Sua raiz está na nossa herança religiosa, nos nossos princípios fundadores (e sua dimensão política), na nossa tradição de expandir as fronteiras, sempre ajudando uns aos outros e em diversas outras coisas. Mas o que não podemos esquecer é que homens e suas famílias perpetuaram, geração a geração, esse comportamento. Ser bondoso, gentil e atencioso nem sempre é fácil, mas contribui para uma sociedade saudável, e produz meninos melhores. Encontre um jovem contente — eu lhe garanto que, além disso, ele, é bondoso.

Ao contrário do que pensam certas pessoas, garotas não são mais bondosas e gentis do que garotos — só são mais expressivas. Meninas têm empatia, já os meninos veem a bondade como algo que exige ação: percebem uma carência e, em vez de ficarem falando sobre isso, ou mesmo falando com a pessoa carente, eles agem; e, não raro, sem querer atrair atenção para si mesmos.

Jordan era um menino assim. Ele morava num bairro no centro de uma pequena cidade onde cada casa tinha um singelo quintal ladeado por uma garagem individual. Atrás das garagens de cada casa, havia um beco. Ali, garotos se reuniam, depois da escola, para jogar hóquei de rua. Algumas crianças brincavam com equipamentos próprios do esporte, como tacos e patins, mas outros improvisavam com tênis e vassouras. Ele estava entre os primeiros: seus pais tinham mais condições que outros daquela rua. Metade dos garotos tinha tacos e patins, a outra, tênis e vassouras.

Os do primeiro grupo patinavam, livres, leves e soltos, formando círculos ao redor dos que, sem patins e tacos, só podiam correr. Não demorou muito para que os do primeiro grupo superassem os do segundo, cansando-se destes e decidindo não mais os incluírem em suas partidas. Jordan não gostou disso. Ele queria manter todos unidos. Disse que se os caras com tacos expulsassem os com vassouras, ficaria de fora. Dali em diante, ninguém se encontrou no beco para jogar hóquei.

Um de seus amigos então lhe veio com uma ideia, que Jordan achou ótima e reuniu todos os meninos no beco.

— Temos novas regras, pessoal — disse ele — Nada de patins. Nada de vassouras.

— Ah, eu é que não vou jogar sem patins — disse um dos meninos.

— Mas que besteira! — disse outro. — Como você acha que vamos jogar sem taco? Você quer que joguemos com a mão?

— Não, idiota. Cada um aqui vai juntar cinco dólares; e, depois, vai comprar um taco para os que não têm. Aí fica pau a pau. E vai ser bem melhor.

O espírito esportivo e a capacidade que Jordan tinha de solucionar problemas eram uma forma de bondade, mesmo que não se revelasse à primeira vista. É certo que, por motivos egoístas, quis manter oito na equipe em vez de encurtá-la para um conjunto de quatro. Não foi isso, no entanto, que o levou a convencer seus amigos patinadores a calçar tênis, mas sim a bondade para com aqueles que não tinham patins. Meninos têm uma humildade maravilhosa. Não vão se gabar de serem bondosos ou compassivos. E até tentarão escondê-lo, como Jordan fez.

A história de Alden foi semelhante. Quando tinha sete anos, morava ao lado da sra. Donovan, uma viúva de oitenta e três anos, mas que parecia ser bem mais jovem: a mulher dirigia, cozinhava e passava horas a fio no seu jardim cheio de flores. Às vezes, depois da escola, Alden corria para o quintal dela e a ajudava com serviços de jardinagem, quer dizer, na maioria das vezes, só se sentava perto dela e não parava de falar no ouvido da viúva. A sra. Donovan disse à mãe de Alden que o menino gostava tanto de falar, que ela tinha dificuldade em se concentrar no que estava dizendo. Certa vez, Alden disse à viúva: "Sra. Donovan, eu queria falar mais, mas acabo ficando sem palavras para continuar falando."

Numa tarde, Alden voltou da escola e soube que a sra. Donovan estava doente. Durante todo o dia, a viúva nem sequer tinha pisado no jardim.

Alden então foi trabalhar. Ele precisava fazer alguma coisa. O que ele poderia fazer? De repente, teve a ideia perfeita para fazê-la se sentir melhor.

Alden limpou uma jarra de manteiga de amendoim, pegou um novelo de lã da sua mãe e uma tesoura. E foi para o jardim da sra. Donovan.

Por vinte minutos, o garotinho cortou todas as tulipas que encontrou no quintal; e, com muito esmero, amarrou-as com a linha do novelo: as tulipas eram tantas, que Alden teve de correr de volta para casa e arranjar mais jarras.

Com todo cuidado, colocou as jarras cheias de tulipas na varanda da Sra. Donovan e tocou a campainha.

A viúva apareceu na porta em seu roupão de banho; e, quando viu o rosto de Alden, sorriu; até que, baixando a vista, fitou, à altura dos pés de Alden, as jarras — a ativa senhora deu um longo suspiro, ao que se seguiu uma longa pausa, e disse:

— Alden! Minhas tulipas! Tulipas são as minhas prediletas! Como você sabia?

O menino voltou para casa com o peito estufado, a cabeça erguida, como um galo que ergue a crista.

Todavia, quando a mãe dele soube das tulipas, a postura dela se enrijeceu imediatamente. Não podendo ver o coração do menino, ela o fez ir até a Sra. Donovan e, sem demora, lhe pedir desculpas. Alden não conseguia entender o porquê disso.

Meninos que são instruídos para serem bondosos levam vidas mais felizes, aprendem a ser amigos melhores e cônjuges mais viris, bem como empresários mais sensatos, que nem sempre pensam em si mesmos, mas antes em seus clientes. Tornam-se também mais compassivos. Meninos bondosos aprendem a assumir o fardo dos outros, atitude que os torna homens mais fortes.

Um bom modo de os pais desenvolverem a bondade dos filhos, enquanto estes ainda são novos, é ensinando a falar bem dos outros. A fala e o comportamento andam juntos: exercite seu filho para que ele diga coisas boas das pessoas — garanto que, com o tempo, ele passará a tratá-las melhor.

Disciplinar um menino a falar de maneira diferente fará com que pense de maneira diferente. Essa técnica funciona que é uma beleza. Se um pai insiste com seu filho para que ele pare de falar dos pontos negativos do amigo, por exemplo, com o passar do tempo esse filho vai esquecendo os maus hábitos, podendo até mesmo aprender a suportar os defeitos. Quando são proibidos de reclamar, os garotos ficam mais felizes. O que um menino fala de uma pessoa se converte no que ele pensa a respeito dela. Meninos pensam no que dizem. Se eles reclamam, os pensamentos negativos não apenas precedem a reclamação, mas a seguem, perpetuando-se na sua mente e os levando a formar um padrão negativo de pensamento. Quando isso acontece, não só reclamam mais, mas começam a agir com descontentamento, a querer brincar menos e a não querer sair.

Muitos pais permitem que seus filhos reclamem, porque têm a impressão de que, assim, os deixam livres para expressarem seus sentimentos. De fato, meninos precisam ser encorajados a verbalizar como se sentem, mas não é isso que acontece quando eles reclamam. Na maioria das vezes, a reclamação se origina do mau humor, do descontentamento, do tédio. Corrija seu filho, quando fizer reclamações verbais. Arranque essa mania. Se você não fizer isso, ele vai crescer e se tornar um homem miserável, incapaz de ver algo bom além do próprio nariz. Ensine, por outro lado, a dizer apenas coisas positivas sobre os outros e ele agirá de maneira mais bondosa, gentil com os demais. E fazer isso é simples.

Marci Billings buscou seus quatro filhos na escola, deixou-os em casa e saiu para resolver as coisas. Todos os quatro estavam mal-humorados, num estado de irritação depois de terem voltado da escola, o que eu chamo de síndrome do ônibus escolar. Uma criança agradável durante a primeira meia hora depois de ter voltado da escola é difícil de encontrar.

Não tardou para que começassem a brigar. Eram três meninas e um menino dentro do carro. Um deles começou a chorar, a bebida de outro se derramou; e, na primeira parada, todos entraram na loja com a mãe; quando voltaram, retomaram as brigas com maior intensidade. Sem dizer uma palavra, Marci estacionou o carro numa vaga e, conforme ia parando, virou-se para trás e informou às crianças que, enquanto cada um deles não dissesse algo bom um do outro, o carro não iria se mover.

As crianças chiaram. Duas das meninas começaram a se bater mutuamente. O menino e a menina restantes, em contrapartida, ficaram bravos com as brigonas porque queriam ir para casa. A mãe aguardou e tomou mais um gole da sua Coca-Cola Zero. Ela não estava brincando.

Jimmy foi o primeiro a se oferecer; sendo bastante pragmático, percebeu que precisava fazer o que lhe fora dito para que pudesse sair dali. Suas irmãs esbravejaram.

— Ok — disse Jimmy — Shelley, eu gosto do seu aparelho. Acho engraçado quando você sorri depois de comer salada de ovos.

Shelley desatou a chorar. Mas Jimmy falava sério! Ele pensou que aquilo fosse um elogio.

Vinte minutos depois, Marci conseguiu ir embora. A melhor parte é que aquela mãe continuou a exigir, de cada um dos quatro filhos, por dia, pelo menos uma palavra que transmitisse algo bom um do outro. O resultado? A briga diminuiu drasticamente.

De acordo com minha experiência, meninos se adaptam mais facilmente às mudanças no modo de falar do que as meninas. Talvez seja porque usam menos palavras; pode ser também decorra da sua tendência de solucionar problemas. O certo é que, uma vez identificado o que precisa ser feito, eles o fazem e ponto final, sem se preocupar muito com os comos e os porquês.

Instrua o menino na linguagem e você mudará o seu pensamento. Os garotos podem levar o pensamento a qualquer direção simplesmente modificando as palavras que vão usar, ou mesmo o tom com o qual vão proferi-las. Muitos adultos entendem isso e disciplinam sua fala por conta própria. Homens de sucesso compreendem muito bem o poder das palavras, não apenas o impacto que causam sobre os outros, mas o profundo efeitos que ensejam sobre suas mentes.

Depois de instruí-lo na linguagem, observe o comportamento dele. Quando um menino aprende a disciplinar sua fala, seu pensamento muda — e suas ações também: passa a estudar mais, a buscar fazer atividades que antes não fazia, adquire novos interesses: ele se torna outro.

Bondade (assim como integridade, mansidão, coragem e humildade) é uma virtude que deve ser buscada. Está dentro de cada menino, como todas as outras. Mas ficará adormecida, podendo chegar a morrer em seu interior, caso ninguém a mostre; caso ninguém lhe diga que é parte de quem ele é enquanto ser humano, e que será uma parte maior ainda maior de quem ele será, quando crescer e se tornar um grande homem. Mostre-lhe a bondade você mesmo e lhe ensine o compromisso de ser bondoso.

Meninos que crescem sem serem educados nessas virtudes vivem vidas vazias. Meninos que nunca aprendem a exercitar a coragem nunca sabem como é viver como um homem. Meninos que não aprendem a prezar pela verdade, mas que mentiras podem ser uma opção viável, até mesmo boa, nunca experimentam a plenitude da masculinidade, do respeito próprio, da honra, da verdade.

A humildade os conecta, liga um a outro, oferecendo-lhes as chaves para uma vida autêntica e profunda. É só quando um menino aprecia o valor do próximo, que ele pode de fato começar a se valorizar com honestidade. A humildade traz liberdade, para que o homem trabalhe arduamente e ame de maneira correta. E a mansidão requer todas essas virtudes. Homens mansos vivem com coragem, pois compreendem seu poder — e a força necessária para controlá-lo. A mansidão é uma virtude autenticamente masculina, é o que queremos dizer quando falamos de um homem cavalheiro. Quando a agressividade se faz necessária para se levar a cabo uma ação, homens fazem uso dela; contudo, quando se trata de ter bondade para amar o próximo, homens se mostram igualmente bondosos.

Todo menino tem o direito de ser instruído nessas virtudes: são a porta de entrada para uma masculinidade autêntica. São as virtudes que vão manter o menino no caminho certo.

Não são muitos os adultos que ensinarão as grandes lições da vida a seu filho. Como pai, passe já à ação — seu filho não aprenderá virtude nenhuma vendo televisão por três horas, mexendo no computador por outras duas, nem mesmo passando seis na escola. Ele precisa aprender com você e ver como as coloca em prática. Não há outro tempo senão o tempo presente para que você o auxilie a se tornar o homem que você quer que se torne. Ele está à sua espera.

CAPÍTULO 12

Dez dicas para ser bem-sucedido na educação do seu filho

Esse rapazinho que você ama não está na sua vida por acaso. Está com você (pai, mãe, professor ou avô) porque precisa de algo muito específico e isso só você pode lhe dar. Ele não quer aprovação, afeto e admiração de outra pessoa — quer a *sua* aprovação, o *seu* afeto, a *sua* admiração; e, se não recebe nada disso de você, a sua vida fica vazia, sem direção. Contudo, quando você começa a oferecer bondade e carinho ao seu garoto, quando você começa a encorajá-lo e amá-lo, sua vida muda.

Se você já manteve um bom relacionamento com seu filho, sabe exatamente do que estou falando. Se você é mãe, sabe que amar seu filho e ser amada por ele enriquece a sua vida de modo indescritível. Se é pai e teve a sorte de manter um relacionamento sólido com seu filho, verá o melhor que há em você refletir-se no caráter do garoto à medida que ele amadurece.

Mas talvez você não tenha tido tanta sorte; talvez o relacionamento dos dois esteja aos cacos, ou seja distante e toda a sua energia já tenha se esgotado; ainda assim, talvez você ainda ouça a voz da sua consciência lhe dizendo que não é tarde para se reconciliar com seu filho, dizendo que deve tentar de novo e que você terá sucesso, acabando de uma vez por todas com essa dor. Por quê? Porque você *consegue* estreitar os laços com seu filho e aflição nenhuma terá lugar na vida de vocês. Um filho sempre precisa do pai, não importa se ele tem cinco anos ou cinquenta. A aprovação do pai e da mãe é algo que sempre buscará. Cabe a você, a pessoa madura da relação, dar o primeiro passo.

Não há tarefa mais nobre do que a de transformar um menino num homem. Precisamos de mais homens bons e você tem a capacidade de suprir essa carência. Por mais desafiadora que seja a tarefa de educar os filhos, minha experiência me possibilitou instituir dez princípios básicos que todos os pais bem-sucedidos seguem.

1) *Saiba que você transforma o mundo do seu filho*

A partir do instante em que seu filho nasce, é através do relacionamento que tem com você que definirá um modelo de cosmovisão. Se você for digno de confiança, ele confiará nos outros. Se você for mais crítico do que afetuoso, ele irá evitar se aproximar das pessoas. Você se torna o filtro emocional dele. Todos os relacionamentos que ele vier a ter no futuro se assentarão sobre a estrutura do relacionamento que ele teve com você.

Pais, para seus filhos vocês são maiores do que a própria vida. Mães, são vocês que determinam se o pequeno mundo do seu filho será confortável ou não. Se você não estiver disponível para seu filho, alguém terá de substituí-la; ou então o mundo dele desmoronará. À medida que um menino cresce e avança no ensino fundamental, seus sentimentos, experiências e pensamentos continuam a evoluir pautados no relacionamento com os pais: se esse relacionamento for sólido, o tempo passado na escola será mais produtivo e agradável. Exemplo: se vocês tiveram uma discussão em casa, antes de ele ir para a escola, é possível que vá mal na prova de matemática ou que se esqueça de entregar o dever de casa. O relacionamento entre vocês dois influencia cada parte do dia dele.

E, durante a adolescência, todo esse relacionamento será examinado por ele. Caso vocês tenham um relacionamento sólido, o processo de amadurecimento será mais fácil; do contrário, aí a adolescência será uma fase turbulenta, cheia de raiva e rebeldia, pois a luta dele será para se desvencilhar de você, enquanto — mesmo sem demonstrar — sofre o trauma psicológico decorrente desse afastamento. Em um relacionamento saudável há pouco espaço para "problemas pendentes", consequentemente a separação natural entre o adolescente e os pais se dá de maneira bem menos traumática. Se por exemplo um pai morre, mas ele e o filho tinham um bom relacionamento, embora sofra, o rapaz saberá seguir em frente. Meninos que têm questões por resolver com seus pais, feridas abertas que precisam ser tratadas, podem acabar ficando enlutados tempo demais após a morte desse pai. De certa forma, a adolescência é um período de luto: durante essa fase, garotos pretendem deixar para trás relacionamentos da mocidade e ir em busca de outros mais adultos.

Pesquisadores da Universidade de Minnesota investigaram a vida de meninos e meninas adolescentes, a fim de descobrir o que afetava, de maneira mais significativa, suas decisões concernentes ao consumo de álcool e de drogas, à atividade sexual, e assim por diante.[1] Se entrevistássemos dois mil pais, é provável que a maioria nos garantisse que seus filhos adolescentes se deixam levar, na maioria das vezes, pela pressão dos colegas. Estariam equivocados, pois são eles, os pais, a principal influência na vida de um menino.[2] O melhor indicador das decisões de um garoto é o relacionamento que ele tem com o pai e a mãe. O curioso é que, analisando mais a fundo

---

[1] Pollack, William, *Real Boys*. Nova York: Owl Books, 1998, pp. 23-25. Publicado no Brasil com o título *Meninos de verdade: conflitos e desafios na educação de filhos homens*. Rio de Janeiro: Alegro, 2000.

[2] Ibid.

o estudo citado, constata-se aquilo que de fato influencia as decisões dos filhos não é apenas uma ou outra palavra que o pai lhe diga, nem a disciplina que institui, mas um profundo sentimento de identificação entre ambos, uma sensação de que o filho tem de estar devidamente integrado à família, uma noção clara de pertencimento, uma conexão, às vezes mais forte com a mãe, às vezes com o pai. O filho percebe que os pais o admiram, reconhecem quem ele é e aprovam o que ele faz; então, o adolescente se sente amado.

Se você está se sentindo como um mero acessório desnecessário e sem influência, um apêndice inútil na vida do seu filho, saiba que está fazendo algo errado. Mude seu modo de ver as coisas: entenda que ninguém importa mais para o seu filho do que você, faça-o ver que você sempre estará disposto a ajudá-lo. Tome você a iniciativa! Fique com ele. Assim, você mudará o curso da sua vida.

2) Eduque seu filho de dentro para fora

Na vida de um jovem, um bom caráter importa mais do que um bom desempenho. Você pode criar dentro de casa um craque de bola que, em quatro anos, joga em três times do colégio, cada time de um esporte diferente; e que, tendo tirado nota máxima nos exames de ingresso à universidade, pode escolher para qual faculdade da Ivy League quer ir; mas se ele mente, não dá valor nem a si mesmo nem às outras pessoas e é egoísta, não fará diferença nenhuma a profissão que ele vai escolher, qualquer que seja, ele será infeliz.

Na vida de um rapaz, a felicidade não advém da sua capacidade de pular mais alto que os seus pares nem de tirar as maiores notas nos exames, mas sim do seu caráter sólido. Seu filho já sabe como você se sente no que diz respeito ao seu desempenho. No carro, quando vocês estavam indo para o treino de basquete, logo depois da aula de piano, ele notou toda a tensão, ouviu seus sermões, dizendo-lhe que tem de agradecer pelas aulas extras, pelos treinamentos a mais, por toda a tutoria que você deu, para que pudesse alcançar o sucesso. Ele sabe que notas altas são melhores do que notas baixas, que marcar um *touchdown* é melhor do que se atrapalhar com a bola, que alcançar uma nota musical alta e difícil é melhor do que errá-la, mas ele precisa saber, ainda, o que você pensa dele como *pessoa*. Você gosta do que há por trás das coisas que ele faz — do caráter e das camadas mais profundas do ser dele? Eis uma feliz verdade acerca dos meninos: eles não são fáceis de enganar; muito pelo contrário, logo percebem as motivações dos pais ao fazerem o que fazem e, já aos cinco anos de idade, eles são capazes de discerni-las.

Por isso, não há nada melhor para eles do que chegarem à seguinte conclusão: "Para meus pais, o que importa é um bom caráter."

Podemos moldar nossos filhos desde cedo, mostrando-lhes que um bom caráter é sinônimo de uma boa vida. A recompensa de um pai bem-sucedido na educação do filho é vê-lo, já aos três anos, ciente de que ser bondoso e gentil com a irmã é importante; aos cinco, orgulhoso por ter dito a verdade à professora do jardim de infância, mesmo que, no fundo, tivesse tido vontade de mentir; aos nove, satisfeito consigo mesmo por não ter aceitado encobrir a cola de um colega de classe, ainda que, por causa dessa atitude, tenha se tornado impopular durante certo tempo, mas pouco ligou para isso: nada compra a sensação de se saber corajoso; aos quatorze, sentir-se homem por ter dito, educadamente, a uma insistente garota, que ela parasse de lhe enviar mensagens obscenas, depois de ter lutado para não tratá-la com a mesma baixeza, pois aprendeu que o corpo dele é dele, não dela, logo precisa prezar pelo domínio próprio; aos dezoito, jovem calouro na faculdade, contrariar o combinado de beber vodca até vomitar, porque sabe que melhor do que ser aceito ou descolado, é ser corajoso para fazer a coisa certa: agora ele se sente isolado, mas não vai fazer um monte de coisa estúpida só para ser aceito, para se "encaixar" — tem orgulho do homem que é e se alegra com isso.

Meninos querem que seus pais vejam a sua vida com profundidade. Eles querem que sua personalidade seja mais admirada do que seu desempenho, querem-no porque sabem que sua personalidade é quem eles são; e que, se têm um caráter sólido, vão obter mais satisfação do que qualquer outra coisa.

Quando falhamos com nossos meninos, falhamos nesse ponto: nós nos concentramos tanto em lhes prover meios de se destacarem nos esportes, no estudo, nas artes, que acabamos deixando a desejar no desenvolvimento do caráter. Não há como negar que os garotos desenvolvem o caráter através da competição e dos êxitos acadêmicos. Mas não é daí que advém a felicidade. Um 8.5 que se conquistou honestamente vale mais, para um bom garoto, do que um 9.5 que se conseguiu colando; do mesmo modo, um grande resultado que é fruto da sua própria obstinação e perseverança vale bem mais para ele do que um que é fruto de anos de aulas particulares caras. Todo pai devia perguntar a si mesmo: Como será o caráter do meu filho quando ele tiver vinte e cinco anos? Pai, foque no caráter, para que, quando ele sair de casa, você veja um jovem honesto, corajoso, atencioso e respeitoso consigo mesmo e com os outros.

3) Ajude a desabrochar a masculinidade do seu filho

Meninos querem saber como liderar. Observe as brincadeiras. Todo garoto quer ser o general do seu exército ou o primeiro a marcar um *touchdown*. A liderança é um instinto masculino. Portanto, converse com seu filho sobre o que significa ser um líder, sobre como ele pode mostrar as qualidades de um verdadeiro líder, sobre a responsabilidade que vem junto com o poder, sobre como a liderança consiste em aprender a servir — e não a subjugar — os outros. Liderança é sinal de força; não deixe que, pervertendo-se, se torne sinal de arrogância.

Para os garotos, liderar é importante não só por ser um instinto, mas também por ser um elemento imprescindível no seu amadurecimento. Muitos, à medida que crescem, precisam superar a insegurança; uma iminente rejeição, um iminente fracasso os aterrorizam; então eles se detêm e deixam, por exemplo, de convidar uma ótima garota para sair porque têm medo de que ela lhes diga não; outros, por sua vez, faltam ao teste de admissão à equipe de luta olímpica porque têm medo de não serem lutadores competitivos ou de serem cortados da equipe, ou de serem humilhados.

Ajude seu filho a superar a insegurança. Não diga que ele é ótimo em algo que não é, mas ensine a ele que tentar e falhar faz parte de se tornar um líder másculo e forte. Mostre a ele exemplos, na História, de homens que tentaram e falharam repetidas vezes antes de se tornarem grandes homens (você encontrará muitos, como Abraham Lincoln e Winston Churchill).

Meninos são naturalmente protetores. É intuitivo para eles exercitar as próprias forças — físicas, intelectuais e emocionais —, a fim de preservar o bem-estar do próximo. Proteger é um atributo fantástico. Infelizmente, muitos meninos e homens enterram essa qualidade porque alguém lhes disse que se trata de algo desnecessário. "Ninguém precisa disso": eles então acreditam, deixam de trabalhar uma qualidade que lhes é espontânea; e, por fim, acabam ficando frustrados.

Não deixe isso acontecer. Ensine seu filho a agir de acordo com suas inclinações. Se um colega de classe tem tido dificuldades com matemática e seu filho é um prodígio, incentive-o a ajudar o amigo. Se seu filho é grandalhão, ensine a defender o colega mais franzino no parquinho. Se ele estiver namorando, ensine a honrar e respeitar a menina, mantendo-a longe de situações perigosas — suponhamos que ele a leve a um luau na praia; lá, todos ficam bêbados; seu filho, porém, tendo consciência de que uma das suas funções é proteger a namorada, toma a atitude de levá-la para outro lugar. Saiba que se ele não tivesse essa consciência, provavelmente ia continuar ali, sem tomar atitude alguma.

Vou contar aqui um segredo sobre as garotas e sobre a maioria das mulheres já adultas: quase todas elas amam se sentir protegidas pelos homens. Não disse manipuladas nem controladas — não é isso o que querem. O que querem? Sentirem que são valorizadas, constatando que lutar por elas é algo que vale a pena. Portanto, incentive seu filho a desde cedo dar vazão ao instinto masculino de ser protetor. Ele mesmo vai apreciar isso pois, assim, se sente forte e maduro. É, também, um modo tanto de ajudar o próximo como de seguir em direção à própria felicidade

Todo menino precisa sentir que influi de forma significativa em cada um dos relacionamentos que vivencia, oferecendo algo inteiramente masculino e único. Ele quer — e sabe que precisa — agir assim. Então encoraje-o. Que coisa só ele e mais ninguém sabe prover? Ajude-o a descobrir o que pode oferecer para melhorar a vida de outra pessoa. Ao fazer isso, agindo de acordo com esses instintos, ele começa a sentir que está exercendo seu poder de homem. Tal habilidade é de extrema importância para uma masculinidade saudável. É notório que, muitas vezes, os homens se nivelam pelo salário que ganham e pela capacidade que têm de chefiar e proteger sua família — a razão disso é que têm a necessidade de serem os provedores, aqueles que fornecem algo útil e bom. É uma conduta determinante para a autoestima. Esse genuíno anseio que meninos têm de prover, proteger e liderar os torna ótimos maridos, chefes, pais. Ajude-o a direcionar e cumprir tais instintos.

4) Ajude seu filho a encontrar um propósito, algo que desperte paixão nele

Todo menino nasce por uma razão. E todo menino precisa saber disso. Ele não é um acidente. Ele existe para ser alguém único e fazer algo específico. Não podemos ensiná-lo o que ele deve ser, mas podemos ensinar a ser quem de fato é. Não só: o mais importante é que lhe mostremos que ele tem um propósito, que ele está na Terra para fazer a diferença na vida das pessoas. Chegar a essa percepção é profundamente libertador, porque faz o menino ver a sua vida como parte de um contexto bem mais amplo. Nesse esquema maior, suas ações são importantes, mas ele entende que, se nasceu para cumprir um propósito, algum poder superior poderá ajudá-lo ao longo de sua jornada. Ter consciência disso é, além de libertador, estimulante e reconfortante para os meninos.

Se você quer garantir que um menino tenha gosto pela vida e de maneira sã e responsável, conduza-o por esse caminho, porque onde está a paixão, aí estará o propósito. Os pais só podem motivar seus filhos até certo ponto. Podemos estimulá-los, persuadi-los, encorajá-los — muitos até mesmo os chantageiam — a tirar boas notas, a não serem grosseiros, a escovarem os dentes todas as noites, mas é a paixão de um garoto, a certeza de que possui uma missão toda particular, que o motiva mais do que qualquer outra coisa. Quando começa a sentir a satisfação profunda de fazer justamente aquilo que nasceu para fazer, o garoto deseja praticar a virtude, por reconhecer que, para alcançar seu propósito, precisa ser mais corajoso do que nunca, precisa manter-se íntegro e fiel; e — sem sombra de dúvida — necessita de autodisciplina para concentrar suas forças e sua energia e orientá-las no sentido certo. Ter paixão para alcançar seu propósito em vida auxilia o garoto a formar seu caráter, incorporando virtude.

Pouquíssimos garotos sabem por que vivem. Alguns creem não haver razão alguma. Esses creem que suas vidas não têm propósito, não têm nenhum significado. Como consequência disso, não nutrem nenhuma paixão saudável, nenhum ímpeto elevado e nenhuma razão consciente que os mova a praticar a virtude; desse modo, tornam-se destrutivos, tanto para os outros como para si mesmos. Certifique-se de que seu filho não é um desses garotos perdidos e que ele sabe que tem um propósito; por fim, ajude-o a descobrir, ao longo dos anos, qual é esse propósito.

5) Ensine seu filho a servir

O principal objetivo de um pai que quer ser bem-sucedido na educação do filho deve ser acompanhá-lo da infância à idade adulta, dar as ferramentas para que ele aprenda a amar da maneira correta e moldar o seu coração para que coloque as necessidades dos outros na frente das suas.

David é um calouro na Universidade de Michigan e figura entre os 5% que, na turma, tiram as maiores notas, o que é impressionante considerando que ele estuda no curso de bioengenharia. Tive o privilégio de vê-lo crescer e posso dizer honestamente que a sua acachapante inteligência nem é o seu maior trunfo, mas, sim, seu coração.

Quando David tinha quatorze anos, começou a trabalhar junto a alguns outros alunos num restaurante popular, um dia por mês. David vinha de família pobre. Sua mãe, tendo sofrido um colapso nervoso, tinha limitações físicas. Seu pai mantinha a família unida, trabalhando cinquenta horas por semana, embalando, todas as manhãs, a marmita dos filhos e garantindo que pegassem o ônibus para a escola em segurança.

No começo, disse David, ele começou a trabalhar na cozinha do restaurante popular só para ficar fora de casa. Os fins de semana eram caóticos e estressantes. Mas não demorou para o garoto pegar gosto pelo trabalho: ele descobriu que adorava trabalhar com os amigos, levando comida de restaurantes locais até porões de igreja, recolhendo talheres de plástico e garrafas de Gatorade. Ele não conseguia descrever, com detalhes, por que gostava de fazer isso; só sabia que gostava. David guardou o nome de cada pessoa necessitada que ia ao refeitório (inclusive o de um bêbado que a polícia teve de escoltar) e o lugar onde cada um morava (fosse um barraco da ponte ou no Goodwill Inn, um lar de desabrigados). E ampliou ainda mais o seu trabalho voluntário. Ele ligou para os amigos, perguntando se eles queriam se livrar da bagunça — casacos, botas, meias, qualquer coisa. Se topassem, ele pegaria tudo e levaria para a cozinha do restaurante popular, destinando-os àqueles que, mais do que comida, precisavam de doações.

Antes de ir para a faculdade, David veio me ver — e estava visivelmente abalado. Perguntei-lhe o que tinha acontecido.

— Randy morreu faz uns três dias — disse ele; e, curvando a cabeça, pôs-se a chorar baixinho, com as palmas da mão sobre o rosto; esperei um pouco, ele continuou: — A vida não é mesmo justa, eu jurava que ele ia sair dessa: sempre ia aos encontros dos Alcoólicos Anônimos, trabalhava entregando pizza... a última vez que eu o vi foi alguns dias antes de morrer, a gente até falou em abrir outro refeitório um dia, ele ia me ajudar... ele não era nenhum fracassado, sabe? Ele sabia do estado dele e faltava pouco para se livrar do vício.

— O que aconteceu, então? — perguntei.

— Algo deve ter feito Randy perder o controle. Fazia seis meses que estava sóbrio. Ele estava se organizando. Tinha conseguido um quarto numa casa e pagava o aluguel direitinho. Mas aí uma noite acabou saindo de casa, tomou umas, ou várias... eu acho. E caiu de bêbado. Ninguém encontrou o cara, até o dia seguinte. Lá estava: morto, em cima dum monte de neve.

David falava de Randy como se ele fosse um dos seus melhores amigos — e talvez realmente fosse: um garoto de dezoito anos chorando, de soluçar, por causa de um homem de cinquenta e dois, congelado no meio da neve.

Depois de um tempo, tentei mudar de assunto gentilmente. E logo passamos a conversar sobre os motivos que o levaram a trabalhar no restaurante popular. Se o objetivo dele era fugir do estresse de viver com uma mãe que chorava o tempo todo, por que ir para um lugar onde todas as pessoas sofrem problemas graves, por que não sair com amigos ou bater uma bola?

— Dra. Meeker, não pense que é bobagem minha, mas essa é a verdade: eu vou por causa do meu pai.

— Ele força você a ir?

— Não, não... Eu vou porque aprendi isso com ele. Minha avó mora do lado da gente. A mãe da minha mãe. Talvez a doutora conheça. Enfim, toda manhã, pode ser o inverno que for, antes de a gente ir para a escola, vejo meu pai sair de casa e ir para a casa dela. Ele tira a neve da entrada da garagem, limpa tudo com a pá, até chegar à porta. Depois entra na casa, fica lá um tempo e depois volta. É um ritual. Toda manhã ele faz isso. Um dia perguntei-lhe por quê. Ele me disse que vai lá só pra ter certeza de que minha avó está bem. Faz chá de hortelã e torrada para ela. Depois, volta para casa e nos leva para a escola. O mais incrível é que ela nem é a mãe dele. Minha mãe até reclama, e muito, com meu pai, porque ele não para em casa, não faz as coisas dentro de casa e nunca dá toda a atenção que ela quer, nem para a mãe dela — mas é claro que ele dá! Agora, sinceramente, o que importa é que meu pai é meu herói. Ele cumpre o dever dele. Tudo que ele faz é porque *sabe* que tem que fazer. Ele se dá ao máximo. No fim do dia, fica quebrado. E eu nunca o ouvi reclamar. Para mim, meu pai é um vencedor. Por isso eu quero saber o que *ele* sabe. Então eu percebi que a melhor maneira de aprender isso era fazendo o que ele faz. Ele ajuda as pessoas, então eu também vou ajudar as pessoas.

A vida de David assumiu uma profunda simplicidade: ele imitou o serviço do pai e descobriu o que é a vida; assim, encontrou o seu propósito. E isso ajudou o garoto não só a se tornar um excelente aluno, mas sobretudo um jovem notável e centrado. David compreendeu que o espírito humano se eleva, que a vida se torna maior e ganha mais sentido, quando nos aproximamos dos outros e os servimos.

Meninos que praticam boas obras aprendem a ter paciência e compaixão. Eles perdem um orgulho que é falso e em seu lugar ganham uma humildade que é verdadeira. Aprendem que amor é trabalho e que vale a pena amar sem esperar nada em troca. Obtêm uma compreensão mais vasta e madura de quem são, dos outros e do mundo. Falam menos sobre si mesmos e fazem mais perguntas. Olham para fora a fim de ver o que precisa ser reparado e procuram maneiras de empreender mudanças. Os homens que sabem servir tornam-se maridos e pais melhores, pois já puderam sentir quão satisfatório é colocar as necessidades dos outros na frente das próprias.

Se você quer que seu filho tenha esse dom, encontre um projeto habitacional e leve-o lá para martelar uns pregos. Troque as idas matinais ao shopping e ao cinema por momentos em família, em que se possa juntar casacos e sapatos para doar aos que mais precisam. Leve seu filho consigo a um restaurante popular e dê um sanduíche a um homem que tem fome, junto com uma palavra de encorajamento. Fazendo isso, você vai ensinar seu filho a não se contentar com simplesmente ser bem-sucedido na vida, mas a realmente viver uma vida bem vivida.

6) Trabalhe a autoestima do seu filho

Imagine que você é um garoto de quinze anos e cursa o primeiro ano do ensino médio. Todas as manhãs você se levanta, pega o ônibus escolar e se senta na frente porque está cansado e não quer ser importunado por garotos bagunceiros e barulhentos na parte de trás. Mas é claro que você não pode evitá-los, porque eles precisam ser ouvidos e provar que são legais, descolados e másculos, por isso gritam cantando o mais novo rap.

Você entra na sala de aula e já entorta a cara porque a de hoje é sobre saúde — uma perda de tempo, você pensa. Sua professora de educação física, uma mulher de quarenta e poucos anos usa um casaco roxo e vai falar sobre sexo com a turma. Alguns garotos então levantam os braços e forçam o muque só para se exibir. As meninas começam a rir.

É a hora da banana. A professora pega cinco pacotes de preservativos e quer ter plena garantia de que todo garoto ali saiba do que se trata, como usá-los e que devem ter vários daqueles dentro da carteira. Se forem fazer sexo, diz ela, façam com segurança. E então ela sorri e diz — querendo parecer bacana — que aqueles "salva-vidas" vêm em variedade de cores e sabores. Em seguida, mais gritos dos meninos e risadinhas das meninas.

Você sai se sentindo constrangido, sentindo nojo. Os poucos que aplaudiram — a galera do fundão — continuam a gritar e gargalhar; a aula acaba e quase todos os seus amigos estão quietos, os olhos pregados no chão ou nos sapatos.

Você então vai até o seu armário e pega alguns livros. Depois, passa por um casal que precisa urgentemente arranjar um quarto, qualquer quarto que seja e... A próxima aula é a de geometria. O professor diz aos alunos que entreguem o dever de casa e só metade da turma fez a lição. O professor repreende esses maus alunos, que não prestam atenção. Os que não fizeram o dever de casa começam a fazer uma série de perguntas, não porque não saibam as respostas — qualquer um percebe —, mas porque querem fazer algo para passar o tempo... só o professor não percebe.

Depois da escola, você liga a televisão, põe na MTV, deixa lá por uma hora, só para relaxar um pouco antes de ir para o treino de futebol. É que o Jay-Z lançou um videoclipe novo e você quer dar uma olhada, apenas. Terminado o treino, você chega em casa e janta, provavelmente com a bandeja sobre o colo, diante da televisão, e em seguida vai resolver algumas questões do dever de casa; e, finalmente, bota os fones de ouvido e vai ouvir uma musiquinha até a hora de ir para a cama.

Eis aí o tipo de vida que muitos garotos levam.

E a que horas, ao longo de todo o dia, seu filho aprende que ele, como homem, tem de buscar ser respeitado? Não se pode encontrar respeito em preservativos com sabor de uva, nem nos colegas que, tão imaturos, ainda têm muito que crescer (e talvez nunca cresçam), tampouco se pode encontrar nas comédias da televisão nem no rap. Todo menino quer se saber respeitado. Mas encontrar respeito próprio é complicado quando sua vida cotidiana é um vórtice contínuo de pessoas tentando destruir sua modéstia, sua sensibilidade, sua inteligência e suas capacidades. Quando o garoto percebe que os adultos não esperam dele senão más intenções, ele está entendendo bem e tem toda a razão. Superar as baixas expectativas — especialmente quando vêm de pais, professores e treinadores — não é fácil. O garoto adolescente gostaria que conversassem com ele como o jovem adulto que é, o qual não pensa só em beber, usar drogas ou fazer sexo, e que pode sim aspirar a algo mais elevado. Não eram os adultos que deveriam dar o tom e elevar o nível das conversas com o adolescente e seus colegas de classe desordeiros? Ele gostaria que os adultos fizessem isso.

Você não pode controlar todas as influências que seu filho adolescente recebe, mas pode controlar a influência que *você* exerce sobre ele, o que é muito mais importante, aliás. Seu filho morre de vontade de ser tratado — especialmente por você, mãe ou pai — como mais do que apenas um corpo de 70 kg cheio de testosterona e sem cérebro.

Portanto, trabalhe já a autoestima do seu filho. Ensine a respeitar a si mesmo. Meninos precisam desenvolver a autoestima e, aprendendo a estimar e respeitar o próximo, eles farão a mesma coisa consigo mesmos. Pais, não deixem seus filhos passarem por uma porta na frente de uma mulher, mesmo que seja uma menina pequena. Ensinem seus filhos a falar de maneira adequada. Mostrem que é importante escolher bem as palavras e que suas palavras têm peso, pois dizer a coisa certa do jeito certo afetará o próprio humor, bem como a atitude do seu interlocutor em relação a eles. Adolescentes precisam pensar e agir de maneira positiva. Quando instruímos nossos meninos a fazer da gentileza um hábito, eles prestam menos atenção em si mesmos e mais atenção nos outros — e, em troca, ganham o respeito dos seus colegas e dos adultos que passem pela sua vida. Respeito gera respeito.

Fico assustada com o modo como muitos adultos falam com os meninos. Vá ao shopping e você ouvirá mães chamando seus filhos de imbecis, preguiçosos e até mesmo imprestáveis. Professores, treinadores e funcionários em geral são capazes de rebaixar os meninos de uma maneira que nunca fariam com as meninas. Ninguém se beneficia com isso.

Se você é um pai que tem dificuldade para controlar seu próprio temperamento e desconta tudo no seu filho, insultando-o e criticando-o constantemente, encare esse seu problema. Faça alguma coisa em relação a isso. Nenhum menino ou homem merece ser xingado ou criticado a todo momento, nem merece ser "posto em seu lugar" repetidas vezes. Meninos que crescem sendo alvo desses maus comportamentos vindo de adultos acabam passando toda uma vida querendo "provar" para os outros que, afinal, merecem respeito e, assim, tornam a vida um suplício, tanto para si mesmos como para seus entes queridos.

Sobre esse ponto, cabe dar uma palavrinha aos pais. É com os pais que os garotos, o mais das vezes, aprendem a estimar e respeitar a si mesmos. Aos olhos do seu filho, você, pai, é a síntese de toda a masculinidade. Se você respeitar seu filho, pode o resto do mundo tentar esmagar o seu garoto — ninguém vai conseguir.

Portanto, tome muito, muito cuidado, pai, ao falar com seu filho. Escolha as palavras com cautela e o tom de voz com sabedoria. Não brinque com ele dizendo que ele age como um covarde ou como uma garotinha. Se fizer isso, suas palavras atingirão a sua autoestima como um golpe — e depois será difícil para ele se reerguer. Não o repreenda ou critique, dizendo-lhe para "ser um homem" quando ele tiver apenas oito anos. Ele não pode "ser um homem" quando é apenas um menino. Você pode lhe passar a lição que quiser, mas deve sempre deixar bem claro que o estima e respeita como o menino que ele é. Quanto ao comportamento do seu filho, não busque atender às expectativas dos pais dos amigos dele. Diga a seu filho qual é a *sua* expectativa em relação a ele. Por fim, o principal: seja um exemplo para o seu garoto. Autoestima e respeito próprio, autocontrole e gentileza — tudo isso é você, pai, que, através de conversas amáveis e atentas, deve mostrar ao seu filho, para que mude a vida dele.

7) Persevere

Não raro, a parte mais difícil de educar meninos consiste, simplesmente, em continuar — em continuar depois de ouvir, dia após dia, seu filho bater a porta do quarto na sua cara.

A paternidade é cansativa. E educar também cansa. Ensinar uma sala de aula cheia de alunos do primeiro ano do ensino médio, ano após ano, faz qualquer um ficar endurecido e distante. E cuidar? Cansa também. Ter de tratar meninos que se sentem solitários, tatuados e com piercings, revoltados com o mundo à sua volta faz médicos balançarem a cabeça e rever sua prática clínica: é melhor (concluem eles) ater-se a homens e mulheres saudáveis a ter de tratar adolescentes problemáticos.

Amar nossos filhos exigirá de nós perseverança e força de vontade, mas você nunca deve deixar de amá-los. Descanse, se for preciso — mas nunca desista. Concentre-se numa idade — a de vinte e cinco anos, por exemplo — e imagine seu filho sendo o jovem que você queria que ele fosse. Antes dessa idade, rapaz nenhum já está "pronto". Há garotos cujo desenvolvimento cerebral só se completa aos vinte e três anos. Portanto, não podemos desistir nunca.

Deixo aqui um desafio para você. Hoje mesmo, assuma o compromisso de dobrar o tempo que você passa com seu filho. Acha que não tem tempo? Ah, você tem sim... Leve seu filho com você quando for cumprir suas obrigações do dia a dia. Desligue o telejornal que passa à noite e o ajude com o dever de casa. Converse com ele durante o café da manhã. Brinque com ele depois do trabalho ou leve-o para pescar nos fins de semana. Ele precisa viver a vida ao seu lado.

Quando tratamos meninos problemáticos, que sofrem com o uso de drogas, com o alcoolismo e com a depressão, o programa que instituímos para eles consiste em passar quase todo o seu tempo com adultos. Quanto mais recaídas, tem um menino, mais ele precisa de um adulto forte, capaz de lhe estender a mão, de pegá-lo e alimentá-lo, de disciplina-lo, ordenando sua vida a fim de que ele deixe de ser criança e se torne homem.

Ocorre que, muitas vezes, o adolescente não tem sequer oportunidade de passar tempo suficiente com o pai. Nessa fase, ambos se sentem fartos da presença um do outro. Mas como adulto, você não deve agir assim. Fique com seu filho adolescente. Esteja à disposição. Faça-o ver que vocês estão debaixo do mesmo teto. Saia menos de casa (a menos que você leve sua família consigo) e diminua suas horas de trabalho até que seu filho fique um pouco mais velho — eu lhe garanto: se você perder seu filho, se seu filho sair de casa, trazê-lo de volta e recuperá-lo será tarefa bem mais desafiadora.

Mas se por outro lado seu filho é um bom garoto, aproveite e deixe-o saber que ele de fato é um bom menino. Se ele estiver com problemas, saiba que você é grande parte da solução e que por isso jamais pode abandoná-lo. Respire fundo e não deixe seu filho colapsar por dentro sem antes lutar para cuidar dele. Isso só se consegue, se o pai se fizer presente na vida do filho, pelo menos até ele completar vinte e cinco anos de idade.

8) Seja o herói do seu filho

Meninos procuram exemplos de heroísmo porque eles próprios querem ser heróis. Um garoto precisa ver a coragem, a integridade e a nobreza entrarem em ação. E, para encontrar essas virtudes, a primeira pessoa para quem o menino olha é o pai. Mais do que qualquer atleta, estrela do rock ou do cinema, seu filho quer que *você* seja o seu herói. E você nem precisa fazer jus ao título — pois naturalmente você já faz, a não ser que determinadas ações ou omissões lhe façam perder esse posto (mas para isso acontecer você terá de se esforçar bastante).

Um advogado muito bem-sucedido recentemente comentou comigo que todo homem sonha em alcançar ou superar os sucessos de seu pai. Mede-se o sucesso, o mais das vezes, pelo desempenho profissional, embora seu significado seja bem mais profundo: sucesso tem que ver com caráter. Todo menino quer alcançar ou superar o pai em integridade, coragem, fidelidade, humildade e sabedoria. Os padrões que o filho tenta atingir, ou ultrapassar, são os padrões que você mesmo estabeleceu para ele mediante o seu exemplo. E quando o filho busca alcançá-los ou superá-los, faz com o intuito de receber ou solidificar seu afeto e aprovação.

Muitos meninos não têm a sorte de ter um pai que mantivesse o status de herói. Talvez o pai tenha saído de casa, indo morar noutra cidade, bem distante. Aí, o relacionamento entre ambos vive à base de telefonemas esporádicos ou breves e-mails; e tanto as ligações como as correspondências guardam certa tensão. O que acontece com frequência? Os filhos desenvolvem sentimentos ruins em relação ao pai, após o divórcio. Torna-se difícil para o menino construir uma imagem edificante do pai, se ele sabe que abandonou a mãe, mais difícil ainda será enxergá-lo como herói. Mas supomos que você, pai, não tenha abandonado a sua mulher — ela é que pediu o divórcio por motivos pessoais. Nesse caso, estando separado do seu filho, você deve ter ciência de que ele quer desesperadamente que você seja o herói dele. Portanto, você precisa assumir já as suas responsabilidades de pai. Vá até o garoto. Escreva, ligue e veja o seu filho com a maior frequência possível. Se você se esforçar para ir até ele, seu filho o colocará de volta no patamar onde ele quer que você esteja. Tome atitude, você nunca vai se arrepender.

Talvez você seja uma mãe solteira e o pai do seu filho não tenha interesse nenhum por ele. Você pode ser o herói do seu filho? Claro que sim. Ele vai transferir para você as expectativas e anseios por um herói. Serão expectativas e anseios um pouco diferentes, mas se você lhe mostrar como é o amor, a integridade, a coragem e a fortaleza, você, mãe, será uma heroína para o seu filho.

O que todo garoto espera de um herói? Heróis são honestos. Corajosos. Defendem aquilo que é certo. Nunca enganam ou trapaceiam. Sempre são solícitos e altruístas.

Quando o menino vê uma mentira sair da boca de um adulto, fica perplexo, porque sabe que existe o certo e o errado. Quando um adulto, até então de confiança, trai, o garoto fica arrasado. Quando uma mãe é pega em adultério ou um pai, em algum escândalo empresarial, o menino sente seu mundo desmoronar. Quando pensa em heróis, o menino não imagina aqueles que acumulam milhões ou adquirem fama. Não subestime a sabedoria de um menino. Garotos se agarram a heróis que buscam a transcendência, embora seja difícil encontrar esses heróis no mundo atual, já que os propagados pela mídia são os mais vulgares e sórdidos.

Se você tem dúvidas acerca dos heróis do seu filho, quais homens ele imita ou reverencia, e quer que ele melhore, encontre um herói para ele. Olhe à sua volta. Que adulto parece extraordinário na vida do seu filho? Que homem conhecido pelo seu filho defende o que é certo e denuncia o que é errado? Que homem do convívio dele se sacrifica em prol dos outros?

Quando você abrir bem os seus olhos, encontrará ao seu redor homens e mulheres que, apesar de serem gente comum, são pessoas notáveis. Fale sobre essas pessoas na frente do seu filho. Mostre que admira os seus atributos, conte histórias sobre elas. Não espere até encontrar o herói perfeito. Exemplos de coragem, honestidade e autocontrole, encontrados em pessoas da nossa vida cotidiana e expostos ao seu filho, servirão muito bem a ele. Elogie as qualidades e o comportamento de tal pessoa sem cessar; e faça essas qualidades refletirem no seu próprio comportamento — você verá que, depois de um tempo, seu filho estará imitando essas virtudes com naturalidade.

Cabe aqui uma breve advertência: o menino precisa de um herói que seja mais velho do que ele. É necessário haver uma diferença de idade suficiente para que o garoto possa respeitar o seu herói como mais sábio e mais experiente. Nunca se beneficiam com comparações feitas entre eles e os colegas. Fazer o garoto admirar um companheiro de equipe, encorajando-o a ser como ele, dá errado. Não importa quão virtuoso seja o comportamento do outro menino, seu filho sentirá que você o está comparando e, já que o outro menino é bem-sucedido, em decorrência dessa comparação, seu filho vai se sentir um fracassado e se ressentir de tudo que o outro menino faz corretamente — e, com isso, seu filho fugirá dele.

Mostre ao seu filho comportamentos a um só tempo simples e heroicos, aponte tais comportamentos em outros adultos, pois ele não se sentirá ameaçado tão facilmente por pessoas mais velhas do que ele.

9) Esteja sempre atento ao seu filho

Ao longo dos anos, tratei milhares de meninos e tenho visto que as respostas aos problemas costumam ser profundamente simples. Entretanto, nós, pais, por não darmos a devida atenção aos nossos filhos, acabamos deixando essas respostas escaparem.

Talvez seja o meu instinto materno, mas eu perco a paciência com adultos que não ouvem seus filhos. Sei que todos nós somos culpados disso — médicos, professores, mães, treinadores e pais —, mas nossos filhos pagam um preço alto quando não lhes damos a devida atenção.

Colin foi se consultar comigo pela primeira vez, quando tinha onze anos. A mãe o tinha trazido por estar frustrada e um tanto confusa. Colin cursava o sexto ano numa escola particular e suas notas vinham caindo gradualmente. Desde o quarto ano, disse a mãe, seus professores solicitavam reuniões entre eles e os pais para discutir o comportamento e eventuais problemas de aprendizagem de Colin.

— Foi então que a professora do terceiro ano notou a hiperatividade do meu filho — disse a mãe. — Ele começou a ter que ficar em sala durante o recreio. A professora dele dizia que, se ele não se comportasse, ficaria de vez sem recreio.

(Esse tipo de disciplina é comumente imposto aos meninos — mas quase nunca dá certo: garotos, principalmente os hiperativos, sentem necessidade de se movimentar, e cabe aos professores encontrar maneiras alternativas de lhes impor disciplina, em vez de reprimir sua energia.)

Enquanto a mãe descrevia como os professores do quarto, do quinto e do sexto ano se queixavam do filho, Colin sentou-se na cadeira do consultório, com as duas pernas cruzadas como um iogue, de casaco e touca, absorto no seu Gameboy.

— Era evidente — a mãe continuou — que ele tinha TDAH. Então eu o levei ao pediatra e ele lhe receitou Ritalina. Acho que funcionou. Colin ficou mais calmo, mas parecia um garoto diferente. Não queria comer, não contava mais as piadas bobas que costumava contar. Era como se uma parte enorme do meu filho tivesse ido embora. Os professores também notaram uma grande mudança. Disseram que estava mais atento. Em vez de interromper, levantava a mão. Mas eu não estava confortável com isso. Então parei de lhe dar o remédio. Eu sei que não podia ter feito isso, mas eu só queria meu filho de volta.

Ela olhou para mim com um olhar meio suplicante, aquela mãe estava entre culpada e confusa.

Colin se inclinou, chegando mais perto da minúscula tela do seu Gameboy, como se quisesse sumir dali. Ele puxou a sua touca de esqui vermelha, cobrindo as orelhas. Perguntei-lhe:

— Colin, o que você acha da escola?

Ele não respondeu. A mãe o cutucou com o cotovelo:

— A doutora está falando com você. Responda a ela. Sem olhar para cima, o garoto resmungou:

— Idiotice.

A mãe então emendou:

— Viu só? É disso que estou falando... Ele é grosseiro. E quando não fica emburrado assim, fica gritando ou se metendo em confusão na escola. Outro dia bati na porta do quarto dele, abri a porta e fui entrando, mas antes que eu entrasse ele bateu a porta na minha cara. Tentei abrir a porta e ele a forçou. É sempre assim: criar problema é tudo o que ele faz.

Colin não se movia.

Fiz mais perguntas à mãe. Perguntei-lhe o que o pai de Colin tinha a dizer. Ela me disse que ele ficava com raiva e achava que Colin estava agindo como um garoto mimado. O pai dizia à mãe que, quando era menor, ele nunca agiria assim, porque seu pai não teria tolerado.

Ao longo da nossa primeira visita, fui entendendo que até o segundo ano, o rapaz tinha sido um menino dócil, alegre e irrequieto. Todos na escola o amavam. Durante as férias, entre o segundo e o terceiro ano, o avô de Colin morrera subitamente, devido a um derrame. Na época, o garoto costumava passar a noite com os avós. Em uma noite dessas, foi para a cama, dormiu e, quando acordou na manhã seguinte, seu avô havia desaparecido.

Colin era louco por seu avô, disse a mãe. E como seu avô já havia se aposentado, estava sempre em casa, por isso ia para a casa dele depois da aula: lá, os dois montavam quebra-cabeças, o avô ensinava a talhar colheres de madeira.

Depois que o avô morreu, Colin se recusou a visitar a avó. A casa tinha ficado amaldiçoada, disse ele. Desde então, nunca mais falou dos avós.

— Nós não o pressionamos — disse a mãe. — Meu marido e eu o ouvíamos chorar no quarto tarde da noite. Não sabíamos o que dizer, não sabíamos o que fazer, por isso acabamos deixando Colin isolado.

Seguindo minha orientação, os pais de Colin foram procurar um conselheiro familiar várias vezes. O pai não gostava da ideia, dizendo que era o filho que tinha problema, não ele. Eu então o convenci de que, sim, ele tinha um problema — um problema com o filho, cuja solução estava suas mãos. Quando uma criança sofre, seus pais também sofrem; e sem que todos se unam, não haverá solução.

O conselheiro era um homem calmo, tinha lá seus sessenta e poucos anos e, segundo o pai, lembrava o avô de Colin; dele, recebeu sugestões de como atrair o filho para si, deixando-o mais confortável para falar sobre o avô.

— Preste atenção no seu filho — disse ele. Use um tom de voz mais baixo, faça uma pergunta e espere. Se ele responder, tudo bem, mas se não, não insista.

Colin não tinha TDAH. Ele estava em luto por causa da morte do avô. Um luto que ainda não tinha se resolvido. Quando seus pais perceberam que o mau comportamento do filho não decorria de uma afronta, mas de um estado de turbulência interior, a atitude em relação a Colin mudou.

O pai se tornou mais paciente. Passou a ler para Colin à noite e lhe demonstrar mais carinho. Ele se tornou o que gostaria que seu pai tivesse sido, quando tinha onze anos: um pouco menos exigente e muito mais afetuoso.

Dentro de seis meses, Colin era um menino diferente: suas notas dispararam; pediu para ter aulas de piano; começou a contar piadas ainda mais bobas; e, o mais importante, ele e os pais entenderam o que realmente motivava a sua "hiperatividade" — a tristeza por ter perdido um homem que ele tanto amava.

10) Dê ao seu filho o melhor que há em você

Meninos são seres profundamente emotivos. Pela minha experiência, muitos meninos são mais sensíveis e se sentem feridos com mais facilidade do que meninas. É difícil perceber, muito porque os meninos são mais ávidos em guardar seus sentimentos. Nenhum garoto do quinto ano quer ser ridicularizado por ter sido visto chorando. Ele vai se sentir um covarde. Faz parte do "código de ética dos meninos" não deixar essas emoções transparecerem. Embora reprimi-las possa ser prejudicial, às vezes a verdade é que pode ser útil aos homens, à medida que amadurecem. Autocontrole é sempre bom. Mas há uma diferença entre o autocontrole masculino e a meninice de se fechar em si mesmo, ocultando de todos o seu eu interior. Meninos não são homens. Há, ou deveria haver, uma distância enorme entre o modo como um homem lida com suas emoções e o como um menino o faz. Nosso trabalho é observá-los de perto com o intuito de lhes garantir desenvolvimento emocional e uma saudável transição para a idade adulta.

Não há problema, se um menino faz cara de bravo na frente dos colegas; é sobretudo importante, porém, que ele se sinta livre para ficar junto do pai no escritório ou da mãe na cozinha, sempre tendo abertura para expressar seus sentimentos mais profundos, sabendo que não será ridicularizado ou rejeitado. Todo garoto precisa dessa válvula de segurança.

Se, em casa, Colin se sentisse confortável para chorar a morte do avô na frente do pai, quase três anos de problemas escolares poderiam ter sido evitados. O pai dele foi negligente? Não. Ele simplesmente não teve tempo para, de fato, prestar atenção no filho e não sabia como lidar com a tristeza do garoto.

Pai, não tenha medo dos sentimentos do seu filho. Sim, são sentimentos intensos — e nem você nem seu filho conseguem disfarçar tal intensidade. Não há dúvida: sentimentos reprimidos podem fazer seu filho se comportar de maneira diferente, podendo até mesmo adquirir certos movimentos, como socos, pulos e chutes, todos eles feitos de modo meio esquisito e inusitado. A maneira como ele fala pode mudar, bem como seus hábitos de sono. Pode ser que ele busque fazer novas amizades. Esses são exemplos de quão pujantes são as suas emoções.

Portanto, ensine seu filho a identificar os próprios sentimentos e compreendê-los. Ensine a ele que a dor é natural. E que não há nada mais normal no mundo do que ser rejeitado por uma namoradinha. Seja paciente, mas não deixe de lhe ensinar que tristeza e rejeição são emoções que devem ser reconhecidas e superadas. Esteja pronto para conversar sobre assuntos importantes. Sempre lhe faça perguntas simples e diretas; e nunca o force a respondê-las; e, caso ele responda, ouça com atenção. Observe o rosto do seu filho, enquanto fala, preste atenção na sua linguagem corporal. Por dentro, pede que você entenda a mensagem que quer lhe passar, ainda que ele mesmo não a compreenda. Quanto melhor for o relacionamento entre você e o seu filho, quanto mais disposto você estiver a se sentar com ele e a lhe ofertar o seu tempo, tanto mais ele se abrirá consigo, pedindo-lhe permissão para confiar. Diga sim e aceite fazer isso. E, quando ele compartilhar pensamentos profundos ou sentimentos perturbadores, nunca o critique. Ouça-o. Ele lhe dará indícios de quem é e de quem, no fundo, quer ser.

Quando um menino percebe que todo seu ser — as habilidades, os comportamentos, os pensamentos e os sentimentos — é levado a sério, se torna um homem maduro e seguro. Todo menino deseja que alguém que ama e admira olhe para ele, todos os dias, não só por breves instantes, mas por períodos maiores: ao perceber que está sendo observado, o menino passa a se atentar àquilo que está fazendo. Ele percebe que aos olhos do observador, caso esse observador seja você, ele é de suma importância. Proporcione isso ao menino que você ama. Nossos filhos merecem nada mais nada menos do que o melhor que há em nós.

Educar um menino para que ele se torne um homem será o trabalho mais difícil, mais exasperador e penoso que você terá, mas a alegria que advém dele é incomparável a qualquer outra que você venha a ter na vida. Como ouvi um pai dizer ao filho de dezoito anos, certa vez, quando o deixou na faculdade, em lágrimas: "Vou lhe dizer, filho: vendo homem que você se tornou, aos dezoito anos, garanto que, depois disso, a minha vida já não pode melhorar mais".

Quer seja um médico, um gestor de investimentos, um professor ou um carpinteiro, você sabe no fundo do seu coração que o sucesso no trabalho lhe traz realização pessoal apenas até certo ponto — satisfaz você e faz você se sentir importante; contudo, você também sabe que, às vezes, a profissão impede de desenvolver relacionamentos mais ricos com aqueles que você ama e, para a maioria de vocês, pais, são esses relacionamentos as suas verdadeiras fontes de alegria na vida.

Há um menino esperando por você. Talvez ele tenha dois anos, talvez tenha vinte e dois. Ele precisa que você o perceba, que você invista nele e depois ensine sobre a vida, sobre o trabalho e sobre o seu propósito. Ele precisa de você — pai, avô, professor, tutor — para correr riscos por ele. Ame-o ferozmente, porque o mundo que ele vê é confuso e doloroso, é um inimigo do seu filho, ao passo que você é o seu aliado. Mostre ao seu filho que você é perigoso para esse mundo, pois moldar a sua vida é uma responsabilidade que você leva muito a sério. O que você está esperando?

Agradecimentos

Gostaria de expressar meu mais sincero agradecimento à minha família, pela paciência durante minhas longas horas de escrita: vocês são maravilhosos.

A minha mãe, Mary: obrigada por seu amor constante, seu apoio e incentivo. A senhora é uma mulher de grande coragem e força.

A Marji Ross, da editora Regnery: obrigada por acreditar no meu trabalho. A Harry Crocker: obrigada por suas ótimas ideias e sua edição. A Kate Frantz: também agradeço sua edição e paciência.

Obrigada, Jeff Carneal, por me dar outra oportunidade de escrever para essa empresa extraordinária.

Aos meus fabulosos assistentes de pesquisa: Charlotte Meeker, Amy Pardini, Amber Wagner e Kara Francisco, obrigada pelo meticuloso trabalho.

Finalmente, obrigada, Anne Mann, por sua lealdade e dedicação. Você é mesmo uma grande amiga.

Direção geral
Renata Ferlin Sugai

Direção editorial
Hugo Langone

Produção editorial
Juliana Amato
Gabriela Haeitmann
Ronaldo Vasconcelos
Roberto Martins
Rafael Pangoni

Capa
Gabriela Haeitmann

Diagramação
Sérgio Ramalho

ESTE LIVRO ACABOU DE SE IMPRIMIR
A 12 DE DEZEMBRO DE 2023,
EM PAPEL IVORY SLIM 65 g/m².